UNA MUJER
DEL REINO

TONY EVANS
CHRYSTAL EVANS HURST

UNA MUJER DEL REINO

ACEPTE SU PROPÓSITO, SU PODER
Y SUS POSIBILIDADES

TYNDALE HOUSE PUBLISHERS, INC.
CAROL STREAM, ILLINOIS, EE. UU.

Un libro de Enfoque a la Familia publicado por Tyndale House Publishers, Inc., Carol Stream, Illinois 60188

Enfoque a la Familia y el logo y diseño acompañantes son marcas registradas federalmente de Enfoque a la Familia, Colorado Springs, CO 80995.

Visite Tyndale en Internet: www.tyndaleespanol.com y www.BibliaNTV.com.

TYNDALE y el logotipo de la pluma son marcas registradas de Tyndale House Publishers, Inc.

Una mujer del reino: Acepte su propósito, su poder y sus posibilidades

© 2013 por Tony Evans y Chrystal Evans Hurst. Todos los derechos reservados.

Originalmente publicado en inglés en 2013 como *Kingdom Woman: Embracing Your Purpose, Power, and Possibilities* por Tyndale House Publishers, Inc., con ISBN 978-1-58997-743-3.

Diseño de la portada: Jennifer Ghionzoli

Fotografía de la silueta en la portada © por PhotoDisc. Todos los derechos reservados.

Fotografía de la portada por Stephen Vosloo. © por Enfoque a la Familia. Todos los derechos reservados.

Traducción al español: Adriana Powell y Omar Cabral

Edición del español: Mafalda E. Novella

El texto bíblico sin otra indicación ha sido tomado de la *Santa Biblia*, Nueva Traducción Viviente, © Tyndale House Foundation, 2010. Usado con permiso de Tyndale House Publishers, Inc., 351 Executive Dr., Carol Stream, IL 60188, Estados Unidos de América. Todos los derechos reservados.

El texto bíblico indicado con RVR60 ha sido tomado de la versión Reina-Valera © 1960 Sociedades Bíblicas en América Latina; © renovado 1988 Sociedades Bíblicas Unidas. Utilizado con permiso. Reina-Valera 1960® es una marca registrada de la American Bible Society, y puede ser usada solamente bajo licencia.

Todas las cursivas en el texto bíblico han sido añadidas por los autores para énfasis.

El uso de material de o referencias a varios sitios en Internet no implica la aprobación de estos sitios en su totalidad. La disponibilidad de sitios y páginas en Internet puede cambiar sin aviso previo.

Library of Congress Cataloging-in-Publication Data

Evans, Tony, date.
    [Kingdom woman. Spanish]
    Una mujer del reino : acepte su propósito, su poder y sus posibilidades / Tony Evans y Chrystal Evans Hurst.
      pages cm
    Includes bibliographical references.
    ISBN 978-1-4143-8071-1 (sc)
    1. Women—Religious aspects—Christianity. 2. Christian women—Religious life. I. Title.
    BT704.E92713 2013
    248.8'43—dc23
                                           2013029276

[Impreso en Estados Unidos de América
Printed in the United States of America

22   21   20   19   18
8   7   6   5   4

En nuestra familia hay cuatro generaciones vivas de mujeres.

Este libro está dedicado a las tres más jóvenes:

Kariss

Jessica

Kelsey

quienes son mujeres del reino en formación.

CONTENIDO

PARTE I: EL FUNDAMENTO DE UNA MUJER DEL REINO
~ EL PROPÓSITO ~

PARTE II: LA FE DE UNA MUJER DEL REINO
~ EL PODER ~

PARTE III: EL FRUTO DE UNA MUJER DEL REINO
~ LAS POSIBILIDADES ~

AGRADECIMIENTOS

Nunca me imaginé esta vida, repleta de más bondades de las que cualquier hombre pudiera lograr solo. No obstante, de alguna manera, se ha mantenido equilibrada con gracia debido a ti, Lois. Ni la mejor historia entre todos los libros del mundo podría describir jamás el cariño y la gratitud que siento por ti. Todo lo bueno que yo haya conseguido en la vida ha sido por ti. Qué puedo decirte, más que gracias.

Chrystal, la primera vez que te vi, yo era un jovencito de veintidós años sumido en la inexperiencia. El médico atravesó la puerta doble e ingresó a la sala de espera, donde yo caminaba frenéticamente de un lado para otro, y me dijo que ya habías llegado. Cuando te vi, supe que nunca más volvería a ser el mismo.

Nunca podría haberme imaginado que, cuarenta años después, tú y yo nos sentaríamos juntos, bolígrafos en mano, para escribir un libro que causaría impacto en las mujeres de todas partes. ¡Qué regalo has sido para este proyecto! ¡Qué regalo has sido para mí!

A Tyndale y a Enfoque a la Familia: Encontrar editores que caminen con gracia e integridad por la delgada línea del ministerio y de los negocios puede ser todo un desafío. Yo descubrí eso en ustedes. Ha sido una alegría formar equipo con ustedes en este libro. No veo la hora de volver a hacerlo pronto.

Tony Evans

Papi, gracias por el empujoncito cariñoso que me diste en dirección al llamado de Dios para mi vida. Siempre ves en mí más de lo que yo veo.

Mami, no he tenido mejor ejemplo de vida que el que tú viviste ante mis ojos cada día, en los mejores y en los peores momentos. Gran parte de lo que aprendí acerca de vivir como una mujer del reino, lo aprendí observándote.

Kariss y Jessica, si ustedes no hubieran estado dispuestas a ayudarme a preparar la cena, a limpiar la cocina y a cuidar a sus hermanos, yo no hubiera tenido el tiempo para escribir. No solo son mis hijas; son mis amigas.

Silla, no hay un solo día que no esté agradecida de que seas mi única e inconfundible hermanita. Sé que no siempre actúo como si lo estuviera, pero me pone contenta cuando vienes caminando a mi casa y entras por la puerta de atrás sin llamar. Eres maravillosa con las palabras, tanto habladas como escritas. Gracias por permitirme aprender de ti.

Muchas gracias a Kanika, a Michelle y a Wynter, de quienes cada tanto tomo prestado sus cerebros y me conceden acceder a su entendimiento y a su creatividad. Agradezco cada vez que responden mis incesantes correos electrónicos, mensajes de texto y llamadas.

Sally Clarkson y Zan Tyler, sus palabras de aliento suelen resonar en mi mente con frecuencia. Sus comentarios positivos regaron las semillas latentes y me recordaron quién soy.

Andrea, tú comprendes mi vida —la educación en el hogar, las tareas domésticas y los niños hambrientos—, así que tus reflexiones han significado mucho para mí. ¡Uno de estos días dispondremos de más tiempo para compartir con nuestro equipo!

Enfoque a la Familia y Editorial Tyndale, gracias por la oportunidad de trabajar en un proyecto junto con mi papá.

Y por último, aunque no menos importante, a mi esposo, Jessie, mi hombre del reino: Tú eres la razón por la que tengo la libertad de buscar mi camino e intentar cosas nuevas. Tu amor profundo y constante por esta loca esposa que Dios te dio me derrite el corazón, una y otra vez.

Chrystal Hurst

PRÓLOGO

Algunas mujeres suspiraron dudosas cuando les hablamos de este libro. La idea de otro manual que les diga que no están haciendo bien las cosas y que les dé instrucciones sobre cómo cambiar no les pareció alentadora. La simple mención de una *mujer del reino* hacía aparecer de la nada una imagen idealista, que inmediatamente se convertía en una carga. Hablando con sinceridad, tal vez tú también te sientas así: un poco cansada de tener frente a tu rostro un dedo censurador que te exige hacer mejor las cosas, especialmente cuando ya estás haciendo lo mejor que puedes.

Lo entendemos. Créenos, te comprendemos, y por ese motivo nos alegra que hayas abierto este libro.

Este libro, al igual que su compañero, *Un hombre del reino*, será diferente de otros que ya has leído. No te va a dar información para después dejarte colgada para que te las arregles con una sensación de condena y de culpa. Cada capítulo te animará y te apoyará, luego te enseñará, teológica y prácticamente, cómo tener el tipo de fe que dará lugar al milagro que has estado buscando, el que has anhelado ver desplegarse en tu familia, en tu iglesia o en tu comunidad. Te entregará una espada y luego te animará a desenvainarla frente a la adversidad, en lugar de replegarte hacia la auto-complacencia o, incluso, a la desesperación. Después de que internalices estas páginas, cobrarás ánimo y también recibirás el poder para el viaje que tienes por delante.

Para fusionar dos mensajes individuales, y que se conviertan en un paquete conciso y singular, hace falta un par de personas que hayan transitado juntos por los anales de la experiencia. Nuestro esposo/padre e hija/hermana son el dúo perfecto para lograrlo. Con el punto de vista franco, auténtico y actual de Chrystal completando la enseñanza de Tony inspirada en la Biblia, descubrirás que este libro es una aventura reveladora y esclarecedora a lo largo de la Escritura y, luego, a tu propio corazón.

Chrystal es algo nueva en el plano editorial, pero se destaca en el ministerio para las mujeres de nuestra iglesia y, en lo personal, en nuestras vidas.

Durante muchos años ha dirigido a las damas de nuestra congregación, entrenándolas para ser mujeres de propósito, capacitadas para alcanzar su máximo potencial. En un entorno cristiano lleno de gente que lucha por ser el centro de la atención y por tener un micrófono, se ha ganado un lugar de reconocimiento dentro de la iglesia local. Esto es algo de lo que vale la pena hablar. Su habilidad para conectarse con el público y motivarlo es irresistible, pero su fidelidad para discipular a las mujeres en privado es admirable y ha inspirado a que otras personas hagan lo mismo.

Más impactante aún, Chrystal ha logrado mantener sus prioridades en orden, estructurando su tiempo y su trabajo para enfocarse, sobre todo, en su familia. Sinceramente, no sabemos cómo lo hace, y la admiramos profundamente por lo que logra cada día. Como madre que educa a sus cinco hijos en el hogar, ella sabe los malabares que realizan millones de mujeres en todo el mundo y ha demostrado qué significa honrar a Dios como esposa y como madre. Además, cocina un pan de calabaza casero que se te hará agua la boca.

Entre el lavar los platos de la cena, planificar las clases y hacer de vez en cuando un viaje de estudios, Chrystal se las arregla para encontrar el momento para escribir un blog con sus reflexiones y las cosas que le suceden en la vida de una manera que ha llamado la atención de las mujeres. El tesoro que descubrirás en este texto no solo viene de la enseñanza de Tony, sino también de la historia de vida de Chrystal. Su profunda y fructífera relación con Jesús se nota en cada palabra; su vulnerabilidad y sentido del humor te cautivarán y luego harán que te veas reflejada en su vida. Te reirás de sus anécdotas y descubrirás la verdad bíblica que tuvo la intención de compartir. Da gusto lo modesta que es Chrystal; no es perfecta, pero sí es decidida. No te sentirás presionada a imitarla, pero sí tendrás ganas de caminar junto a ella.

Probablemente, Tony no necesite ninguna presentación. Ha escrito más de sesenta libros, así que este que tienes en las manos es la continuación de una larga lista de títulos estupendos. Su aporte editorial ha bendecido a millones de personas en todo el mundo y ha dejado una marca imborrable en la condición de la iglesia global. Su deseo por descubrir y luego por transmitir las verdades teológicas de una manera práctica y pertinente han sido el sello de su ministerio, en el cual ha servido a lo largo de toda su vida adulta. Es un hombre fiel que se ha entregado de lleno al Señor, a su familia y a la iglesia local.

Por más de treinta años, ha pastoreado al mismo rebaño.

Hace más de cuarenta años que está casado con la misma mujer.

Durante casi cincuenta años ha enseñado el evangelio puro de Jesucristo. Su carácter profundo e íntegro va a la par del extenso alcance de su ministerio.

Nos habría gustado que te hubieras sentado en la cocina de nuestra casa para vivir la experiencia de los devocionales que tenían lugar la mayoría de las noches después de cenar. O invitarte a que nos acompañaras en nuestro viaje anual de un mes por todo Estados Unidos, al que él valientemente nos llevaba todos los meses de agosto. O que te reunieras con nosotros en el servicio de los domingos por la mañana, donde hemos recibido su enseñanza inspirada durante treinta y siete años. Entonces, habrías visto al hombre real detrás del mítico personaje: el introspectivo y cariñoso pastor, padre y amigo, cuyo corazón resonará con el tuyo en cada sección de este libro.

Entonces, la propuesta es la siguiente: este libro es como las vías del tren que se dirigen a un destino que vale cada pizca de esfuerzo que cueste hacer el viaje. Como cualquier vía, esta tiene dos rieles unidos por los durmientes de la sabiduría y de la experiencia. En diferentes momentos de tu viaje, necesitarás estar dispuesta a saltar de un lado al otro para aprovechar al máximo la lectura. Cada uno te ofrecerá un punto de vista que enriquecerá al otro. Uno de los lados es el de Tony: el bíblico, intelectualmente estimulante y apropiadamente intenso. Será necesario que revises tu Biblia y dentro de tu propia alma a medida que vayas aprendiendo las lecciones de las mujeres de la antigüedad, que quizás nunca antes hayas considerado. Entonces, Chrystal te invitará para que cruces a su lado de la vía. Le tomarás la mano, te pararás firme en su riel y comenzarás un recorrido personal que te permitirá aplicar las verdades sobre las que has leído.

Seremos honestos y te diremos que el paseo no siempre será fácil y sin interrupciones. Es posible que haya algunas curvas en varios empinados precipicios espirituales, que quizás te hagan sentir que no podrás llegar intacta al otro lado, pero lo harás.

Lo lograrás.

Tony y Chrystal.

Padre e hija.

La combinación perfecta para presentarte este texto increíble que te marcará para siempre. Saldrás más enriquecida, más sabia y más motivada para transformarte y llegar a ser la mujer del reino para la cual fuiste creada.

Que Dios te bendiga mientras lo leas.

Lois Evans

Priscilla

LA IMPORTANCIA DE UNA MUJER DEL REINO

Cada mañana, cuando suena la alarma del reloj despertador de una mujer del reino, el diablo trata de darle un golpe al botón de dormitar. Él hará todo lo posible para intentar detenerla e impedir que se levante y que enfrente un nuevo día.

El infierno no tiene una furia tan intensa como la de una mujer del reino trastornada. No dejará de hacer todo lo que esté a su alcance por el reino, hasta conseguir que el diablo lamente el haberse metido con ella.

Como dijo una vez la poderosa y elocuente Eleanor Roosevelt: «La mujer es como una bolsita de té. Nunca se sabe lo fuerte que es hasta que la meten en agua caliente».[1] Cuando llega el agua caliente, muchas veces somos testigos de una explosión de fuerza y de determinación interior que pondría en evidencia a muchos hombres. Durante el parto, las mujeres suelen soportar y experimentar más angustia y dolor que las de decenas de hombres que han ido a la guerra.

A menudo, las mujeres son las heroínas relegadas de cualquier gran victoria, descubrimiento o campaña moral. A lo largo de la historia, cuando los hombres estaban lejos en batalla, las mujeres defendían la fortaleza, colaboraban en la producción y en el envío de las provisiones, se ocupaban de los negocios, mantenían la economía, la comunidad y labraban la tierra; todo, mientras seguían dirigiendo sus hogares.

Las mujeres han tenido siempre un lugar influyente en la cultura, a pesar de que no haya sido reconocido en público... o legalmente permitido. Virginia Woolf, la escritora del siglo XIX, escribió concisamente: «Me atrevería a adivinar que [Anónimo,] quien escribió tantos poemas sin firmarlos, muchas veces

Las mujeres han sido dotadas de tal capacidad innata para influenciar que pueden cambiar el mundo para bien.

era una mujer»[2]. A decir verdad, las mujeres han sido dotadas de tal capacidad innata para influenciar que pueden cambiar el mundo para bien o, lamentablemente, para mal.

Todos conocemos muy bien las influencias negativas. Por ejemplo, Sansón podía derrotar a todo un ejército con la quijada de un burro, pero en los brazos de una mujer, se volvió débil. Salomón era sabio, rico y poderoso, pero se doblegó ante la influencia pagana de sus muchas esposas. David mató a un gigante con toda la valentía y el coraje de un gladiador, con una sola piedra y una honda. No obstante, el rey David fue abatido tan solo por mirar a una bella mujer mientras se bañaba.

La influencia femenina no está ligada únicamente a la sexualidad, ni se usa solo para obtener un resultado negativo. De hecho, muchas mujeres utilizan su poder innato para beneficiar a quienes las rodean. En general, las mujeres maduran antes que los hombres, lo cual les da a ellas la oportunidad de tomar decisiones desde que son muy jóvenes que les dan una posición más segura en la vida y en su lugar de trabajo. En todos los niveles académicos se gradúan más mujeres que hombres y los salarios de las mujeres se han incrementado en un promedio de 56 por ciento desde 1963, mientras que sus compañeros varones ganan menos de lo que ganaban los trabajadores en 1970.[3]

Las mujeres no solo influyen en sus lugares de trabajo mucho más que antes, sino que, además, suelen ser las que impulsan el cambio y la transformación sociales. El Center on Philanthropy descubrió que las mujeres de la generación de los nacidos en los años sesenta y antes, prácticamente de todos los sectores económicos, dan más dinero a obras de caridad —hasta un 89 por ciento más— que los hombres, lo cual les da más autoridad en lo que concierne a estrategia, visión y enfoque.[4]

Además, las mujeres están dotadas de la habilidad de ser sumamente encantadoras, aunque no hagan uso adicional de ningún atractivo físico. Eso puede dirigir las conversaciones hacia donde ellas quieran, o influir sobre las principales decisiones en muchos ámbitos, aun inconscientemente para las personas involucradas. Las mujeres también suelen encarnar una profundidad espiritual y un entendimiento extraordinario que cautiva a los hombres, porque esas cualidades reflejan algo que ellos anhelan para sí mismos.

Nuestra cultura muchas veces muestra un espejismo en el que los hombres tienen todo el poder, el control y la influencia. Los hombres, en su forma más cruda, efectivamente buscan crear, explorar, construir, explotar, tener éxito y conquistar, y después se atribuyen la gloria de hacerlo todo por ellos mismos. Lo que no suelen percibir es que, al examinar la motivación que hay detrás de las ambiciones del hombre, a menudo suele estar la influencia de la mujer.

Desde el primer momento, el hombre depende de una mujer de muchas maneras: desde el útero a la primera infancia, a las maestras, y a la influencia de los medios de comunicación, que crean la imagen de la mujer ideal. El hombre no compra un auto solamente porque quiera ese auto veloz. Muchas veces, lo compra para impresionar a una mujer, aunque no admita que esa es la razón por la que lo hizo.

Los hombres suelen aprender, ya desde la escuela secundaria, que los tipos que practican deportes son los que consiguen chicas. Los tipos que conducen autos bonitos, que tienen dinero o que exudan encanto consiguen chicas. A medida que se convierten en hombres, esas lecciones los siguen marcando cuando tienen el objetivo de conseguir un buen empleo, determinada reputación o ser exitosos. No tienes más que escuchar alguna canción cantada por un hombre para descubrir una de las mayores fuerzas motrices que hay detrás de lo que los hombres hacen. Aquí hay un ejemplo que puedes encontrar al escuchar las radios en la actualidad: «Porque lo que tú no entiendes es que por ti me dejaría herir por una granada».[5]

O, según la banda sonora de la famosa película de 1991, *Robin Hood: El príncipe de los ladrones*, un personaje con gran entusiasmo, poder y fuerza se enfrenta a los enemigos en situaciones difíciles y peligrosas, mientras la letra de la canción pone en evidencia que una mujer está detrás de todas sus incursiones: «Todo lo que hago, lo hago por ti».[6]

O llevémoslo al pasado, a mi generación,

Nuestra cultura muchas veces muestra un espejismo en el que los hombres tienen todo el poder, el control y la influencia.

con la letra de la canción popular, «Cuando un hombre ama a una mujer», cantada por el incomparable Percy Sledge: «Él entregará el mundo por aquella cosa buena que ha encontrado».[7]

Rara vez una película épica termina sin que un hombre y una mujer se unan o vuelvan a encontrarse. Se han peleado batallas por mujeres, la historia ha sido transformada por mujeres, la política ha sido influenciada o decidida por mujeres, los países han sido dirigidos por mujeres. Incluso en el atletismo las mujeres tienen poder e influencia. Muy poco tiempo atrás, durante los Juegos Olímpicos en Londres en el 2012, las mujeres estadounidenses no solo ganaron más medallas de *oro* que los hombres estadounidenses, sino también más que el recuento *total* de medallas de la mayoría de los países (China ganó treinta y ocho, y Gran Bretaña empató a las mujeres de Estados Unidos con veintinueve medallas). De hecho, las mujeres estadounidenses ganaron un total de cincuenta y ocho medallas, lo cual supera al recuento total de las medallas de sesenta y cuatro países juntos, sin incluir a China, Rusia y Gran Bretaña.[8]

Sojourner Truth, una mujer poderosa, dijo: «Si la primera mujer que Dios creó fue tan fuerte como para poner el mundo patas para arriba ella solita, ¡estas mujeres, juntas, tienen que ser capaces de darle vuelta y ponerlo nuevamente al derecho!».[9]

El ensayista británico del siglo XVIII Samuel Johnson escribió en una época en que los derechos de las mujeres estaban muy limitados por la ley: «La naturaleza le ha dado a la mujer tanto poder que la ley, sabiamente, le ha dado muy poco».[10]

Afortunadamente, los derechos legales y las oportunidades de las mujeres ya no están limitados en Estados Unidos ni en muchos otros países, como lo estaban en la época de Virginia Woolf, Samuel Johnson o Sojourner Truth, pero el sentimiento que hay detrás de cada una de estas frases sigue vigente. Las mujeres están naturalmente dotadas para influenciar e impactar su mundo.

La primera mujer

Las mujeres honran este planeta con su percepción, su sensibilidad y con una belleza espiritual que las ha ubicado detrás de grandes logros. Los famosos refranes parecen ser ciertos: «La mano que mece la cuna es la mano que gobierna el mundo», y «Detrás de cada gran hombre hay una mujer más grande». O, en nuestro caso, «Detrás de cada hombre del reino, hay una mujer del reino». A nadie se le ocurriría invertir la cosa, diciendo: «Detrás de cada gran mujer, hay un hombre más grande». Esa frase no funcionaría. Hay infinidad de mujeres solteras que son exitosas, competentes y que están satisfechas. Hay también infinidad de mujeres casadas cuyos maridos claramente no son hombres del reino; sin embargo, ellas siguen siendo completamente mujeres del reino.

Dios creó al hombre del polvo. En un nivel elemental, el Creador levantó un poco de tierra y armó rápidamente a Adán. La palabra en hebreo que describe a Dios moldeando al hombre es *yatsar*,[11] que quiere decir «dar forma como el alfarero». En general, una vasija tiene una única función.

Sin embargo, cuando Dios hizo a la mujer, él «hizo de la costilla a una mujer, y la presentó al hombre» (Génesis 2:22). Dios la creó con sus propias manos. Se tomó su tiempo para confeccionarla y moldearla para que ella tuviera un resplandor multifacético. La palabra hebrea que describe el hacer a la mujer es *banah*, que significa «construir, como una casa, un templo, una ciudad, un altar».[12] Cabe destacar la complejidad que implica el término *banah*. Dios le ha dado a la mujer una composición diversa que también le permite llevar a cabo múltiples funciones. Adán puede ser considerado el Prototipo Humano 1,0, mientras que Eva fue el Prototipo Humano 2,0.

Sin embargo, es muy importante que Eva haya sido creada *lateralmente* de una costilla de Adán. No fue una creación verticalista de dominación ni una de sumisión de abajo hacia arriba. Más bien, Eva fue creada como un miembro igualmente valioso de la raza humana.

Después de todo, Dios habló de la decisión de crearlos como una decisión anterior a que se nos diera a conocer el proceso de su creación. La primera vez que leemos sobre Adán y Eva juntos es cuando leemos acerca del mandato a gobernar que ambos recibieron por igual. Se nos presenta a ambos géneros juntos, simultáneamente. Esto aparece en el primer capítulo de la Biblia:

Dios le ha dado a la mujer una composición diversa que también le permite llevar a cabo múltiples funciones.

Entonces Dios dijo: «Hagamos a los seres humanos a nuestra imagen, para que sean como nosotros. *Ellos* reinarán sobre los peces del mar, las aves del cielo, los animales domésticos, todos los animales salvajes de la tierra y los animales pequeños que corren por el suelo». Así que Dios creó a los seres humanos a su propia imagen. A imagen de Dios los creó; hombre y mujer *los* creó. (Génesis 1:26-27)

Tanto los hombres como las mujeres han sido creados a la imagen de Dios. A pesar de que dentro de esa igualdad radican roles marcados y diferentes (eso lo examinaremos en el capítulo 10), no existen diferencias de igualdad del ser, de valor o de dignidad entre los géneros. Ambos tienen la responsabilidad de honrar la imagen a la cual fueron hechos. La mujer hecha a la imagen de Dios nunca debería ser tratada como menos que una portadora de la imagen del único Rey verdadero. Como dijo Abraham Lincoln: «Nada que tenga estampada la imagen y semejanza Divinas fue enviado al mundo para ser pisoteado».[13]

Igual que los hombres, las mujeres fueron creadas para gobernar.

El pacto del dominio

Cuando Dios creó los cielos y la tierra, estableció un orden. A pesar de que él es el Creador y el máximo Soberano sobre su creación, por propia voluntad les otorgó poder a los seres humanos para que gobernaran dentro de su orden prescrito. En la teología, esto se conoce como el Pacto del Dominio. Es donde Dios volcó sobre hombres y mujeres el gobierno inmediato y tangible sobre su creación, dentro de los límites y las condiciones que él había establecido. El Pacto del Dominio está en Génesis 1, donde acabamos de leer: «Entonces Dios dijo: "Hagamos a los seres humanos a nuestra imagen, para que sean como nosotros. *Ellos reinarán*"» (versículo 26).

El Pacto del Dominio casi nunca se enseña ni se analiza, pero no es poca cosa. En esencia, involucra el hecho de que Dios se removiera voluntariamente a sí mismo de la administración directa sobre lo que él había creado en la Tierra, a la vez que descargaba esa responsabilidad de administrar en los seres humanos.

Cuando leemos que Dios creó a los seres humanos a su propia imagen, creó tanto a los varones como a las mujeres. El Pacto del Dominio se aplica no solamente a los hombres, sino también a las mujeres. Una mujer del reino es una parte indispensable para el gobierno de Dios en la tierra. Él ha delegado esta responsabilidad, dándonos poder a cada uno de nosotros para tomar decisiones. Estas decisiones vienen acompañadas de bendiciones o consecuencias, de acuerdo a sus límites y leyes.

Una mujer del reino es una parte indispensable para el gobierno de Dios en la tierra.

Dios ha establecido un proceso por el cual honra nuestras decisiones, incluso si esas decisiones se oponen a él, o no son lo mejor para aquello que se está administrando. Dios dijo: «*Ellos* reinarán».

Aunque Dios retiene su autoridad y posesión absoluta y soberana, ha delegado una relativa autoridad en los seres humanos, dentro de la esfera de influencia, o de dominio, que tiene cada persona.

Uno de los motivos por los que este gobierno y esta administración han sido descuidados a tal punto es que, para empezar, muchas personas están confundidas sobre la razón por la que están aquí en la tierra. Esto es consecuencia de una cultura que ha estado coqueteando con el hedonismo durante décadas. La visión hedonista del mundo promueve la noción de que el destino personal del ser humano existe para promover su felicidad personal.

Sin embargo, en la economía de Dios, la felicidad personal es un derivado —un beneficio—, no el objetivo ni la fuerza impulsora del destino para una mujer del reino. La felicidad no es *la* razón por la que Dios creó a las mujeres. La razón por la que él creó a las mujeres fue para extender su reino y su gloria.

El dominio en el reino

Dios ha conferido su imagen en los hombres y en las mujeres y los ha colocado a la vista de todos. Una mujer del reino tiene que reflejar a Dios y a su reino de una manera tan extraordinaria que la gente quiera saber más sobre el reino al que ella representa. Ella ha sido puesta aquí para reflejar la imagen de Dios.

Este año le presté atención a un ejemplo de ello mientras mi esposa, Lois, y yo pasábamos unos días en la Ciudad de Nueva York. Cada vez que vamos, inevitablemente pasamos una tarde en Saks Fifth Avenue. Las vidrieras bordean la vereda exterior para que los transeúntes puedan echar un vistazo a lo que hay dentro del «reino» de Saks. Los dueños invierten gran parte de su tiempo y recursos para mostrar lo que su reino tiene para ofrecer.

Me gustaría que muchas personas más se dieran cuenta de lo mucho que tiene para ofrecer el reino de Dios. Uno de los motivos por el que tan pocas personas entienden realmente la importancia que tiene el Pacto del Dominio es que ignoran el verdadero valor del reino de Dios. No saben exactamente a quién están representando aquí.

Por lo general, el cuerpo de Cristo se enfoca más en el concepto de la iglesia que en el reino. Hay muchas vidas que no demuestran visiblemente la trascendencia que Dios les ha dado. No representan bien el reino de Dios.

Una de las razones para que haya sucedido esto es que la iglesia se ha conformado con edificios y programas, en vez de enseñarles a los hombres y a las mujeres cómo acceder a la autoridad del reino.

Hemos conocido la iglesia, pero no hemos experimentado el reino. Si nuestras iglesias no funcionan de acuerdo a la mentalidad del reino, los creyentes no son discipulados para que *sean* la iglesia del reino que Cristo vino a edificar. De hecho, Jesús solo mencionó tres veces a la *iglesia* en su ministerio terrenal, y esas tres veces están documentadas en Mateo, un libro enfocado en el reino.[14] Sin embargo, la palabra *reino* aparece cincuenta y cuatro veces en el mismo libro.[15]

Generalmente, escuchamos más acerca de la iglesia que del reino. «Plantamos iglesias» en lugar de promover el reino. Nuestros seminarios les enseñan a nuestros futuros líderes cómo *hacer* la iglesia, en lugar de enseñarles cómo *estar* orientados hacia el reino. Ahora bien, no podemos tener la iglesia sin el reino, y el reino cumple su agenda a través de la iglesia. No obstante, sin una enseñanza transparente y acertada sobre la manera de vivir como hombres y mujeres del reino, carecemos de la guía necesaria para llevar a cabo verdaderamente nuestro destino.

En el Nuevo Testamento, el término en griego para «reino» es *basileia*, que significa «autoridad» y «gobierno».[16] Un reino siempre incluye tres componentes: un gobernante, un dominio de sujetos que estén bajo su gobierno y las reglas o el sistema de gobierno. El *reino de Dios* es la ejecución autorizada de «su *gobierno integral sobre toda la creación».* La agenda del reino es simplemente «la manifestación visible del dominio completo de Dios en cada área de la vida».[17]

El reino de Dios trasciende el tiempo, el espacio, las ideas políticas, las denominaciones, las culturas y las esferas de la sociedad. Está ahora (Marcos 1:15) y en el porvenir (Mateo 16:28), cercano (Lucas 17:21) y lejano (Mateo 7:21). Las esferas del reino incluyen el individuo, la familia, la iglesia y el gobierno civil. Dios ha dado pautas para el funcionamiento de todas estas esferas, y el resultado de no cumplir con estas pautas es el trastorno y el fracaso.

La pieza fundamental sobre la que descansa todo lo demás en un reino es la autoridad del gobernante. Sin ella, hay anarquía. Sabiendo esto, Satanás se aseguró de que su primer movimiento fuera intentar, sutil y engañosamente, destronar al Gobernante al no usar el término *Señor* como Dios lo había hecho en el comienzo de Génesis cuando se refirió a sí mismo como *Señor Dios*. *Yahveh*, que en la Biblia se traduce como «SEÑOR Dios», quiere decir «amo y soberano absoluto»[17], y es el nombre que Dios usó para revelarse a sí mismo y en su relación con nosotros. Antes de que Dios se revelara a sí mismo a los seres humanos, se había dado a conocer como *Elohim*, el poderoso Creador.

Cuando el diablo le habló a Eva de comer el fruto prohibido, no se refirió a Dios como *Señor Dios*. Básicamente, quitó el nombre *Señor* en Génesis 3:1: «¿De veras Dios les dijo...?». Satanás intentó reducir la supremacía de Dios y empezó con una sutil pero eficaz distorsión en su nombre. El objetivo de Satanás fue presionar a Eva para que abandonara los confines y el orden del reino de Dios.

Cuando Adán y Eva comieron del fruto en desobediencia, eligieron cambiar su manera de ver a Dios, eliminando el aspecto de Amo y Soberano. Como resultado, perdieron la íntima comunión que tenían con él y entre ellos. Felizmente, en la cruz, Jesucristo restableció esta comunión íntima mediante su sacrificio libre de pecado y su resurrección. Ahora nosotros podemos gozar de una comunión sin obstáculos con Dios, gracias a la expiación de Cristo. No

Una mujer del reino *puede ser definida como «una mujer que se somete a sí misma bajo el gobierno de Dios en cada área de su vida y funciona de acuerdo con él».*

obstante, esto solo sucede cuando nos alineamos debajo de Dios como *Señor Dios*, el Amo y Soberano. Por lo tanto, una *mujer del reino* puede ser definida como «una mujer que se somete a sí misma bajo el gobierno de Dios en cada área de su vida y funciona de acuerdo con él».

Eva no empezó con el pie derecho cuando decidió actuar por su cuenta en vez de hacerlo de acuerdo a las reglas de Dios. Muchas mujeres hoy todavía forcejean con ceder el control personal de su vida, dando vía libre a la angustia, al fracaso y al caos. Sin embargo, por la gracia y la misericordia de Jesucristo, cualquier mujer puede alinearse bajo la autoridad de Dios y experimentar una vida transformada.

Las crónicas de Chrystal

Una mujer del reino. Estas palabras se parecen a usar un par de tacos aguja altísimos para caminar en ellos durante todo el día. La verdad del asunto es que yo sé que no soy esa mujer. Me esfuerzo por convertirme en alguien como ella, pero me parece que tiene demasiados roles y responsabilidades que manejar. La definición misma de una mujer del reino establece una valla muy alta. Al fin y al cabo, ¿dónde está esta mujer —quién es esta mujer— que normalmente y sin falta se coloca bajo el completo gobierno de Dios y actúa conforme a él?

Ah, ya sé. Debe ser mi vecina. Debe ser la mujer que se sienta a mi lado en la iglesia o la señora que siempre parece tener tiempo para servir a los demás. Debe ser la mujer que ha estado casada durante cincuenta y siete años o la que tiene cincuenta y siete años y ha caminado con una pureza increíble. Debe ser la mujer que camina con la Biblia ajada y gastada, o la mujer que coloca parafernalia de Jesús sobre su escritorio de trabajo. Debe ser la mujer que nunca les grita a sus hijos y la mujer que siempre hace comidas *gourmet* para su familia. Debe ser la mujer cuya ética laboral está por encima de cualquier reproche y que vive en una completa libertad financiera porque normalmente prefiere la frugalidad antes que la moda. Mantiene una línea discreta y no esconde vicios. O sea, debe ser cualquier *otra* mujer.

Igual que Eva, nosotras las mujeres tendemos a pasar más tiempo analizando lo que no somos o lo que no tenemos que identificando cómo debemos ser, según fuimos creadas. La victoria de Satanás con Eva comenzó mucho antes de que ella comiera el fruto. El bocado fue solo la culminación de una muerte que empezó cuando Eva se involucró en una conversación con el diablo. Y eso es lo que nosotras hacemos muchas veces. Hablamos. Diariamente repasamos lo que no tenemos o lo que no somos. Nos fijamos justamente en las áreas de nuestro «jardín» (nuestro dominio o esfera) que parecen estar fuera de nuestro alcance o de nuestro control. Aceptamos la semilla del descontento que el diablo nos ofrece y le transmitimos a nuestra alma insatisfacción, infelicidad o desagrado.

Al igual que Eva, tenemos una opción. Podemos elegir creer lo que dice la Palabra de Dios sobre quiénes somos y para qué fuimos creadas, o podemos albergar las mentiras plantadas por el enemigo de nuestra alma y cultivadas por la cultura en la que vivimos. Romanos 10:17 dice que «la fe viene por oír, es decir, por oír la Buena Noticia acerca de Cristo». De eso trata este libro: de escuchar (y de leer) lo que Dios dice acerca de quién eres tú como mujer creada para su gloria.

Yo deseo ser la mujer que él quiso que fuera cuando me creó, no quien yo creo que quiero ser o la mujer que el mundo me dice que debo ser. Me produce una gran alegría pensar en el diseño minucioso y en el esfuerzo complejo que hizo Dios cuando me creó. Estoy muy contenta de no tener que aspirar a ser ninguna otra persona más que esa mujer que Dios quiere que sea.

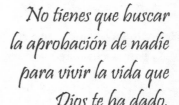

No tienes que buscar la aprobación de nadie para vivir la vida que Dios te ha dado.

No tienes que buscar la aprobación de nadie para vivir la vida que Dios te ha dado. No tienes que pedir disculpas por la fuerza, la fortaleza, el valor, el talento, la belleza o la inteligencia que tu Creador te ha dado. Señoras, todas somos «la obra maestra de Dios. Él nos creó de nuevo en Cristo Jesús, a fin de que hagamos las cosas buenas que preparó para nosotr[a]s tiempo atrás» (Efesios 2:10).

Una mujer del reino. Esos tacones rojos de diez centímetros no parecen fáciles para caminar durante todo el día, pero las apariencias engañan. El zapato adecuado, hecho por el diseñador idóneo y con los materiales apropiados, no solo puede ser confortable, ¡sino placentero! Dios ha diseñado un plan y un propósito para ti. Tú no solo has sido hecha «maravillosamente compleja» (Salmo 139:14); estás creada a la imagen de un Dios radiante y glorioso, quien está lleno de belleza y de esplendor.

Así que usa bien su gloria. Camina por su pasarela.

Más que ayudadoras

Hay un viejo refrán que dice: «Las mujeres que buscan ser iguales a los hombres carecen de ambición». Piensa en eso por un momento, porque no quiero que pases por alto la potencia de este punto. A muchas mujeres les han enseñado que, debido a que Dios consideró a la mujer como una «ayuda» para Adán, las mujeres son, por consiguiente, «menos que» los hombres. A menudo las mujeres escuchan que tienen que ser como el Espíritu Santo en su rol de «ayudador». No obstante, si analizas más de cerca la palabra hebrea que se usa en la Biblia para «ayudador», te puede resultar reveladora.

Las palabras hebreas traducidas como «ayuda ideal para él» en el relato de la creación son importantes porque son sorprendentemente poderosas. Son *ezer* y *kenegdo*. La palabra *ezer* aparece veintiuna veces en el Antiguo Testamento, y solo dos de esas veces hacen referencia a una mujer. Los usos restantes se refieren a la ayuda que viene directamente de Dios el Padre.[19]

Aquí hay algunos ejemplos:

No hay nadie como el Dios de Israel. Él cabalga por el firmamento para ir en tu ayuda *[ezer]*. (Deuteronomio 33:26)

Nosotros ponemos nuestra esperanza en el Señor; él es nuestra ayuda *[ezer]* y nuestro escudo. (Salmo 33:20)

En cuanto a mí, pobre y necesitado, por favor, Dios, ven pronto a socorrerme. Tú eres mi ayudador *[ezer]*. (Salmo 70:5)

Nuestra ayuda *[ezer]* viene del Señor. (Salmo 124:8)

Para distinguir *ezer* de cualquier otro uso en el Antiguo Testamento, que se refería a una ayuda más poderosa dada por Dios, se agregó la palabra *kenegdo*. Literalmente, significa «delante de tu rostro, ante tus ojos o propósito».[20] Algunos han traducido *kenegdo* como «la culminación de» o «el homólogo de». Como puedes apreciar del nombre que Dios le dio a Eva, el de ella no es un rol de servilismo, de mucama o de esclava. Su ayuda es poderosa, comparable a la de Dios el Padre.

Muchas personas consideran a la Biblia como un libro escrito con una opinión pesimista o despectiva sobre las mujeres. Charles Templeton, quien alguna vez fue un evangelista que luego empezó a dudar de la Biblia, expuso sucintamente esta opinión en *Farewell to God* (Adiós a Dios): «En la Biblia, las mujeres son criaturas secundarias y relativamente insignificantes» y: «En la mayoría de las expresiones básicas del cristianismo, las mujeres se mantienen sujetas a los hombres y son secundarias a ellos».[21] Está claro que aquellos que, como Templeton, sienten que las Escrituras fueron creadas como reflejo de una cosmovisión misógina que oprime a las mujeres y les niega su valor, no han examinado el lenguaje y el contexto originales.

Sin embargo, la palabra que Dios elige usar para el propósito y la meta de la mujer es la misma palabra que usa para referirse a sí mismo como la persona principal de la Deidad. Dios no evita referirse o definirse a sí mismo a través del uso de términos o imágenes femeninas. Algunos ejemplos incluyen a:

- Dios como una mujer que da a luz (Isaías 42:14)
- Dios como una partera (Salmo 22:9-10; 71:6; Isaías 66:9)
- Dios como una mujer que busca una moneda perdida (Lucas 15:8-10)
- Dios como una mamá osa (Oseas 13:8)
- Dios como una madre:
  - que amamanta a sus hijos (Números 11:12)
  - que no se olvida de sus hijos (Isaías 49:14–15)
  - que consuela a sus hijos (Isaías 66:13)
  - que dio a luz y protege a Israel (Isaías 46:3-4)
  - que llama, cuida, sana y alimenta a sus hijos (Oseas 11:1-4)
  - que junta a sus hijos como una gallina a sus pollitos (Mateo 23:37)
  - que protege a sus hijos (Salmos 17:8; 36:7; 57:1; 91:1-4)

A decir verdad, Dios no solo usa terminología e imágenes femeninas para transmitir principios espirituales importantes, sino que, además, la principal referencia a la iglesia a lo largo de las Escrituras es mediante terminología femenina (por ejemplo, la esposa de Cristo).

Cuando Jesús eligió usar a María como ejemplo del discipulado personal, la aprobó de una forma que contrariaba las normas culturales de aquella época para las mujeres. En vez de apoyar la expectativa cultural de que las mujeres debían dedicarse a las tareas domésticas en la cocina, como lo estaba haciendo Marta, Jesús declaró específicamente que María había elegido la mejor parte al participar del estudio teológico a los pies de Cristo, lo cual era una práctica

> *Dios tiene un concepto tan elevado de la mujer que ni siquiera escucha las oraciones del hombre que no la honra como coheredera del reino de Dios.*

reservada en este tiempo solamente para los hombres que estaban aprendiendo a los pies del rabino. Jesucristo no solo reconoció la decisión de María como mujer, sino que además la elogió.

De hecho, Dios tiene un concepto tan elevado de la mujer que ni siquiera escucha las oraciones del hombre que no la honra como coheredera del reino de Dios (1 Pedro 3:7).

Dios creó a la mujer; Adán no

El hecho de que Dios creara a la mujer no fue el resultado de un pedido de Adán. No fue Adán el que dijo que necesitaba alguien en su vida. Más bien, Dios lo dijo: «No es bueno que el hombre esté solo» (Génesis 2:18). Dios vio su evidente necesidad de tener una compañera para consumar el Pacto del Dominio, así que creó una *ezer kenegdo*. Adán no tuvo más participación en la creación de Eva que la de dormirse una siesta.

La primera responsabilidad de Eva fue hacia Dios: para realizar el propósito de Dios en su vida que, en su caso, era el de ayudar a Adán. Su papel como ayuda idónea no era solamente el de hacerle compañía; también incluía un papel importante como colaboradora en el desempeño del mandamiento del dominio.

No obstante, hoy en día muchas mujeres, ya sea a causa del divorcio o a la falta de hombres del reino con quienes casarse, no tienen un Adán al cual ayudar. Si tú eres una de ellas, ármate de valor y siéntete orgullosa de tu llamado, porque solo Dios es tu propósito. Tú fuiste hecha para él. Como dijo en Isaías:

«Pues tu Creador será tu marido; ¡el Señor de los Ejércitos Celestiales es su nombre! Él es tu Redentor, el Santo de Israel, el Dios de toda la tierra. Pues el Señor te llamó para que te libres de tu dolor, como si fueras una esposa joven abandonada por su marido», dice tu Dios. (54:5-6).

Sea que estés casada, o que Dios sea tu Esposo (Isaías 54:5), vales mucho más que cualquier tesoro. Una de las verdades más importantes que tienes que creer concierne a tu valía. Tú eres importante. Eres valiosa; eres más valiosa que las joyas. Como mujer del reino que teme al Señor, guarda tu valor asegurándote que, en primer lugar, te veas a ti misma en función al valor que Dios te ha consagrado. Tienes que hacer todo lo posible por asegurarte de que los demás te traten con dignidad. Te tienen que tratar como a un tesoro, no como a alguien que se maltrata o que se usa.

Yo entiendo que hay situaciones en las que no puedes controlar cómo se te trata, pero eso no significa que tú tengas que consentirlo. No tienes que aceptar internamente que otro te denigre. Eso no debería afectar la opinión que tienes de ti misma. Como dijo Eleanor Roosevelt: «Nadie puede hacerte sentir inferior sin tu consentimiento».[22]

Ante todo, tú eres una mujer del reino creada para la obra de Dios. Tu vida, mediante su fuerza inextinguible, debe estar llena de propósito, de poder espiritual y de posibilidades.

Una mujer del reino logra vencer los intentos del enemigo por arruinarles la vida a ella y a las personas que ella ama.

Cuando una mujer del reino se retira a descansar por la noche, el diablo, frustrado y exhausto, debería decir: «Hoy me metí con la mujer equivocada». Nada se compara a la mujer del reino que logra vencer los intentos del enemigo por arruinarles la vida a ella y a las personas que ella ama. Nada se compara a una mujer del reino que logra encontrar y cumplir con el propósito para el que Dios la ha creado.

Nada se compara con una mujer del reino completamente formada.

PARTE I

EL FUNDAMENTO DE UNA MUJER DEL REINO

~ EL PROPÓSITO ~

1

UNA MUJER DE VALOR

Cuando una mujer del reino comienza su día, el cielo, la tierra y el infierno le prestan atención. Cuando apoya y da consejos al hombre que ama, poco puede hacer él por resistirla. Cuando brinda cuidado, consuelo y ánimo a sus amigos y parientes, estos pueden ir más lejos, más rápido y confiados, gracias al estímulo y a la tranquilidad que ella les proporciona. «Sus hijos se levantan y la bendicen» (Proverbios 31:28). Otras mujeres acuden a ella en busca de consejos sabios y de alguien que las escuche con compasión. Su iglesia confía en su servicio fiel. Es una vital colaboradora de la cultura y una portera que impide la entrada a lo negativo y promueve lo positivo en su hogar.

Cuando investigamos la historia de la fe cristiana, las mujeres del reino (tanto casadas como solteras) aparecen por todas partes. A lo largo de la Biblia, las mujeres del reino salvaron vidas y naciones. Fue Jocabed la que intervino a favor de su hijo Moisés (Éxodo 2). Gracias a su atenta protección, Moisés fue luego usado como el libertador de Israel (Éxodo 3). Fue la esposa de Moisés, Séfora, quien le salvó la vida cuando Dios iba a castigarlo por negarse a obedecer una simple orden (Éxodo 4:24-26). Gracias a la valentía de Ester, el pueblo judío tuvo la oportunidad de defenderse contra lo que hubiera sido su total aniquilación (Ester 7–8). Cuando Rut se negó a regresar a su propio pueblo para dedicarse a cuidar a su suegra, Noemí, entró en la línea genealógica del Mesías (Rut 4:18-22). Rahab fue fundamental en la victoria de Israel sobre Jericó (Josué 2). María llevó al Hijo de Dios en su vientre (Lucas 1:30-35).

La descripción más clara de una mujer del reino que encontré en la Biblia está en Proverbios 31. Lo interesante, sin embargo, es que a lo largo de todos mis estudios bíblicos, nunca encontré un pasaje corolario para los hombres como lo es Proverbios 31 para las mujeres. Habrá sido porque los hombres necesitan de toda la Biblia para entender correctamente, mientras que las mujeres solo necesitan un capítulo.

La mujer de Proverbios 31 es el ejemplo perfecto de una mujer del reino. Me gusta llamarla «mujer para cualquier época». Es fuerte, inteligente, capaz, generosa, habilidosa, eficiente, espiritual y mucho más.

Ahora, no cierres este libro; todavía no. Sé que eso hace que parezca la mujer perfecta, y tal vez sientas que su nivel es muy alto como para alcanzarlo.

La mujer de Proverbios 31 no es el ejemplo de la mujer perfecta. Tampoco una mujer del reino es llamada a ser perfecta.

No obstante, la mujer de Proverbios 31 no es el ejemplo de la mujer perfecta. Tampoco una mujer del reino es llamada a ser perfecta.

Usemos como ejemplo a una madre y ama de casa. Una mujer del reino no es alguien que puede hacer perfectamente mil cosas a la vez, mientras educa en casa a tres hijos muy distintos, sirve en cuatro comisiones de la iglesia, lleva y trae en su camioneta a once vecinitos al entrenamiento de fútbol, mantiene la casa impecable, entrena al equipo de deletrear, se desempeña como una estupenda directora ejecutiva en su trabajo, hace que su marido pase la mejor noche de su vida todas y cada una de las noches, y sigue teniendo un cuerpo esbelto aun a los cincuenta años; todo esto al mismo tiempo que cocina solamente comidas caseras con ingredientes orgánicos y sin alimentos transgénicos.

Esa mujer no existe, y tampoco armamos este libro para hacerte creer que tú debes serlo. A decir verdad, según mi experiencia como pastor de una iglesia durante casi cuarenta años, en los cuales he pasado miles de horas aconsejando a hombres y mujeres, el problema es que muchas veces las mujeres tratan de hacer demasiadas cosas, y todas al mismo tiempo.

Señoras, ustedes pueden ser como la mujer de Proverbios 31 y más, pero eso no quiere decir que traten de hacerlo todo al mismo tiempo.

Uno de los principios más importantes para ti, como una mujer del reino, es que tu vida fluya a lo largo de épocas distintas. Cada una de estas épocas trae consigo diferentes restricciones de tiempo, bendiciones y exigencias. Tratar de hacer todas las cosas sin estar consciente de la época en la que te encuentras es la manera más segura de agotarte e, incluso, de amargarte.

El fundamento básico para ser una mujer del reino no incluye hacer un millón de cosas de mil maneras diferentes. El fundamento básico, en realidad, es simple y sencillo. Se encuentra al final de Proverbios 31. Después de enumerar todo lo que hacía esta mujer excepcional, el versículo dice:

El encanto es engañoso, y la belleza no perdura,
pero la mujer que teme al SEÑOR será sumamente alabada.
Recompénsenla por todo lo que ha hecho.
Que sus obras declaren en público su alabanza. (Versículos 30-31)

Lo que diferencia a una mujer del reino de cualquier otra mujer es, en esencia, su temor a Dios. Su reverencia determina sus actos, sus pensamientos, sus palabras y sus prioridades. Sin ella, las exigencias de la vida agobiarían a cualquier mujer.

Temer al Señor

Una mujer que teme al Señor recibirá la alabanza que merece. Sus obras y lo que produzca con sus manos le darán el reconocimiento y la confirmación que le pertenecen a ella y a nadie más. Cuando una mujer entiende quién es ella y cómo la hizo Dios, y cuando busca su destino teniendo en cuenta de qué manera la creó Dios para que funcione, lo que ella hace producirá resultados increíbles. Esto es porque estará alineada con la voluntad de Dios. Lo que muchas mujeres suelen hacer es basar sus decisiones tratando de complacer a los demás o de ganar su aprobación, su reconocimiento o una sensación de valor como consecuencia de sus decisiones, de su aspecto físico o de sus actos. Sin embargo, Dios nunca dijo que recibirías elogios por tratar de agradar a los demás.

El fundamento de cómo funciona una mujer del reino proviene de su temor a Dios. Su manera de priorizar su hogar y su familia, de organizar su vida, de tomar decisiones, de elegir en qué invertir y cómo desarrollar sus habilidades es producto de sus esfuerzos por fomentar el reino de Dios.

La principal influencia sobre una mujer del reino es Dios. La voz de Dios es la que más fuerte escucha. Él es el único a quien ella busca complacer.

Si sus prioridades están arraigadas en cualquier otra cosa, la llevarán al agotamiento y a la hiperactividad, en lugar de a la productividad y a la abundancia.

La manera más fácil que conozco de definir qué quiere decir temer a Dios es tomar en serio a Dios. Significa poner lo que Dios dice y lo que Dios exige como la más alta prioridad de tu vida. Temer a Dios no significa que le tengas miedo. El temor se entiende mejor como reverencia o sobrecogimiento. Significa tener en la más alta estima. Una mujer del reino le teme a Dios en cada área de su vida.

El mercado no tiene control sobre una mujer que teme a Dios. La televisión, las revistas, los blogs y los medios sociales no influyen para que se aleje de él. Sus amistades no dictan sus emociones ni sus decisiones. La cultura no la encasilla. Ni siquiera sus propias ambiciones la dominan. En cambio, la principal influencia sobre una mujer del reino es Dios. La voz de Dios es la que más fuerte escucha. Es el único a quien ella busca complacer. La reverencia que ella tiene por él determina sus elecciones.

Los resultados de temer a Dios

Sí, la mujer de Proverbios 31 hacía muchas cosas. Se ganaba la confianza de su esposo, confeccionaba la ropa para su familia, conseguía sus alimentos de los proveedores más selectos e invertía las ganancias que obtenía de la cosecha de su viñedo en una empresa. Ayudaba a los pobres, cuidaba a los que vivían en su casa, y vestía a su familia y a ella misma con ropa de calidad. Respetaba a su esposo y trataba con sabiduría a las personas que la conocían.

Ten en cuenta que ella vivió en una época y en una cultura en la que cultivar un viñedo no significaba que ella hiciera todas las cosas por su cuenta. El pasaje dice que ella era fuerte y llena de energía (versículo 17), así que sabemos que hacía una parte del trabajo. No obstante, basándonos en las normas culturales de ese tiempo, es probable que contratara a otras personas para trabajar en su viñedo. Debe haber tenido sirvientas que la ayudaban con los quehaceres del hogar, lavaban la ropa, preparaban la comida, etcétera.

Cuando desglosas todo lo que hacía la mujer de Proverbios 31 y lo trasladas a la actualidad, realmente no parece tan idealista e inalcanzable. Fundamentalmente, honraba y respetaba a su marido. Alimentaba y vestía a su familia con lo más saludable y lo más fino que podía pagar. Invertía el uso de sus habilidades en un negocio personal, se dirigía a los demás con sensatez y amabilidad, se vestía de modo atractivo y ayudaba a los pobres. Todas esas acciones fácilmente pueden materializarse en tu mundo.

No quiero que sientas que lo que ella lograba está tan fuera del alcance de lo que Dios es capaz de hacer a través de ti, porque no es así. Esto se reduce a que su temor y respeto hacia Dios la hacían dar lo mejor de lo que tenía para fomentar el reino y la bondad de Dios en su propia vida y en la vida de los que la rodeaban.

La ayuda no es mala

Un principio importante que muchas veces pasamos por alto cuando estudiamos la vida de la mujer de Proverbios 31 es que ella no era demasiado orgullosa como para pedir ayuda. En el versículo 15 leemos: «Se levanta de madrugada y prepara el desayuno para su familia y planifica las labores de sus criadas». *Criadas* no es un término que utilice-mos hoy en día. En la antigua sociedad hebrea, se refería a las siervas o a las ayudantes. Es una pequeña mención a una verdad muy impor-tante. Como dije anteriormente, la mujer del reino de Proverbios 31 no trataba de hacer sola todo. Tenía quien la ayudaba. Era diligente, habilidosa y productiva, pero no lo hacía sola.

Las mujeres de hoy, y las cristianas en par-ticular, tienen un estigma con eso de pedir o de aceptar ayuda. Por algún motivo, la gente ha llegado a creer que la frase «el agotamiento se parece a la devoción» está escrita en alguna parte de la Biblia. No es así. La manera más

Por algún motivo, la gente ha llegado a creer que la frase «el agotamiento se parece a la devoción» está escrita en alguna parte de la Biblia.

rápida de distraerte y de no cumplir con el destino que Dios tiene para ti en su reino es que te veas a ti misma como una supermujer que tiene que hacerlo todo por sí misma. La clave para tu destino es que aceptes con humildad que dependes de Dios, y que aproveches al máximo todo lo que él te da, aun si eso incluye aceptar o pedirles ayuda a otros.

Por ejemplo, en el mundo empresarial, una directora no sería considerada una gran directora si intentara hacer ella misma el trabajo de todos. Una gran directora sabe cómo sacar lo mejor de las personas con las que trabaja, mientras, simultáneamente, los guía y complementa su trabajo. No tienes que cumplir completamente sola tu destino.

Las crónicas de Chrystal

Me estaba desmoronando; estaba quebrándome a toda velocidad. Después de unas locas fiestas navideñas, seguidas de un viaje a otro estado por una cirugía que tuvieron que practicarle a nuestro hijo, sentía que mi casa estaba fuera de control. En ese momento, tenía un hijo adolescente, uno preadolescente, uno en preescolar, otro que recién empezaba a caminar y un bebé. Ah, ¿y mencioné ya a mi amoroso marido y hombre del reino, quien trabajaba en la industria musical, por lo que viajaba mucho y pasaba mucho tiempo lejos manejando giras de conciertos? Estaba necesitada de sueño, tenía escasa energía y el tiempo no me alcanzaba.

Al ver mi casa, sabía que no podía hacerlo todo, pero estaba decidida a intentarlo. Estaba convencida de que no debería necesitar ayuda con mis obligaciones como esposa y como madre. Siempre había trabajado bien bajo presión y me las había arreglado haciendo malabares con varias cosas a la vez. Como tuve mi primer hijo a mis jóvenes diecinueve años, sabía cómo era manejar las prioridades y los compromisos para hacer todo. Me gustaba sentirme competente e indudablemente no quería compartir con nadie más la gloria de resolver las cosas. Eh... quiero decir... no quería cargar a nadie con las responsabilidades que supuestamente eran mías.

Veía a otras mujeres que yo *sabía* que eran supermujeres y que no pedían ayuda. ¡Poco podía imaginarme que a algunas de ellas también les costaba mucho seguir haciendo malabares! Nosotras sabemos cómo tapar las cosas, ¿no? Cada una, a su manera, encuentra la forma de hacer que las cosas se vean lindas y ordenadas para los de afuera, mientras que nosotras sabemos la verdad del desastre que hay a puertas cerradas.

No estaba lista para reconocer que necesitaba ayuda. Yo también quería ser una supermujer.

Recuerdo una noche de esa temporada frenética cuando, a altas horas de la madrugada, después de que se durmió el último de mis hijos y de que mi esposo se quedó dormitando, no se escuchaba nada, salvo la calma vocecilla de Dios que, en susurros, me preguntaba si, por alguna razón, me había olvidado de él ese día. Yo oraba con una metafórica mano en la cadera. Dije: «Dios, si tú quieres que tenga tiempo para ti también, necesito que alguien me ayude a hacer las cosas. Y necesito que *tú* traigas esa ayuda para *mí*». No quería tener que humillarme a tal punto de tener que salir yo a buscar la ayuda, y de esa manera, reconocer que la necesitaba.

No obstante, Dios es así de maravilloso. A pesar de mi ego malhumorado, él escuchó mi oración en medio de aquella noche oscura y abrumadora.

Antes de que comparta contigo la respuesta a esa oración, permíteme que te hable sobre mi filosofía de la limpieza. Yo me atengo al dicho: «Mi casa debe estar lo suficientemente limpia como para ser saludable, pero lo suficientemente desordenada como para que se pueda vivir en ella». Como les doy clases en casa a mis hijos, no se me ocurriría que se vea como una de esas casas de revista. Yo y cuatro o cinco de mis hijos (depende de la época del año) estamos en casa al menos cuatro días completos a la semana. Mi casa no se va a mantener pulcra porque yo esté limpiándola todo el tiempo. Es imposible. Me esfuerzo por mantener el equilibrio entre ser una buena mamá, maestra, cocinera, esposa y ama de casa. ¡Elegiría cualquier oportunidad de ir a saltar un poco en el trampolín con mis hijos en lugar de tener que fregar los zócalos!

Por supuesto, conozco un puñado de señoras que son buenas amas de casa; estupendas amas de casa, a decir verdad. Con mi esposo hemos tratado de entender cómo lo hacen. Esto es lo que descubrí: todas tenemos las mismas veinticuatro horas por día. Si la casa de otra siempre está pulcra, tiene que ver con cómo usa ella el tiempo. Mi amiga, la que tiene la casa preciosa y cuyos hijos estudian en casa, tiene cuatro hijos mayores de doce años. (¿Escucharon eso, mamás de hijos pequeños? ¡No tiene pequeñuelos!) Obviamente, va de aquí para allá a los entrenamientos de baloncesto y de fútbol, pero al tener a otros cuatro cuerpos capaces en la casa, también tiene muchísima ayuda. Otra amiga mía, que tiene hijos pequeños, tiene una casa hermosa como las de las revistas, pero sus hijos van tres veces por semana a la guardería... y ella tiene una niñera. Los hijos de mi amiga que prepara comidas *gourmet* todas las noches van a la escuela tradicional todo el día.

También tengo una amiga cuyo hogar está siempre hecho un desastre, pero ella disfruta a sus hijitos y juega con ellos bastante más de lo que yo juego con los míos. Siempre están jugando al aire libre o haciendo unas artesanías espectaculares dentro de la casa. La creatividad y la diversión son los valores más importantes para su familia en este tiempo. Señoras, todo tiene que ver con la manera en que Dios las diseñó y qué es importante en su vida en este momento. Eso determina en qué forma emplearán su tiempo. Nadie puede hacerlo todo.

Así que, como mamá encargada del cuidado maternal de preescolares hasta adolescentes, hago, ni más ni menos, lo mejor que puedo. Si tratara de poner las tareas domésticas por encima de todo, lo sufriría otro aspecto que es importante: desarrollar la relación con mis hijos.

Como resultado de mi revelación, he pasado por una serie de ajustes en mis expectativas personales durante los últimos años, para tratar de mantenerme cuerda. Estas son algunas de mis concesiones:

- Tengo por objetivo que la cocina se limpie dos veces al día. Tres veces es un lujo. Aun así, es muy probable que siempre haya platos para lavar en el fregadero.
- Apunto a pasar el trapo a los pisos dos veces por semana, a menos que se necesite algo más. Es que es muy deprimente limpiar el piso solo para encontrarme pocas horas después con que luce como si no hubiera hecho nada.
- Trato de limpiar cada habitación de mi casa una vez por semana, rotando el orden de cada una. ¿Qué quiere decir eso? Que mi casa no está totalmente limpia a la vez.
- Trato de entrenar constantemente a mis hijos para que cuiden nuestra casa porque estoy tratando de delegar funciones. Eso significa que nuestra «casa limpia» no va a estar perfectamente limpia.
- La lavadora siempre está trabajando. Lavo una carga diaria.
- La alfombra nunca va a lucir como nueva, no importa cuántas reglas ponga para que la comida y la bebida no salgan de la cocina. Simplemente no es posible. ¿Qué quieren que les diga?
- Nosotros *vivimos* en nuestra casa. Mi hijo adolescente hace la tarea con la computadora, los pequeños hacen sus tareas sobre la mesa de la cocina, nos reunimos en la cocina; en resumen, estamos en todas partes. A medida que nos acercamos a la hora de cenar, trato de que las cosas estén ordenadas. Si no puedo lograrlo, por lo menos trato de que se apilen ordenadamente.

- Ah, ¿y los zócalos? Les toca cuando les toca. (O esperaré a que los más pequeños tengan la edad suficiente como para hacer una buena limpieza; de todas maneras, ¡ellos son los que están más cerca del piso!)

Sin embargo, tengo un problema: yo me siento cómoda con las pautas de mi hogar, pero cuando recibo visitas me da un ataque de pánico. ¿Por qué? ¡Porque no quiero dar una mala impresión de la clase de ama de casa que soy!

Así que imagínense mi consternación cuando mi padre apareció de visita sin previo aviso y se puso a inspeccionar mi casa. No estoy bromeando; fue habitación por habitación, y cada vez decía: «¡Ay, Chrystal!». Eso, dicho por un hombre que apenas levanta la voz (excepto cuando predica, claro). Además, el día en que vino fue un mal día. Olvídate de todas mis reglas de ama de casa. ¡Él pensaba que yo no tenía ninguna!

De hecho, era un lunes. Los lunes son siempre los peores días. Hizo comentarios sobre las manchas en la alfombra, los platos que había en el fregadero, el desorden en las encimeras, los canastos de ropa sin doblar en el vestíbulo, e incluso echó una ojeada a mi dormitorio donde vio mucho desarreglo. Cuando miró dentro de la refrigeradora, papá también se quejó de la cosa pegada que había en el estante superior.

No me quedó otra cosa que seguirlo por toda la casa, ofreciendo explicaciones y más explicaciones.

Bueno, ¿cómo termina esta historia? El Señor me mandó ayuda. Mi papá me dijo amorosamente que yo no debía tratar de hacer todo y que tener alguien que ayudara de vez en cuando no era algo malo, especialmente para una madre con cinco hijos. Él ofreció pagar un servicio de limpieza. También me dijo que él pagaría la limpieza de las alfombras.

Ahora, yo soy muy orgullosa. Odio la idea de no poder hacerlo todo. Odio aceptar que me ayuden, pero la verdad es que lo necesitaba y agradecí la ayuda que él me brindó. Me ahorró horas (días, probablemente) de trabajo y me dio la oportunidad de enfocarme en las cosas que requerían de mi atención personal.

Tuve tiempo para ponerme al día con el saldo de nuestra cuenta bancaria y de planificar las clases. En lugar de lavar los platos, pude hacer algunas llamadas telefónicas muy necesarias a compañías de

Ahora, yo soy muy orgullosa. Odio la idea de no poder hacerlo todo. Odio aceptar que me ayuden.

seguro y a médicos. Tuve la oportunidad de borrar el graffiti de una de las paredes exteriores de mi casa (es una larga historia). Tuve muchísimo tiempo para terminar de organizar el inminente cumpleaños de mi hija. Esas son cosas que un servicio de limpieza no puede hacer, pero yo sí podía. Esa pequeña inyección de tiempo adicional me animó. ¡Empecé a apurar la lista de cosas pendientes y logré ponerme al día con las cosas que tenía que terminar!

El propósito de este pequeño ejemplo no es decir que todas tienen la obligación de meter la mano en el bolsillo y de pagarle a alguien para que limpie su casa todos los días o incluso de vez en cuando, si vamos al caso. Aquí, el principio es que tú y yo no tenemos que hacerlo todo. La mujer de Proverbios 31 tampoco lo hacía.

Ella vivía en una cultura en la que los hijos colaboraban desde que eran muy pequeños. (¡Pon esos niños a trabajar!) No pelaba las zanahorias ni cortaba las papas con sus propias manos. Probablemente, tampoco iba siempre al supermercado a comprar los alimentos y la ropa. (Chicas, comprar por Internet no tiene nada de malo). El campo que compró probablemente se lo haya buscado y recomendado una amiga de confianza. (Cariño, ¡usa la experiencia de los demás!) Y además tenía «criadas». Si estás en una situación económica en la que puedes disminuir algunos antojos de tu presupuesto (las compras frívolas, el teléfono celular, el cable, los restaurantes, la peluquería, etcétera) para poder contratar un servicio de limpieza una vez al mes, y que eso te ayude a ser más amable y cariñosa, ¡hazlo inmediatamente! La mujer de Proverbios 31 hacía muchas cosas, de acuerdo, pero las hacía con ayuda. Eso marca una gran diferencia.

La imagen de la mujer de Proverbios 31 nunca debería hacernos sentir culpables. Está bien, a lo mejor podríamos estar de acuerdo en que ella era una mujer que lo tenía todo... pero también reconozcamos que no lo tenía todo al mismo tiempo. Proverbios 31:10-31 sintetiza toda su vida.

Llegar a ser como la mujer de Proverbios 31 no es inalcanzable, pero indudablemente es un ejemplo de mujer que podemos imitar si nos tomamos el tiempo para conocerla. La mujer de Proverbios 31 tiene en claro sus prioridades; están en armonía con las prioridades que Dios ha establecido para ella. Aprovecha sus dones al máximo y usa todas las cosas y a todas las personas que tiene a su disposición. Es una administradora. No lo hace todo ella solita.

Date un respiro. Averigua qué está haciendo Dios, zambúllete en el río de su voluntad y sigue la corriente de sus planes. Cuando una amiga, un miembro de tu familia o de tu iglesia, una compañera de trabajo o incluso un desconocido te ofrezca

ayuda, acéptala. No tienes que hacerlo todo,
serlo todo ni tenerlo todo a la misma vez. En
este preciso momento, hay otras personas
en tu casa, en tu trabajo, en tu iglesia y en tu
comunidad que también pueden hacer un buen
trabajo. Comparte la carga. Necesitamos librar-
nos de la trampa del «yo puedo hacerlo todo».

Como adicta en recuperación al «hazlo
todo», yo también estoy aprendiendo a
librarme de esas expectativas irreales. Descansa tranquila en las expectativas que Dios

> *Como adicta en recuperación al «hazlo todo», yo también estoy aprendiendo a librarme de esas expectativas irreales.*

tiene para ti. Él sabe lo que necesitas y te ama enormemente. Él contestó mi oración
de madrugada cuando le dije que yo no podía hacerlo todo. Me dijo: «Chrystal,
ya me di cuenta. Hace mucho tiempo que estoy esperando que tú también te
des cuenta».

¿Recuerdas a Marta y a María? Para nosotras, como mujeres, es muy fácil concen-
trarnos en el *hacer* antes que en lo más importante: el *estar* en una relación dinámica
con nuestro Salvador.

La cocina y la limpieza son importantes...

Criar a tus hijos es importante...

Hacer madurar una relación matrimonial saludable es importante...

Hacer un buen trabajo y desarrollar una carrera es importante...

Contribuir en tu comunidad es importante...

Manejar tu economía ejerciendo sabiduría es importante...

Servir en tu iglesia es importante...

Cuidar tu salud es importante...

Pasar tiempo de calidad con tus amigos y familia es importante...

Disfrutar de tu vida es importante...

Sin embargo, ninguna de esas cosas debería ser un obstáculo que te impida temer
a Dios, descubrir cuál es su prioridad para ti y concentrarte en lo que es importante
para la eternidad.

Temer a Dios quiere decir que su programa es tu programa. Su plan es tu plan y
sus propósitos son los propósitos para los que debes vivir.

Temer a Dios significa que tienes en claro la idea de que tu vida es, en realidad, su
vida, que él vive a través de *ti*.

Un sabio consejero compartió esto conmigo: «Todas las mañanas, antes de levantarte, permanece un momento más en la cama; estira tus brazos al techo, es decir, hacia el cielo, y ofrécete al Señor, invitándolo a que te muestre cuáles son las cosas más importantes que él tiene en su lista para que hagas hoy. Si no te detienes a preguntarle cuáles son sus prioridades para ti, tus "buenas" cosas siempre se interpondrán entre lo "mejor" de Dios para ti. Dile a Dios que estás dispuesta a ser interrumpida, descarrilada y sorprendida por lo que él considere conveniente. Luego, levántate y empieza a andar, sabiendo que tu día le pertenece al Señor».

Todas estamos en distintas etapas de la vida, con responsabilidades, exigencias y distracciones diferentes. Sin embargo, sin importar nuestra etapa, Dios nos ve en el lugar en que estamos y escucha las oraciones que le hacemos en medio de la noche oscura y aplastante, aunque oremos con las manos en las caderas.

La mejor noticia es que, cuando eres una mujer del reino que elige caminar en el temor al Señor, entonces ¡es trabajo de él encontrar y proveerte las herramientas que necesitas para terminar su obra!

Dios es tu mayor Ayudador

El ejemplo de Chrystal puede resultarte conocido. Quizás te haya sucedido lo mismo. Tal vez hayas llegado al punto en el que te preguntas cómo se supone que vas a hacer todas las cosas. Pero la lección que aprendió Chrystal y la ayuda que aceptó es una lección para ti también. La sabiduría conlleva reconocer en qué etapa de la vida estás y en vivir de acuerdo con ella. Nunca te avergüences de reconocer que no puedes hacerlo todo. Lo principal es que tengas a Dios primero, y entonces su fuerza te dará lo necesario para tomar las decisiones que lo glorifiquen.

A pesar de que la mujer del reino en Proverbios 31 sirve como el ideal, la realidad del día a día de la mujer —sea cuidando a sus hijos o a sus padres, manteniendo un trabajo, encargándose de su casa e, incluso, cuidándose ella misma— puede hacer que ese ideal parezca imposible. No obstante, el objetivo es dejar que el temor a Dios sea la influencia predominante en tu vida. Deja que tus actos, tus pensamientos y tus palabras reflejen el corazón que busca darle honra a Dios por encima de todas las cosas. A medida que lo hagas, Dios seguirá dándote lo que necesitas para que sigas transformándote en la mujer del reino que estás destinada a ser.

Como le pasó a Chrystal, cuando clames a Dios, él te enviará ayuda:

Levanto la vista hacia las montañas,
    ¿viene de allí mi ayuda?
¡Mi ayuda viene del Señor,
    quien hizo el cielo y la tierra! (Salmo 121:1-2)

Cuando le pides sabiduría a Dios, él promete dártela: «Si necesitan sabiduría, pídansela a nuestro generoso Dios, y él se la dará; no los reprenderá por pedirla» (Santiago 1:5).

Él nunca te dejará. Él no te ha abandonado. De hecho, quiere verte convertida en la mujer del reino para la cual te creó, más aún de lo que tú quizás quieras. Dios tiene un plan para ti y, a veces, lo sé, ese plan puede parecer apabullante. Tal vez no puedas imaginar siquiera cómo llegarás a la próxima semana, mucho menos al resto del año. Estás hasta el cuello de trabajo, tienes poca energía y el llamado a ser una mujer del reino te parece altísimo.

Reverenciar a Dios sirve como la base sobre la cual florecerá tu importancia como mujer del reino.

Sin embargo, quiero que comiences justo aquí, con este principio muy sencillo de Proverbios 31: Teme a Dios en todo lo que hagas. Hónralo con tu corazón, con tus pensamientos, con tus palabras y con tus acciones. Búscalo, recurre a él y acepta la ayuda que él pone en tu camino. Vive día por día. Hónralo y venéralo hoy mismo. Tenle temor en todo. Demuestra que lo veneras en todos tus actos. Si lo haces, estarás en camino a ser una mujer del reino que lleva a cabo su destino. Reverenciar a Dios sirve como la base sobre la cual florecerá tu trascendencia como mujer del reino.

2

❧

UNA MUJER DE ESPERANZA

Hay un hermoso relato sobre una hermosa dama. Su nombre era Cenicienta. No obstante, Cenicienta se sentía fea. Vivía con una madrastra malvada y dos hermanastras igual de malvadas que convirtieron a Cenicienta en su esclava. Ella era hermosa, pero no se consideraba hermosa a causa de la influencia de su entorno perverso que la menospreciaba, la trataba pésimo y la anulaba. El problema con Cenicienta era que estaba trabada ahí. Estaba encerrada en la situación y por mucho tiempo no pudo salir de ella.

Tú conoces la historia. Sabes acerca del baile y como fue milagrosamente transportada allí en un carruaje. En el baile, conoció al príncipe. El príncipe miró a Cenicienta y se enamoró. El problema de esta historia, como sabes, es que el reloj marcó la medianoche y ella se convirtió en la de antes. Volvió a ser la esclava de una familia malvada.

Sin embargo, la parte buena de la historia de Cenicienta es que el príncipe nunca la olvidó. A pesar de que en el baile había muchas personas, Cenicienta tenía algo que la destacaba del resto de la multitud. Era especial. Era única. Era excepcional. Todas querían al príncipe, pero el príncipe quería a Cenicienta.

Lo único que tenía para buscarla era un zapato que ella había dejado al marcharse. Si él podía encontrar el pie que calzara en ese zapato, encontraría a Cenicienta. Entonces, salió a llamar casa por casa en busca de su tesoro. Luego de una larga y ardua búsqueda, el príncipe finalmente la encontró.

Muchas mujeres viven hoy como Cenicienta. Están influenciadas por una madrastra malvada, el diablo, que tiene dos hijas horrorosas: el mundo y la carne. Muchas mujeres, al vivir como esclavas, como si estuvieran

Jesús sabe dónde estás en este momento y sabe desde cuándo estás allí.

secuestradas, se sienten atrapadas en una situación desesperada. Tal vez, de alguna manera esto describa tu vida. Quizás te imaginaste que ibas a llegar mucho más lejos que donde estás en este momento. Tal vez soñabas con que tu familia, tu profesión o tus relaciones iban a ser mucho mejores. Tal vez incluso conociste al Príncipe de Paz y él te salvó hace un tiempo, pero te encuentras nuevamente sirviendo como esclava. Eso podría significar esclavitud emocional, espiritual y aun física.

Es fácil perder la esperanza cuando no puedes ver un final para la tiranía. Lo que quiero recordarte es que hay esperanza. Jesús sabe dónde estás en este momento y sabe desde cuándo estás allí. Él tiene una salida para toda desesperanza que puedas sentir.

Él no quiere solamente darte su dinero, su castillo o su carruaje. Quiere atraerte hacia él. Quiere sacarte del cautiverio y dejarte vivir en la libertad de su presencia y de su provisión. Quiere mostrarte tu nueva situación y tu nueva gloria. Quiere sacarte del espíritu de esclavitud. Quiere darte esperanza.

Imagínate que Cenicienta se hubiera dado por vencida. Imagínate que hubiera resuelto quedarse encerrada en la casa. El príncipe nunca la hubiera encontrado. Ella nunca se habría probado su propio zapato. Se habría perdido su «y fueron felices para siempre».

Muchísimos de nosotros hemos perdido la esperanza en Dios. Hemos contado la cantidad de años que pasaron sin que nuestras oraciones fueran contestadas, y hemos decidido que ya es demasiado tarde. Muchas veces hemos dejado pasar el destino que Dios tiene para nosotros porque hemos dejado de observar. Dejamos de tener esperanza.

Las Escrituras tienen para nosotros otra historia sobre una mujer reducida a la esclavitud. No era Cenicienta, pero se enfrentó a sus propias luchas continuas, que le impedían hacer realidad la forma más verdadera de su destino. Esta mujer, que no podía mantenerse erguida, está en el libro de Lucas. Dice allí: «[Jesús] vio a una mujer que estaba lisiada a causa de un espíritu maligno. Había estado encorvada durante dieciocho años y no podía ponerse derecha» (13:11).

Aquí tenemos a una mujer que durante dieciocho años tuvo un problema irreparable que la encorvaba. Como el Jorobado de Notre Dame, no podía enderezarse. Sus ojos normalmente solo veían el suelo, porque no podía mirar hacia ninguna otra parte. El pasaje explica que no había nada que ella ni nadie más pudieran hacer para enderezar su situación. Quizás tenía alguna clase de deformidad en la columna vertebral que le impedía enderezarse.

A causa de su postura física, nunca podía ver las cosas como realmente eran. La percepción que tenía, no solo de ella misma sino también del mundo que la rodeaba, estaba distorsionada. Su problema no era solamente de salud, sino que además se había convertido en un hábito, simplemente porque se había prolongado durante mucho tiempo. Dieciocho años son mucho tiempo para dejar que tu mundo sea perjudicado por algo que no mereces y que no tienes el poder de cambiar. La vida de esta mujer debe haberse llenado de desaliento, día tras día, semana tras semana, mes tras mes, año tras año. Sería fácil suponer que la mujer posiblemente había perdido la esperanza.

¿Puedes identificarte con ella, o con Cenicienta, de alguna manera? Quizás hayas pasado por un sufrimiento o por un problema que no desaparece y sientes que estás atrapada. O estás en una situación que no te ofrece ninguna esperanza de tener un mañana más promisorio. Aunque el problema de esta mujer era físico, muchas pruebas pueden obligarte a agachar la cabeza o el corazón, ya sea emocional o espiritualmente. Puede tratarse de algo que dijo o que hizo tu papá, o incluso tu mamá. Quizás fue algo que te hizo o que te dijo un hermano irreflexivo lo que te ha mantenido emocionalmente incapacitada durante tanto tiempo. Incluso pudieron ser tu marido, tus amigos o gente del trabajo los que te calificaron erróneamente y te impidieron alcanzar tu destino como una mujer del reino.

Has intentado liberarte leyendo libros, asistiendo a estudios bíblicos y hablando con un consejero, con un pastor o con amigos, pero hagas lo que hagas, el problema o el cautiverio persisten. Lo primero que quiero decirte es que no estás sola. Muchas mujeres se sienten atadas al dolor emocional, espiritual o físico. A lo mejor sientas que tú obedeciste la Palabra de Dios y lo honraste con tu vida, pero que de alguna manera él no cumplió con su parte del trato. Sea lo que sea, te tiene abatida. Y lo que sea que te tenga abatida ha distorsionado tu percepción, no solo de ti misma, sino también del mundo que te rodea.

No obstante, antes de darte por vencida, levanta la vista.

Mira, ser una mujer del reino no se reduce a ir más a la iglesia o a hacer más cosas buenas. Tiene que ver con establecer una relación con el Único que da esperanza. Lucas 13 nos cuenta que la mujer que no podía enderezarse estaba en la sinagoga; estaba en la iglesia: «Cierto día de descanso, mientras Jesús enseñaba en la sinagoga...» (versículo 10). Durante dieciocho años, es probable que esta mujer haya ido a la iglesia, haya cantado canciones, haya escuchado sermones, haya alabado a Dios, haya dado limosnas, etcétera, pero no estaba más cerca de ser liberada de su esclavitud que el primer día en que llegó. Evidentemente la iglesia, por sí misma, no la sanó. El sistema religioso, por sí mismo, no la curó. Era una lisiada en un banco de la iglesia que había aprendido a arreglárselas. Había aprendido a conformarse con su situación.

Ser una mujer del reino no se reduce a ir más a la iglesia o a hacer más cosas buenas. Tiene que ver con establecer una relación con el Único que da esperanza.

Sin embargo, una mujer del reino nunca se conforma. Sé que lo que pudo haberte sucedido en la niñez o en tus relaciones (el abuso o el maltrato), o incluso con tu salud o con tu economía te habrá abatido. Y crees que lo mejor que podrás conseguir es aprender a manejar tu sufrimiento. Tal vez parezca irreparable e inservible. Al fin y al cabo, dieciocho años es un tiempo muy prolongado, pero Jesús tiene algo más para tu futuro que conformarte. Así como tenía más para la mujer que no podía enderezarse por sí misma:

> Cuando Jesús la vio, la llamó y le dijo: «Apreciada mujer, ¡estás sanada de tu enfermedad!». Luego la tocó y, al instante, ella pudo enderezarse. ¡Cómo alabó ella al Señor! (versículos 12-13).

Ella había estado en la iglesia durante un largo tiempo. Evidentemente, puedes ir a la iglesia y no conocer a Jesús. Puedes estar en el lugar que supones correcto, sin encontrarte con Jesús. Cuando ella conoció a Jesús, conoció al Único que iba a hacer lo que nunca se había hecho durante dieciocho años. Todos los demás se habían ocupado del fruto, pero Jesús fue directamente a la raíz.

En la historia de esta mujer, dos veces se nos dice la causa de su problema. Había sido esclavizada por Satanás (versículo 16). Su problema no era el problema. El problema era más profundo que lo que enfrentaba física y emocionalmente.

Mira, es importante saberlo, porque si el problema es causado por el Enemigo, un médico no puede resolverlo. Si Satanás es el que causa el problema, un sermón o una canción no pueden resolverlo. Tampoco se puede resolver contándoselo a tus amigas, ni ahogar bebiendo mucho alcohol, ni tapar con la terapia de ir de compras, que en realidad no puedes permitirte. Si el problema es de naturaleza espiritual, entonces necesita una solución espiritual.

Ten en cuenta que dije que necesita una solución espiritual, no una solución religiosa. Hay una gran diferencia entre las dos cosas.

Un aspecto clave de tu vida como mujer del reino reside en cómo ves y cómo le respondes a Jesús. ¿Es él simplemente algo unido a un ritual o a una rutina, la de la religión? ¿O lo ves como una Persona real que anhela relacionarse contigo? La causa por la que tantas personas terminan esclavizadas por los problemas es que tratan de abordar las circunstancias en lugar de apelar al Único que puede encarar la raíz. Las circunstancias pueden ser el resultado de una situación espiritual.

Si ha pasado mucho tiempo, seguramente te estás ocupando del fruto y no de la raíz. Mientras Satanás pueda tenerte pensando en el fruto, te tiene bien controlada. A él no le molesta si asistes a tu programa de los doce pasos, si hablas del tema con tus amigas todo el tiempo o si tomas nuevas decisiones para el Año Nuevo, miles de veces. No le molesta porque sabe que esas son soluciones que apuntan al fruto más que a la raíz.

Si hay algo en tu vida que parece no desbloquearse, independientemente de lo que trates de hacer o de cómo lo encares, quiero que investigues más a fondo, porque hay una raíz espiritual que tiene que ser tratada.

Cuando la solución aparece de repente

La solución de la mujer llegó *de repente*. Dieciocho años luchando para enderezarse fueron sanados *inmediatamente*. Mira, con Jesús, no toma mucho tiempo cambiar tu punto de vista.

Me gustaría que prestes atención al pedido que le hizo Jesús. Le pidió que se acercara a él. Ella tuvo que salir del lugar donde estaba y llegar hasta él.

Tuvo que abrirse paso hasta Jesús, en fe, a pesar de no poder incorporarse lo suficiente como para verlo.

No podía renunciar ni tirar la toalla. Tenía que aferrarse a alguna esperanza, aunque pareciera una situación desesperada. No podía decir: «Bueno, ya he llegado hasta aquí y de aquí no me muevo». A pesar de los dolores que sin duda eran comunes en sus piernas y en su espalda, a pesar de la vergüenza de ser diferente a todos los que la rodeaban, aun así fue hasta Jesús. No se detuvo en donde estaba. Puso su esperanza en la voz de Jesús, y siguió andando hasta que llegó ante él.

Para que una mujer del reino experimente la victoria espiritual o el alivio de lo que sea que esté oprimiendo su mente o su corazón, ella tiene que recurrir a Jesús. Él es el Único que tiene autoridad sobre Satanás y sus esbirros. Él está sentado a la derecha de Dios en el cielo. Eso no significa que el diablo no pueda seguir molestándote, porque sí puede. Lo que eso sí quiere decir es que Satanás no puede molestarte cuando Jesús le dice que deje de hacerlo.

Jesús desarmó a Satanás cuando murió en la cruz: «Desarmó a los gobernantes y a las autoridades espirituales. Los avergonzó públicamente con su victoria sobre ellos en la cruz» (Colosenses 2:15). En otras palabras, Jesús es quien dirige la orquesta ahora. Aunque Satanás todavía tiene muchísimo poder, Jesús tiene autoridad sobre el poder de Satanás. Si quieres llegar a la raíz de lo que te tiene desanimada y doblegada, solamente Jesús posee la autoridad que necesitas para hacerlo. Si buscas soluciones en el terreno físico cuando existe una causa espiritual, estás buscando en el sitio incorrecto.

Para que una mujer del reino experimente la victoria espiritual o el alivio de lo que sea que esté oprimiendo su mente o su corazón, ella tiene que recurrir a Jesús.

La distracción llamada desánimo

Una de las maneras más fáciles de distraer a la cristiana de su destino personal es por medio del desánimo. Lo he visto una y otra vez cuando aconsejo a personas que luchan contra la desesperación. Cuando te sientes como si hubieras perdido la esperanza, cuando estás cansada y quieres darte por vencida, tu cabeza y tu perspectiva solamente ven lo que está abajo. Se te caen los hombros. Y te olvidas de que frente a ti tienes un futuro esperando que te lo apropies.

Lo mejor que puedo decirte que hagas, si estás enfrentando la desesperación, es que escuches a Jesús. Escúchalo llamándote por tu nombre. Como la mujer que no podía enderezarse, no te des por vencida. Él no quiere que te rindas. Quiere que te acerques a él para poder poner sus manos sobre ti y cambiar tu vida *repentinamente*.

Si él no contesta tus plegarias inmediatamente, es porque él obra la sanidad de cuatro maneras. La primera: puede sanarte de manera sobrenatural. La segunda: puede usar medios humanos para remediar tu condición; la tercera: puede darte la fuerza para lidiar con tu condición hasta que él la corrija. Cuarta: puede permitir que continúes con el sufrimiento en la tierra hasta que tu sanidad completa sea manifestada en el Cielo.

Es fácil querer darte por vencida; lo comprendo. Las luchas que afrontas son legítimas. Si algo de eso te resulta conocido, quiero animarte a que resistas. Una mujer del reino pone sus ojos en Jesús y él la fortalece para que sea todo lo que él planeó al crearla.

Las crónicas de Chrystal

Me encanta probar cosas nuevas y me entusiasmo bastante rápido cuando estoy aprendiendo algo nuevo. Mi casa está llena de recordatorios de cosas que tengo la intención de hacer, pero que están incompletas.

Hace dos años, empecé a tomar clases de acolchado con mi hija. El acolchado está doblado en mi armario; completé más o menos la octava parte.

He comenzado tres álbumes de recortes: uno para mi hijo Jesse, otro para mi hijo Kanaan y otro para la familia. Ninguno tiene más de seis u ocho páginas.

Empecé a limpiar mi guardarropa infinidad de veces. El fondo del mismo no ha sido tocado en los últimos tres años.

Tengo un montón de cosas para vender en Craigslist o en eBay. La montaña crece más rápido que las cosas que se venden.

Los libros son una de mis pasiones, pero los compro más rápido de lo que puedo leerlos. El hecho de estar a menos de diez minutos de Barnes & Noble no ayuda a mi situación, ni tampoco mis visitas anuales a las ferias del libro para la educación en casa (sí, es en plural). Súmale a eso las lecturas que necesito hacer para mantenerme al tanto del aprendizaje de mis hijos.

He empezado más estudios bíblicos de los que me interesa recordar. El estudio bíblico *Creerle a Dios*, de Beth Moore, todavía está en el estante donde lo puse hace dos años cuando lo comencé. Hace dos veranos que está en mi lista de cosas pendientes.

A pesar de que disfruto de mi vida y de que la rutina nunca me atrapa del todo ni caigo en el aburrimiento, no puedo decir que termino todas las cosas que empiezo.

¡Tengo que reconocer que este estilo de vida distraído no es solo el resultado de una compleja vida adulta o el derivado de la amnesia provocada por la maternidad! Ya desde la adolescencia, muchas veces me daba cuenta de que estaba tan hiperconcentrada en un área de lucha que me daba por vencida y cedía a la tentación de tirar la toalla. Probablemente, el mejor ejemplo de eso fue durante el atletismo de la preparatoria.

Cuando estaba en la preparatoria, era corredora. Aunque lo que verdaderamente deseaba era ser velocista y unirme a la elite del equipo de postas de los 400 metros, la realidad es que no era lo suficientemente veloz. Entonces me pusieron en carreras de distancias más largas. En lugar de estar en el equipo de postas de los 400 metros, tuve que correr sola todo. Obviamente, eso fue una lucha para mí. Las mismas chicas que corrían las carreras de 100 metros y que podían mantenerse durante un tiempo eran las que entraban en las carreras de 400 metros. Terminé muy descorazonada en muchas carreras a medida que me conformaba con la idea de terminar en el grupo de las rezagadas.

Entonces, mi entrenadora me sugirió que intentara en la carrera de 800 metros. Obviamente, ella pensaba que yo era una terrible masoquista. Como parecía que yo no estaba hecha para la velocidad, supongo que mi entrenadora se imaginó que estaba hecha para la resistencia.

Odié correr esa carrera. Creo que hubiera preferido llegar última en una carrera más corta que ubicarme más arriba por participar en una carrera que exigía tortura emocional y física.

> *Como parecía que yo no estaba hecha para la velocidad, supongo que mi entrenadora se imaginó que estaba hecha para la resistencia.*

Odié sentir que los pulmones se me salían del pecho y odié la sensación de ardor en la planta de los pies sobre los clavos en el asfalto. Me dolía la cabeza, me dolían los muslos y me ardían los brazos. Estaba destrozada. Y eso era cuando corría la carrera en la competencia de atletismo; las prácticas conllevaban su propia y exclusiva tortura.

Para entrenarme para mi desempeño en una competencia tenía que correr más rápido y distancias mayores. Los 800 metros se transformaron en 3200 de práctica y tuve que correr ocho carreras de 200 metros, una tras otra, para adquirir velocidad. Pero yo quería correr. Me costaba hacerlo bien, pero quería hacerlo mejor, de manera que seguí practicando a pesar de que quería darme por vencida.

Hay una historia oculta en esos años de correr que ejemplifica un momento en el que quise renunciar más que nada en el mundo, pero no lo hice. Fue un momento en el que había perdido toda esperanza, pero encontré una manera de seguir adelante.

Nosotros contamos la anécdota una y otra vez cuando cenamos en familia.

Mi papá vino a verme correr la carrera de los 800 metros. Arranqué y establecí un buen ritmo. Recuerdo cuando pasé la primera curva pensando en que me sentía llena de energía y que mi respiración tenía un buen ritmo.

Aun después de la curva en la que tenía la ventaja de estar en el carril interno, seguía a la cabeza. Ahora había empezado a entusiasmarme un poco. Recuerdo que escuchaba el ritmo de las chicas que iban detrás de mí y pensaba que realmente tenía la oportunidad de clasificar.

Cuando di la vuelta a la segunda curva, la adrenalina empezó a fluir, y mi corazón comenzó a latir un poco más rápido. Sorprendentemente, mantenía el control sobre mi cuerpo, haciéndolo avanzar a cada paso y con cada balanceo de mis brazos. Me sentía llena de potencia.

Al segundo siguiente, no tengo palabras para expresar el orgullo que brotaba de mí mientras escuchaba la voz de mi padre en la tribuna, que gritaba: «¡Vamos, Chrystal, vamos, Chrystal! ¡Tú puedes hacerlo! ¡Sigue así! Márcate el ritmo... Vamos... vamos... ¡VAMOS!».

Al pasar la tercera curva, nadie me había pasado todavía. Había una posibilidad, una posibilidad *real*, de que esta vez pudiera llevarme una medalla a casa.

Antes de que me diera cuenta, apareció esa sensación conocida. Me empezaron a arder los pulmones. Sentía que mis piernas eran de plomo. Le ordené a mis brazos que bombearan más rápido, más duro.

Todavía llevaba la delantera.

Sin embargo, pronto toda mi potencia escapó a través de mis fosas nasales; la capacidad de controlar mi respiración y mi ritmo desapareció. Mi cuerpo y mi carne tomaron el mando, mientras lentamente me daba cuenta de que ahora incluso quizás no llegaría a la línea final.

A la distancia, aún podía escuchar a mi papá gritando: «¡Chrystal, no te rindas! No te detengas. Vamos... vamos... Sigue corriendo... No abandones. ¡Tú puedes!».

Esta vez, a mis extremidades no le importaban sus palabras, y eran *ellas* las que dirigían la orquesta.

Escuché que los pasos de la chica que me seguía habían aumentado un poco la velocidad. Ella también veía que la línea de llegada se acercaba y, sin duda, quería alcanzarme. A mitad de camino, me pasó en seguida y me arrebató la última pizca de determinación que me quedaba. Había perdido, y escuché la voz lejana que gritaba de compasión por mí.

«¡Ayyy, Chrystal!», dijo mi papá. Yo sabía lo que quería decir con esas palabras. Me había dado por vencida.

Un segundo par de pies me alcanzó. Cuando digo que a esas alturas yo apenas caminaba, es *exactamente* lo que quiero decir. No solo iba perdiendo, sino que dudaba de poder terminar.

Traté de fijar mis ojos en la línea de llegada, pero parecía demasiado lejana. En cambio, bajé la mirada hacia mis pies. Incliné la cabeza hacia abajo. Mi estructura, en otro momento erguida, empezó a inclinarse.

Me pareció que tardé como tres horas en completar los últimos nueve metros hasta la línea de llegada. Todo se movía en cámara lenta. Las voces de la multitud se habían vuelto incomprensibles, a excepción de una. Lo escuché, tan claro como siempre. Él sabía que yo estaba desanimada. Él sabía que yo había sentido que iba a ganar. Él sabía ahora, por mi postura, que yo había perdido la esperanza incluso de llegar hasta el final, pero lo escuché gritar: «¡Vamos, Chrystal! ¡Ya casi llegas! ¡Vamos! ¡Tú puedes hacerlo!».

Cuando mi pie derecho cruzó la línea blanca final, frené abruptamente. ¡Había terminado! ¡No me había dado por vencida! Y me había hecho de la medalla del tercer puesto.

Realmente siento que aquel día (y siempre que mi familia se ríe cuando mi papá vuelve a contar la historia) estaba dispuesta a renunciar. Dejé de dar todo de mí cuando la primera muchacha me pasó. Mi carne fue débil, mi espíritu desfalleció y no redoblé esfuerzos como para continuar. Al menos, no por mí misma.

Sin embargo, en esa experiencia aprendí que de la misma manera que necesitamos concentración, diligencia y dominio propio para terminar una carrera, a veces también necesitamos alguien que nos aliente. Alguien que crea que podemos hacerlo, aun cuando hayamos dejado de creer en nosotros mismos.

Nuestra vida no está exenta de errores. Dios puede usar para su gloria cada una de nuestras experiencias. Él entrelaza lo bueno y lo no tan bueno que tenemos para hacer un hermoso tapiz. Ah, pero no sabes cuánto deseo evitar las dificultades inne- cesarias dándome por vencida lo antes posible.

Anhelo ser una de esas personas que llegan hasta el final como mujeres del reino. No quiero que mi vida deje solamente hilos sueltos, bordes irregulares o tareas sin terminar. Yo quiero terminar, y quiero terminar bien. Me entristece pensar en los momentos del pasado en los que no lo hice.

Cuando miro a mi alrededor todos los proyec- tos y las tareas que todavía tengo que terminar, me entristece pensar que seré víctima de cualquier actividad entretenida que se me cruce en lugar de conseguir que lo primero sea lo primero.

¿Qué puedo hacer? ¿Cómo puedo cambiar?

Hebreos 12:1 nos dice: «Por lo tanto, ya que estamos rodeados por una enorme multitud de testigos de la vida de fe, quitémonos todo peso que nos impida correr, especialmente el pecado que tan fácilmente nos hace tropezar. Y *corramos* con per- severancia la *carrera* que Dios nos ha puesto por delante».

¿Cómo sé cuál es mi carrera? Solo Dios puede decírmelo. ¿Cómo puedo conseguir esta infor- mación de Dios? Tengo que pasar tiempo con él. Tengo que verlo como algo más que una religión o que el sistema de lo bueno y de lo malo. Jesús es real. La relación que él anhela tener conmigo es real. Solamente él puede levantar en alto mi cabeza cuando el cansancio de la vida hace que me desmorone. Su voz es lo único que importa cuando estoy dispuesta a darme por vencida.

Mi papá dice algo muy interesante cuando enseña sobre Hebreos 12:1. El ver- sículo no nos dice que nos saquemos de encima los pecados (en plural) que nos

Aprendí que de la misma manera que necesitamos concentración, diligencia y dominio propio para terminar una carrera, a veces también necesitamos alguien que nos aliente.

entorpecen y nos enredan. Dice que nos quitemos el *pecado* (en singular). No tenemos que agobiarnos por tratar de arreglar esto, aquello y lo otro. Porque si no entendemos lo principal, tampoco podremos alinear el resto. El pecado al que se refiere este versículo es el pecado de la incredulidad, de la falta de fe. Cuando Jesús le dijo a la mujer que no podía enderezarse que caminara hacia él, ella podría haberle dicho que no. Podría haberle respondido que ya había probado con la iglesia. Podría haberle dicho que estaba cansada. Podría haberle dicho que le dolía la espalda. Podría haberle dicho que no quería volver a desilusionarse y, entonces, para qué intentarlo. En cambio, demostró tener fe, a pesar de toda una vida de desesperanza.

La vida es dura. La vida es difícil. La vida es *real*. El día que corrí la carrera de 800 metros, otras chicas también corrieron. La carrera fue difícil para todas. Yo no era la única a la que le quemaban las piernas. No era la única que tenía los pulmones agitados. Tampoco era la única que sentía los muslos paralizados y pesados. Lo bueno es que todas terminamos.

No creo ser derrotista por naturaleza, pero sí me distraigo fácilmente. Sin embargo, ¿no es eso lo que quiere Satanás? Si no puede convencernos de que nos demos por vencidas, simplemente nos mantiene distraídas.

Hermanas, cada una de nosotras está corriendo una carrera, y Jesús nos llama a que corramos con él para que no nos distraigamos y vivamos con propósito. Él no quiere que sigamos corriendo con la cabeza agachada. Quiere que fijemos la mirada en él, que nos enderecemos y que dejemos que su voz nos impulse. ¿Puedes escucharlo? Él te llama por tu nombre. Mientras corres tu carrera, él te aclama, te dice que puedes lograrlo y te alienta. No hace falta que te rindas. No tienes que bajar la mirada hacia tus pies.

Servimos a un Dios que sabe que nos cansamos. Es el mismo Dios que pasó un tiempo en este mundo, vestido de humanidad, que corrió su propia carrera, que se quedó sin aliento, que soportó el sufrimiento y el cansancio físicos, emocionales y mentales. Anímate; nuestro Dios no solo puede identificarse con nosotras mientras corremos, sino que, si lo aceptamos, también nos ofrece el poder y la fuerza para poder correr bien.

Párate con la cabeza erguida

Siempre recordaré cómo alenté a Chrystal ese día, mientras ella corría. Su anécdota nos muestra que, a pesar de que la vida se complica, tenemos a

Alguien de nuestro lado. Él nos pide que sigamos adelante y que no nos demos por vencidos. La muerte de Jesús en la cruz obtuvo tu victoria sobre todas las cosas. No murió solamente para que puedas lidiar con el lío o la pena que tienes. Él murió para que tengas vida y la tengas en abundancia.

Una reflexión final sobre la historia de la mujer que no podía ponerse derecha está en Lucas 13:16, donde Jesús nos da una perspectiva clave de los derechos de una mujer del reino: «Esta apreciada mujer, *una hija de Abraham...*» ¿Captaste eso? La mujer que Jesús sanó era una hija de Abraham. Dios hizo un pacto con Abraham que se remonta muy atrás, registrado en Génesis, de que él bendeciría a Abraham y a sus descendientes. Lo que Dios prometió darle a Abraham sigue siendo válido también para sus hijos.

Como mujer del reino, tienes derecho a vivir plenamente tu destino. No tienes que vivir condenada a la desilusión ni a la desesperanza.

Esta mujer estaba vinculada a Abraham, de manera que tenía un lazo con las promesas de su pacto. Tenía derecho a ser bendecida. Lo mismo vale para ti. Como creyente en Jesucristo, tú eres hija de Abraham (Gálatas 3:29) y, por lo tanto, tienes los derechos que te corresponden por el pacto. Como mujer del reino, tienes derecho a vivir plenamente tu destino. No tienes que vivir condenada a la desilusión ni a la desesperanza.

Puedes pararte con la cabeza bien en alto y caminar erguida.

3

UNA MUJER DE EXCELENCIA

La mayoría de nosotros prefiere la excelencia. Puede que no lo manifestemos abiertamente, pero nuestros actos lo demuestran. Por ejemplo, queremos que la atención médica que recibimos sea excelente. No queremos escuchar que el médico nos diga que no sabe qué problema tenemos, pero que le gustaría hacer una cirugía para averiguar qué nos pasa. Cuando se trata de nuestro bienestar físico, queremos un médico que sepa lo que está haciendo. Queremos excelencia.

Cuando vamos a un restaurante, no queremos que nos hagan la comida a las apuradas. Queremos que la preparen con excelencia. No nos gusta que el camarero mastique chicle mientras nos lanza la comida en cualquier parte de la mesa. Queremos excelencia.

Con seguridad, no queremos volar en un avión que no haya sido excelentemente fabricado. No queremos que el capitán, antes del despegue, diga por el altavoz cómo ensamblaron partes del ala con cinta adhesiva. Eso sería inquietante y la mayoría de las personas, si no todas, querría desembarcar rápidamente. Cuando volamos, queremos excelencia.

Cuando compramos un automóvil, queremos que sea de excelente manufactura. No queremos tener que llevarlo al taller mecánico todas las semanas porque se va rompiendo parte por parte. Queremos excelencia.

A pesar de que esperamos excelencia en las cosas que recibimos, muchas veces lo que hacemos carece de excelencia. Una mujer del reino entiende que su posición singular le exige un nivel más alto que el establecido por la cultura. Sabe que Dios la ha designado para un destino de excelencia.

Ser una mujer de excelencia significa, simplemente, vivir lo mejor que puedas, dar lo mejor de ti. Cuando nos presentemos ante Dios en el tribunal de Cristo, él buscará la excelencia. Esto lo leemos en la carta de Pablo a la iglesia de Corinto:

> El día del juicio, el fuego revelará la clase de obra que cada constructor ha hecho. El fuego mostrará si la obra de alguien tiene algún valor. (1 Corintios 3:13)

El día que te presentes ante Dios, no solo te preguntará cuánto hiciste por él, sino que además evaluará con cuánta excelencia lo hiciste. ¿Le has dado a Dios solo las sobras, o imprimiste calidad en tu vida, incluso en tus tareas cotidianas? Porque tus días suelen estar llenos de cosas que tal vez los demás no vean, cosas que hay que hacer y por las que quizás nunca recibas un agradecimiento. Es fácil hacer las cosas con menos calidad, pero Dios quiere que te muestres a la altura de un nivel más alto. Él desea la excelencia en todo lo que hagas. Tu excelencia no pasará desapercibida.

Dios quiere que te muestres a la altura de un nivel más alto. Él desea la excelencia en todo lo que hagas.

En el relato bíblico, Rut hacía lo que se consideraría un trabajo tedioso y subestimado. Había viajado con su suegra a un nuevo país. Como era viuda, no tenía dinero ni propiedades. Para vivir, tenía que realizar la tarea de espigar: recoger las sobras que los agricultores dejaban en el campo luego de levantar la cosecha. Probablemente, Rut nunca imaginó que alguien juzgaría cuán bien hacía ese trabajo, pero lo hacía con excelencia. Debido a que lo hizo, y a que toda su vida mostró excelencia, luego fue recompensada cuando se convirtió en la esposa de un hombre llamado Booz y, posteriormente, en la bisabuela del rey David de Israel, y en última instancia, en una de los ancestros directos de nuestro Rey eterno, Jesucristo.

El siguiente pasaje revela el carácter de Rut:

> «¡El SEÑOR te bendiga, hija mía! —exclamó Booz—. Muestras aún más lealtad familiar ahora que antes, pues no has ido tras

algún hombre más joven, sea rico o pobre. Ahora, hija mía, no te preocupes por nada. Yo haré lo que sea necesario, porque todo el pueblo sabe que eres una *mujer virtuosa*». (Rut 3:10-11)

La buena reputación de Rut lo dice todo acerca de su carácter y de su destino. Era una mujer de excelencia en sus decisiones y en sus actos. Como consecuencia, Dios la levantó de una baja posición social y la situó en una vida de privilegio.

La excelencia es una cuestión espiritual. Es distinta del éxito, porque el éxito, por lo general, tiene que ver con cuánto dinero ganas, qué trabajo tienes o cuánto prestigio logras. El éxito está relacionado con alcanzar un nivel que el mundo reconozca como exitoso. Mientras que el éxito le pertenece a unos pocos, la excelencia está disponible para todos.

A la excelencia no le preocupa cómo te comparas con los demás. A la excelencia le concierne cómo te comparas con lo mejor de ti misma. En otras palabras, la excelencia tiene que ver con el destino que Dios tiene para ti. ¿Estás avanzando progresivamente y acercándote a lo que él quiere? ¿Defines tus decisiones, tus pensamientos y tus actos según la más alta calidad y autenticidad que tienes para ofrecer? Esa es la medida de la verdadera excelencia.

Igual que a Rut, Dios te llamó a ser una mujer de excelencia. Quizás te parezca que nadie está observándote o que lo que estás haciendo sea poco importante según los valores de la cultura, pero en algún campo desconocido, mientras recogía lo que sobraba de los demás, Rut adquirió una reputación de excelencia. Dios la miró y le agradó lo que vio. También le concedió gracia a la vista de todos los que la vieran.

Pablo nos dice que toda nuestra vida debería estar marcada con la excelencia:

Finalmente, amados hermanos, les rogamos en el nombre del Señor Jesús que vivan de una manera que le agrada a Dios, tal como les enseñamos. Ustedes ya viven de esta manera, y los animamos a que sigan haciéndolo aún más. (1 Tesalonicenses 4:1)

La excelencia debe ser tu objetivo como una mujer del reino. Proverbios nos recuerda que la mujer excelente, o la esposa excelente, es un tesoro excepcional del más alto valor: «¿Quién podrá encontrar una esposa virtuosa y capaz? Es más preciosa que los rubíes» (31:10).

La excelencia de Dios tiene que servirte como ejemplo: «Canten al Señor, porque ha hecho cosas maravillosas» (Isaías 12:5). La excelencia es el nivel al que debes apuntar, porque eres una hija de Dios hecha a su imagen.

> *Recuerda que excelencia no quiere decir perfección. Quiere decir hacer todo lo que puedas con todo lo que tengas en ese momento.*

Recuerda que *excelencia* no quiere decir *perfección*. Quiere decir hacer todo lo que puedas con todo lo que tengas en ese momento. Nunca olvidaré cuando Chrystal corrió la carrera de los 800 metros. No podría haber estado más orgulloso de ella. Había comenzado tan rápido que yo sabía que era probable que se quedara sin aliento antes de llegar a la meta. No obstante, la admiré por su tenacidad y por su fervor, mientras que ella aprendió una importante lección en cuanto a regular su propio ritmo, así como el valor de terminar algo. De lo que más me enorgullecí es que, cuando vio que las otras dos corredoras la pasaron, y a pesar de que el cuerpo le pedía a gritos que abandonara, ella no lo hizo. Siguió adelante. No permitió que la realidad de su pasado —lo bueno de ir tan adelante al comienzo o lo malo de que las dos corredoras la pasaran— afectara su presente. Se concentró en dónde estaba en ese preciso instante.

Pablo escribió uno de los mejores pasajes que hay en las Escrituras acerca de seguir adelante a pesar de los contratiempos o del desánimo. Pablo, un líder de la fe cristiana, hablaba de su propia experiencia de fe cuando escribió lo siguiente:

> No quiero decir que ya haya logrado estas cosas ni que haya alcanzado la perfección; pero *sigo adelante* a fin de hacer mía esa perfección para la cual Cristo Jesús primeramente me hizo suyo. [...] Olvido el pasado y fijo la mirada en lo que tengo por delante, y así *avanzo* hasta llegar al final de la carrera para recibir el premio celestial al cual Dios nos llama por medio de Cristo Jesús. (Filipenses 3:12-14)

Aquí está el secreto para la vida como una mujer del reino de excelencia: una mala memoria combinada con una dirección clara. Si vas a vivir en la excelencia, tienes que olvidarte del ayer. Tanto si es bueno, malo o desagradable, si es el pasado, necesitas olvidarlo. Cuando acarreas innecesariamente el pasado, te arruinas el presente. Si te arruinas el presente, luego te arruinarás el futuro.

Si hay alguien que debería haber sido controlada por su pasado, esa debería haber sido Rut. Ella sabía lo que era ser joven, estar casada, tener comida en abundancia y vivir en una cultura que la entendía y la aceptaba. También sabía lo que significa perder a su esposo, dejar su tierra natal y no tener nada. No obstante, si Rut se hubiera regodeado continuamente en lo bueno y lamentado lo malo de su pasado, no le habría quedado ninguna ambición de ser excelente en el presente.

Rut era una mujer de excelencia porque no se dejaba controlar por el pasado. Ella sabía cómo seguir adelante.

Tienes que aprender del pasado sin vivir en él. La manera de sacar el pasado de tu presente es hacer lo que dijo Pablo: fijar la mirada en el futuro: «Olvido el pasado y fijo la mirada en lo que tengo por delante, y así *avanzo...*».

Cuando estás manejando y ves algo por el espejo retrovisor que te llama la atención, disminuyes la velocidad. Tu atención ahora se concentra más en lo que está detrás de ti que en lo que está adelante. En consecuencia, levantas el pie del acelerador y reduces la velocidad. Sin embargo, cuando te concentras en lo que tienes por delante, puedes mantener el pie firme en el acelerador y avanzar. A medida que lo haces, lo que está detrás se vuelve cada vez más pequeño hasta que, finalmente, desaparece. No te deshaces del pasado hablando de él todo el tiempo; siguiendo adelante te deshaces de sus efectos.

Dios le dijo a Israel que tenía un futuro para ellos y que era un buen futuro, en el que fluirían la leche y la miel, lo cual quiere decir que era un futuro de abundancia. Dios liberó a los israelitas y los sacó de Egipto, pero Egipto nunca fue extirpado del pueblo israelita. Ellos

No te deshaces del pasado cuando hablas de él todo el tiempo; siguiendo adelante te deshaces de sus efectos.

seguían mirando atrás por encima del hombro, hacia las cosas que habían tenido. Vivían la vida del pasado. De hecho, hablaron tanto tiempo del pasado y con tanta frecuencia que Dios les dio otros cuarenta años en el desierto para que pudieran revisarlo un poco más. Los israelitas fracasaron en vivir una vida de excelencia porque estaban ligados a la vida del pasado. El espíritu de excelencia es un espíritu que avanza, que crece, que aprende, que se arrepiente y que aprovecha al máximo el día en el que vive.

El ejemplo de una mujer excelente

Otro problema que suele interponerse en el camino de una vida de excelencia aparece cuando vivimos más para las personas que para Dios. Convertimos a las personas en nuestra norma, en lugar de Dios. Trabajamos para quienes nos rodean, nos esforzamos por ganar el elogio de nuestra familia, elegimos y decidimos teniendo en cuenta cómo va a respondernos la gente, en lugar de pensar en si Dios considera que somos excelentes. Para nosotros es fácil mirar solamente lo que podemos ver, pero Dios lo ve todo. Él ve hasta las tareas más comunes que nadie más podría siquiera notar. Martín Lutero se supone que dijo: «[Hasta] una lechera puede ordeñar las vacas para la gloria de Dios». Pablo escribió: «Así que, sea que coman o beban o cualquier otra cosa que hagan, háganlo todo para la gloria de Dios» (1 Corintios 10:31).

Preocúpate por la excelencia. No pienses en lo mínimo que puedas hacer. No te permitas considerar pensamientos descuidados. Piensa en si Dios aplaude todo lo que haces. Piensa en ti misma de la manera en que Dios te ve, como una mujer destinada para la excelencia.

Otra vez: la excelencia no es la perfección. Más bien, es lo que define tu movimiento. ¿Estás avanzando? ¿Estás progresando para ser cada vez más parecida a Jesucristo? ¿Estás invirtiendo en el momento, en vez de estar limitada por el pasado o preocupada por el futuro? La excelencia significa pasar al siguiente nivel. Se muestra más en pequeños detalles que en grandes acciones. Es un modelo, un estilo de vida.

A veces Pablo es acusado injustamente por las mujeres. Él no medía las palabras y no se ganó muchos amigos con sus escritos sobre las mujeres, pero uno de los mayores honores que hizo en sus escritos fue a una mujer de excelencia. En el último capítulo de su obra distintiva, el libro de Romanos, Pablo concluye sus pensamientos. Mientras lo hace, envía sus saludos y sus mejores deseos para aquellos a quienes amaba. Acababa de terminar su declaración final, cuando escribió: «Y que Dios, quien nos da su paz, esté con todos ustedes. Amén» (15:33).

La siguiente oración, mientras comienza sus saludos de despedida, se enfoca en una mujer del reino llamada Febe. En la Biblia hay solamente dos versículos sobre Febe, pero lo dicen todo sobre su excelencia. Febe no está escondida en alguna parte en medio de una letanía de nombres. Pablo comenzó por resaltar expresamente a esta mujer:

> *Las personas excelentes que ponen su mente en Dios no tienen que ser empujadas para hacerlo bien. Cumplen sus responsabilidades por propia voluntad porque lo hacen para el Señor.*

> Les encomiendo a nuestra hermana Febe, quien es diaconisa de la iglesia en Cencrea. Recíbanla en el Señor como digna de honra en el pueblo de Dios. Ayúdenla en todo lo que necesite, porque ella ha sido de gran ayuda para muchos, especialmente para mí. (16:1-2)

La excelencia de Febe, como la excelencia de Rut y la de la mujer de Proverbios 31, también debe ser tu excelencia. Es tu llamado más alto como mujer del reino, porque a través de una vida de excelencia glorificas a Dios. Las personas excelentes que ponen su mente en Dios no tienen que ser empujadas para hacerlo bien. Cumplen sus responsabilidades por propia voluntad porque lo hacen para el Señor.

Las crónicas de Chrystal

No hace mucho, mientras me levantaba para limpiar la cocina por enésima vez, pensé en que no tenía ganas de hacerlo. También me di cuenta de cuántas veces en las últimas semanas, meses y años me he sentido de la misma manera en cuanto a muchas de mis responsabilidades como madre.

La verdad es que hay muy poco lugar para el egoísmo en esta función de servicio.

Si tomara el camino de lamentar mi destino, la cosa solamente empeoraría y no haría más que agrandar el pozo de autocompasión del cual tendré que salir luego. Si no lavo los platos, se acumulan. Si no lavo la ropa, no tenemos ropa limpia. Si no pago las cuentas, nos quedamos sin electricidad.

No puedo siquiera imaginar cómo sería la vida por aquí si yo hiciera solamente lo que tengo ganas de hacer. Así que he descubierto que este camino de ser una mujer del reino no es para cobardes ni para mujeres que no estén hechas de un material resistente.

He descubierto que mis mejores días son esos en los que me levanto temprano para organizarme antes de que se reúnan las tropas, y me acuesto después que los demás para asegurarme de que las cosas estén en un buen punto de partida para el día siguiente. Créeme, yo no prefiero levantarme primero ni ser la última en ir a dormir. Sin embargo, parece que esa es la clave para tener un día tranquilo.

Hoy, por ejemplo, empecé a cocinar la cena poco después de terminar el desayuno. Poner un pollo en la olla de cocción lenta hizo que la preparación de mi cena me tomara treinta minutos a partir de las seis de la tarde. Casi no me exigió esfuerzo hacer la salsa de carne, hornear las papas, cocinar el arroz y preparar rápidamente una ensalada. También preparé el menú para el resto de la semana, lo que me permitió hacer la lista de compras, que sirvió para entrar y salir del supermercado en media hora. Estar semivestida (vestida pero no glamorosa) antes de que se levantara la banda me permitió estar más o menos tranquila cuando sonó el timbre de la puerta. Estas son las pequeñas cosas en las que me esmero por alcanzar la excelencia, aunque son sumamente importantes en retribución cuando puedo suspirar aliviada al final del día, porque me doy cuenta de que hice mi máximo esfuerzo.

Un día como hoy resplandece comparado con otros días en los que he estado desanimada, atrasada, hambrienta, desconcertada y estresada. La mayoría de esas veces tiene que ver con mi autocompasión indulgente, que me lleva a sentir qué difíciles son las cosas cuando a una mujer la tironean de todos lados y la necesitan tantas personas.

Cuando decido hacerme cargo de mi casa y de mi familia como una mujer del reino y no amilanarme agobiada por lo tedioso y lo rutinario, el día fluye mucho más fácil.

Cuando decido hacerme cargo de mi casa y de mi familia como una mujer del reino y no amilanarme agobiada por lo tedioso y lo rutinario, el día fluye mucho más fácil.

Si miro muy atrás en el tiempo, encuentro cosas que me gustaría haber hecho mejor o me avergüenzo por todas las cosas que elegí no hacer. Cuando miro el espejo retrovisor del pasado, veo un montón de «quisiera haber...», «podría haber...» o «debería haber...». Pero esos años ya pasaron. Se fueron. Los usé como los usé, y no puedo volver atrás.

Sin embargo, puedo dar un paso adelante, hacia un futuro más promisorio.

Cada día que tengo la bendición de vivir me da otro día para seguir adelante y hacer lo mejor que puedo con lo que tengo. Me da otro día para vivir como una mujer de excelencia. Claro, la mayoría de las personas nunca sabrá cuántas veces al año lavo la ropa, cuántos desastres limpio o cuántas lecciones preparo y corrijo para mis hijos, pero Dios sí lo sabe. Él conoce cada uno de mis movimientos, y me ha creado para que haga cada movimiento con un espíritu que no sea menos que excelente. Dios sabe lo mismo de ti, también.

A menudo, la vida de una mujer, sea joven o madura, casada o soltera, le presenta oportunidades de realizar trabajos ingratos de muchas maneras. La tentación de retroceder o de escabullirse está ahí, pero cuando empiezo a pensar de esa manera, me acuerdo de mi tía y del ejemplo de excelencia que siempre ha sido. Nunca se casó; se entregó en cuerpo y alma únicamente al Señor y se dedicó a ser «la tiíta» de sus sobrinos y sobrinas y, ahora, de sus sobrinos nietos y sobrinas nietas. También se entregó de lleno a comenzar y mantener el programa para niños de nuestra iglesia durante décadas, mientras lograba su doctorado. Es una mujer de excelencia, y cuando le preguntan qué la motiva a ser de esa manera, ella responde: «Es por aquel día».

«Aquel día» es la forma en la que ella se refiere al día cuando espera estar de pie delante de Jesús y él probará la calidad de su labor. La verdad es que todos enfrentaremos «aquel día», y si el servicio que hemos ofrecido es excelente, escucharemos esas benditas palabras: «Bien hecho, mi buen siervo fiel. [...] ¡Ven a celebrar conmigo!» (Mateo 25:23).

Yo quiero escuchar esas palabras. Quiero que lo que hago y lo que he hecho haga sonreír a Jesús en aquel día. La vida de excelencia no es fácil. No siempre hay elogios, especialmente cuando eliges darle importancia a las cosas que son importantes para el Señor. No obstante, «aquel día» habrá un elogio muy elocuente.

La excelencia en este mundo no es un fin; es un proceso continuo de transformación en lo que Dios quiere que seamos.

¿En qué área del corazón te hinca el Señor para que hagas más, para que des otro paso o para que eleves el nivel? Aunque mi desafío está en el trabajo monótono de ser madre, ese no es el único lugar donde se requiere excelencia en la condición de mujer. En tu empleo, ¿te conformas con mantener las cosas como están o te esfuerzas al máximo en tus responsabilidades cotidianas? En el aspecto físico, ¿estás satisfecha como eres o apuntas a ser más saludable? ¿Haces lo mejor que puedes con lo que tienes para representar a tu Salvador cuando sales de tu casa? ¿Qué me dices de tu matrimonio? ¿Te conformas con una cómoda convivencia con tu marido o te esmeras en un esfuerzo por tener un matrimonio divino, aquí en la tierra? Si deseas casarte y estás esperando que Dios conteste al deseo de tu corazón, ¿qué estás haciendo con tu tiempo? ¿Estás usando el tiempo para su gloria, o nada más estás pasando el tiempo, o preguntándote cuánto tiempo más funcionará tu reloj biológico? Mientras esperas a tu compañero, ¿aprovechas cada oportunidad que Dios te da para usar tu tiempo, tus talentos y tus recursos para promover su reino? Esa pregunta no es solo para la soltera; es para la jubilada, para la mujer que está satisfecha o para la que siente que ha triunfado.

«Todos nosotros, a quienes nos ha sido quitado el velo, podemos ver y reflejar la gloria del Señor. El Señor, quien es el Espíritu, nos hace más y más parecidos a él a medida que somos transformados a su gloriosa imagen» (2 Corintios 3:18). La excelencia en este mundo no es un fin; es un proceso continuo de transformación en lo que Dios quiere que seamos. La excelencia que él desea de nosotras tampoco es un nivel de superioridad o de distinción que podemos lograr por nuestra cuenta. Nuestro tesoro no está en nuestras «frágiles vasijas de barro», sino en la excelencia de su poder en nosotras (2 Corintios 4:7).

Excelentes es lo que seremos cuando seamos perfeccionadas en la próxima vida. Mientras tanto, nuestro trabajo es esforzarnos para llegar a la excelencia que el Padre nos ha revelado en la etapa de la vida en que estamos, en el contexto de nuestra vida en este momento. En la medida que vivimos esta vida, la vida de una mujer excelente, el Padre nos transforma a la semejanza de su Hijo.

Salmo 16:11 dice: «Me mostrarás el camino de la vida, me concederás la alegría de tu presencia y el placer de vivir contigo para siempre». Elegir la excelencia en el presente es elegir el fruto de la alegría y del placer en los días venideros.

Cuando elegimos la excelencia, Dios recibe la gloria.

Cuando elegimos la excelencia, nos beneficiamos por caminar en la plenitud de su alegría en este mundo, y por invertir en los placeres de la eternidad en el cielo.

Entonces, amiga mía, elige el camino excelente. Hazlo no solo por los motivos que puedes ver, sino por las cosas que no pueden verse y que permanecerán para siempre (2 Corintios 4:18).

Un destino pleno

Ser excelente es ser más que una del montón. Es vivir de una manera que te distingue por ser especial y única. Así como dijo Chrystal y como Febe vivió su vida, lo que haces y cómo lo haces llaman la atención de otras personas hacia la gloria de Dios. Como a Rut, te coloca en la plena manifestación de tu destino. Nunca serás excelente si te ajustas a los valores del mundo. Una mujer del reino conoce su verdadero valor y refleja cómo la ve Dios. Ella se asegura de que los valores de Dios sean los suyos en todo lo que hace.

Piénsalo desde el punto de vista de uno de los grupos menos reconocidos de nuestra sociedad: los recolectores de residuos. No es lo que llamarías un trabajo de categoría. Sin embargo, en 1990 y nuevamente en 2006, los recolectores de residuos de Nueva York fueron a la huelga.[1] De pronto, estos individuos típicamente subestimados y desapercibidos se convirtieron en las personas más importantes de la ciudad, porque todos se dieron cuenta de lo mucho que los necesitaban.

Gran parte de lo que pasa en la vida de una mujer del reino no llega a los titulares periodísticos. Muchas de las cosas que haces quizás nunca serán agradecidas. Es posible que las personas solo te noten cuando no estés o cuando no hagas algo, pero esa realidad no te resta importancia. Eres un hallazgo extraordinario, una joya preciosa. Como mujer del reino, tienes la virtud de

Como mujer del reino, has sido exclusivamente diseñada para completar una vida de excelencia.

la excelencia y, a pesar de que no lo escuches tanto como deseas ni tanto como deberías, las personas que te rodean te necesitan.

Tu familia te necesita.

Tu iglesia te necesita.

Tu comunidad te necesita.

A decir verdad, el mundo te necesita. Como mujer del reino, has sido exclusivamente diseñada para completar una vida de excelencia.

4

∞

UNA MUJER DE COMPROMISO

Algunas personas han insinuado que la historia hubiera sido bastante diferente si los tres reyes magos hubieran sido, en realidad, tres reinas magas. Dado que eso no sucedió, lo mejor que podemos hacer es conjeturar qué podría haber ocurrido si tres reinas magas hubieran honrado al pequeño Jesús, en lugar de haber sido los tres reyes magos.

Si hubieran sido *las reinas* en lugar de *los reyes*, algunos dicen que las mujeres sabias hubieran pedido indicaciones para llegar, hubieran llegado a tiempo, hubieran ayudado en el parto, limpiado el establo, hecho una comida y hubieran llevado regalos prácticos, incluidos pañales, toallitas, biberones y leche de fórmula.

No hay duda de que la mujer, como género, es sumamente talentosa. Hacer múltiples tareas a la vez le resulta tan fácil como al hombre hacer una sola. Las investigaciones también nos muestran que las mujeres suelen estar espiritualmente más predispuestas que los hombres. Según el foro sobre religión y vida pública del Pew Research Center en su análisis sobre la Encuesta del Panorama Religioso de Estados Unidos, las mujeres son:
- más propensas que los hombres a pertenecer a una religión
- más propensas que los hombres a orar todos los días
- más propensas que los hombres a creer en Dios y
- más propensas que los hombres a concurrir habitualmente a los servicios de adoración.[1]

Las mujeres parecen ser competentes y aprovechar al máximo el día y los dones que Dios les ha dado. No obstante, a pesar de que a menudo son hábiles en el arte de manejar las situaciones de la vida y de lograr resultados, a veces los desafíos pueden abrumarlas. Eso se aplica a todas. La vida te da sorpresas. O tal vez no te sorprenda en absoluto. Tal vez solo sea que la vida te mantiene al trote todo el tiempo y los desafíos empiezan a amontonarse, uno encima del otro, colaborando para que sientas que nunca te librarás del estrés, del sufrimiento o del vacío que puede producirse cuando agotaste todos tus recursos naturales mientras tratabas de manejar todos y cada uno de los desafíos.

Cuando eso ocurre, es fácil querer tirar la toalla, pero la vida de otros depende del funcionamiento y del bienestar de una mujer que hace tantos malabares. Aunque tires la toalla, la vida seguirá presentándote desafíos. Tienes que afrontar los problemas.

La mujer que no tiró la toalla

La próxima mujer que quiero considerar era una mujer capaz que tal vez haya creído que tenía suerte, en cierto punto. La epopeya de esta mujer aparece en el Antiguo Testamento. Ahora, entiendo que el Antiguo Testamento puede parecer alejado de las situaciones actuales, pero lo que se registró en esta parte de la Biblia es para nuestro bien: «Esas cosas les sucedieron a ellos como ejemplo para nosotros. Se pusieron por escrito para que nos sirvieran de advertencia» (1 Corintios 10:11). El Antiguo Testamento es un libro vigente, a pesar de que los relatos parezcan anticuados para nuestro mundo actual. Las historias bíblicas nos brindan principios que trascienden el tiempo, principios espirituales para guiar nuestra vida aun en la actualidad.

La mujer del reino a la que quiero que examinemos está en 2 Reyes 4. A pesar de que no sabemos mucho de ella, sí sabemos que era

> *Las historias bíblicas nos brindan principios que trascienden el tiempo, principios espirituales para guiar nuestra vida aun en la actualidad.*

sabia, porque cuando se encontró en un aprieto que superaba lo que su propia capacidad podía resolver, buscó al profeta local.

También sabemos que esta mujer había estado casada. Estar casada en los tiempos bíblicos era fuente no solo de seguridad, sino también de dignidad. Además de eso, había sido fecunda. La Escritura nos dice que esta mujer tenía hijos. Había sido bendecida con lo mejor.

Entonces, inesperadamente, su vida dio un vuelco. Su esposo murió. Ella perdió el ingreso que él proveía, así que trató de encontrar la manera de alimentar y de vestir a sus hijos por sus propios medios, pero pronto las deudas comenzaron a acumularse. Cuando las deudas se acumulaban, según la costumbre en su cultura, los acreedores tenían derecho de apoderarse de sus dos hijos para hacerlos trabajar como esclavos y saldar así lo que ella debía.

Probablemente, no haya un sufrimiento mayor que el que siente una mujer cuando ve que alguien se mete con sus hijos y que ella no es capaz de protegerlos o de defenderlos. No puedo imaginar la aflicción que había en el corazón de esta mujer al pensar que sus dos preciosos hijos pronto serían usados, maltratados y probablemente abusados como esclavos. Eso, con seguridad, haría surgir a la mamá osa en cualquier mujer del reino.

Estamos analizando a una mujer que estaba atravesando por varias capas de sufrimiento al mismo tiempo. Sin duda, experimentaba el sufrimiento emocional a causa de la pérdida de su esposo y el temor de perder a sus hijos. Ahora se había convertido en una madre sola y afligida.

Para agravar sus penas, estaba padeciendo económicamente. «Ahora ha venido un acreedor y me amenaza con llevarse a mis dos hijos como esclavos» (2 Reyes 4:1). Las cuentas seguían acumulándose, mientras que los acreedores seguían reclamando. No tenía esposo ni dinero y estaba a punto de perder a sus hijos. Para cualquier persona, eso sería demasiado para lidiar.

Como si fuera poco, también padecía un dolor físico: tenía hambre. «No tengo nada, solo un frasco de aceite de oliva» (4:2). Si lo único que tenía era un frasco de aceite, indudablemente no tenía nada para comer. ¿Has tenido hambre alguna vez? En nuestro país, es menos probable encontrar a alguien que realmente sepa qué significa tener hambre. No obstante, aun hoy, en el mundo, hay personas que se van a dormir completamente hambrientas.

Pese al sufrimiento emocional, económico y físico, esta mujer padecía un dolor aún mayor. Estaba sufriendo espiritualmente. Ella reveló algo importante acerca de su difunto esposo: «Mi esposo, quien te servía, ha muerto, y tú sabes cuánto él temía al SEÑOR» (4:1). No hay nada peor que temer a Dios y, a pesar de eso, no poder encontrarlo cuando más lo necesitas. Ese es un verdadero sufrimiento espiritual.

Su esposo había temido al Señor y ellos habían sido una familia temerosa de Dios. Dios no solo había permitido que la vida de su marido llegara a su fin, sino que ahora esta mujer corría el riesgo de perder también a sus hijos. No me sorprendería que se le cruzaran dudas por la mente, y que cuestionara a Dios. Si este es el resultado de vivir una vida temerosa de Dios, ¿para qué hacerlo, entonces?

Si en este momento hiciera una encuesta entre las personas que están leyendo este libro, ¿cuántas de ustedes dirían que saben qué es sufrir espiritualmente? Ustedes saben cómo es cuando las situaciones de la vida no tienen lógica. Saben qué se siente que el Dios que dijo que nunca te dejaría ni te abandonaría no parece estar cerca.

Has servido, obedecido, buscado, ofrendado, adorado y ayudado a las personas que él ama. Has estado haciendo los deberes de la vida cristiana, y probablemente hayas estado haciéndolo con un corazón sincero. Pero no tienes cómo pagar las cuentas. Te sientes sola. Estás herida. Y, lo que es peor, no pareces encontrar a Dios por ningún lado.

Tal vez no puedas identificarte con cada uno de los sufrimientos que enfrentó la mujer de 2 Reyes 4, pero se me ocurre que puedes sentirte identificada con uno. He aconsejado a demasiadas personas durante casi cuarenta años de ministerio como para no reconocer que este suele ser un denominador común en la vida de las personas que están dolidas. La pregunta que escucho muchas veces es: «¿Dónde está Dios cuando más lo necesito?».

Mi respuesta es siempre la misma: cuando Dios está en silencio, él no está quieto. Dios hace algunas de sus mejores obras en las sombras. Una parte de su mejor trabajo la realiza cuando piensas que él no está haciendo nada en absoluto. Está detrás de bambalinas, resolviéndolo. Él es fiel, aunque sientas que no puedes verlo.

Cuando Dios está en silencio, él no está quieto. Dios hace algunas de sus mejores obras en las sombras.

Él tiene un plan para ti y es un buen plan. Tu compromiso en la oscuridad es el camino hacia la victoria en la luz. El secreto para cambiar el vacío por la abundancia es el compromiso de mantener la fe, de buscar a Dios y de no tirar la toalla cuando no hay ninguna solución humana a la vista.

El profeta y el plan

En la Biblia un profeta era alguien que hablaba en nombre de Dios. El profeta era la voz de Dios para la humanidad. Su función era proclamar lo que Dios estaba diciendo. No era simplemente un maestro. Un maestro puede tomar la Palabra de Dios y decir: «Esto es lo que Dios quiere decir», mientras explica la verdad de Dios. Sin embargo, un profeta era más que un maestro, porque no solo era capaz de decir: «Esto es lo que Dios quiere decir», sino que además era capaz de aplicar las palabras de Dios a una situación específica. Un profeta podía decirte de qué manera se relacionaba directamente contigo lo que Dios estaba diciendo. No era solamente la Palabra de Dios en una forma abstracta. Más bien, era la Palabra de Dios para una situación o para una necesidad puntual. Cuando un profeta le hablaba a alguien específicamente, era la Palabra de Dios con el nombre de esa persona escrito en ella.

¿Has asistido alguna vez a un culto en la iglesia en el que parecía que lo que estaba enseñando el predicador podría haber llevado escrito tu nombre por todas partes? Sentiste que no había nadie más en el salón; que el mensaje estaba dirigido exclusivamente para ti. Así es cuando el Espíritu Santo toma la Palabra de Dios y la convierte en una palabra profética para tu situación.

¿Por qué la mujer de 2 Reyes 4 recurrió al profeta? Ella acudió a él porque estaba en una situación que únicamente Dios podía arreglar. ¿Has estado alguna vez en una situación que solo Dios puede arreglar? Intentaste todo lo que se te ocurrió para repararla, pero nada funcionó.

Si estás o estuviste en una situación como esa, lo más probable es que Dios te tenga exactamente donde él quiere que estés. A veces, Dios permite que estés en una situación que solamente él puede arreglar, para que descubras que él es el único que puede resolverla.

Nunca descubrirás que Dios es lo único que necesitas hasta que llegues al

A veces, Dios permite que estés en una situación que solamente él puede arreglar, para que descubras que él es el único que puede resolverla.

punto en el que Dios es lo único que tienes. Cuando hayas vivido la humillación de que tus propias habilidades no logran que la cosa funcione. Cuando el banco no te otorgue el préstamo. Cuando tus amigos no contesten tus llamadas. Cuando hayas hablado con todas las personas que se te ocurra y nadie interceda a tu favor. Cuando los médicos no puedan precisar cuál es tu enfermedad. Entonces estarás en una situación que te supera y que está más allá de las personas que te rodean. Es ahí donde se encontraba esta mujer de la Biblia, de manera que recurrió directamente al profeta.

Necesitaba una palabra solo para ella. No necesitaba un sermón, un estudio bíblico ni una canción. Necesitaba el *rhema*: una palabra que tuviera su nombre. En la Escritura, Dios se comunica de diferentes maneras. *Logos* es una palabra general para todos los creyentes.[2] Pero el *rhema* es una declaración específica que tiene a una situación o a una persona específica en mente. Esta mujer recurrió al profeta porque necesitaba una palabra solo para ella, un *rhema*.[3]

El profeta respondió con un *rhema* solo para ella; sin embargo, cuando lo hizo, planteó una pregunta interesante. No respondió de la manera que aparentemente debería haberlo hecho. En cambio, contestó con una pregunta propia: «¿Cómo puedo ayudarte? [...] Dime, ¿qué tienes en tu casa?» (2 Reyes 4:2). Es una pregunta rara. A decir verdad, es una pregunta por encima de la pregunta. Primero, Eliseo le preguntó: «¿Cómo puedo ayudarte?», pero no le dio tiempo suficiente para contestar antes de que le preguntara: «¿Qué tienes en tu casa?».

El sentido de la primera pregunta se volvió todavía más importante una vez que él formuló la segunda pregunta. El profeta estaba dando a conocer que, al acudir a él, la mujer no iba a recibir una respuesta ordinaria. La palabra clave en la primera pregunta es *yo*. Al referirse a sí mismo, instaló su siguiente pregunta.

La siguiente pregunta no fue una formalidad. Al hacerla, permitió que la viuda supiera que, al acudir a él, no debía esperar la solución que cualquier otro le hubiera ofrecido. Él no iba a hacer lo que habrían intentado hacer sus amigos, familiares o vecinos.

En cambio, Eliseo planteó lo que podría parecer otro problema. Resaltó la carencia de la viuda preguntando qué tenía ella en su casa. La mujer no eludió la pregunta extraña. Ella sabía que la respuesta del profeta no sería convencional. Entonces respondió sinceramente: «No tengo *nada*, solo *un frasco de aceite de oliva*».

«¡Exactamente!», le respondió Eliseo (en una traducción libre). Luego, procedió a decirle lo que él quería que hiciera con esa «nada» y el «frasco de aceite».

> Pídeles a tus amigos y vecinos que te presten todas las jarras vacías que puedan. Luego ve a tu casa con tus hijos y cierra la puerta.
> Vierte en las jarras el aceite de oliva que tienes en tu frasco y cuando se llenen ponlas a un lado. (Versículos 3-4)

Eliseo no solo quería que ella experimentara su carencia, sino que, además, le dijo específicamente que fuera a pedir a sus vecinos sus «jarras vacías». No le dijo que fuera a recolectar el aceite de ellos. Le dijo que recolectara también la «nada» de ellos. Con eso, fundamentalmente, aumentó la medida de su vacuidad, magnificándola.

No sé tú, pero a mí me parece un consejo un poco loco. La viuda le dijo al profeta que no tenía nada en su casa, y él le dijo que fuera a recolectar también la nada de los demás. Yendo de mal en peor, luego le dijo que, después de recolectar los frascos, las ollas y los baldes vacíos de sus vecinos, ella iba a tomar su único y mísero frasco de aceite para llenar los frascos de los demás con el suyo. Tenía que vaciar ese ínfimo aceite que tenía en su único frasco y vertirlo en los otros. El pedido era, en el mejor de los casos, ilógico y, en el peor de los casos, descabellado.

No obstante, él era el profeta, y le había dado a la viuda un *rhema* del Señor. De ella dependía decidir si iba a comprometerse en fe con las instrucciones que él le había dado, o si abandonaría por completo la misión. Al fin y al cabo, él no le dio una solución que pudiera obedecer parcialmente. Una vez que atravesara la puerta, se acercara por el camino polvoriento a la casa de su primer vecino, entrara en su vivienda, le pidiera los frascos, ollas

Recuerda que la fe no siempre tiene sentido. Pero sí hace milagros.

y baldes y los apilara todos para volver a cargarlos hasta su casa, se correría la voz de lo que ella estaba haciendo. Sea como sea, necesitaba seguir sus instrucciones hasta completarlas, o sería el hazmerreír de sus vecinos, así como una desilusión para el profeta.

Sin embargo, como la viuda se comprometió con las instrucciones del profeta, experimentó un milagro. Las mujeres del reino obedecen la Palabra de Dios, aunque parezca no tener sentido. Recuerda que la fe no siempre tiene sentido. Pero sí hace milagros.

Las crónicas de Chrystal

Mientras lavaba los platos después de una comida familiar, empecé a contemplar el valor de las ollas y de las sartenes que tengo. Recordé que cuando me casé, recibí varias ollas y sartenes como regalos de boda. Cada vez que cocinaba, las lavaba frenéticamente tratando de que parecieran nuevas y sin usar. Te puedes imaginar que mi obsesión por la limpieza de las ollas y de las sartenes no duró demasiado tiempo, porque las manchas de cocinar aparecían más rápido de lo que podía limpiarlas.

Cuando era adolescente, no podía entender por qué mi madre dejaba que sus ollas se vieran «sucias». Ahora, que soy una mujer hecha y derecha, sé por qué. Las buenas cocineras tienen ollas y sartenes curtidas. Las ollas preferidas de mi madre eran, por lo general, las más feas. La sartén multiuso de mi abuela era de hierro fundido, una veterana que tenía muchos años. Mi olla de cocción lenta es invaluable, pero tiene sus propias marcas de haber sido muy raspada. Si una olla o una sartén no está marcada, eso indica que no ha sido usada.

Muchas veces miramos a las personas que tienen cicatrices de la vida y nos preguntamos qué les pasó. A veces, esas heridas de batalla son consecuencia de las dificultades que esa persona se provocó a sí misma. Otras, quizás no haya tenido culpa en absoluto de recibirlas. Viéndolo desde afuera, quizás miremos con detenimiento porque, en general, no nos gustan las imperfecciones visibles. La verdad es que muchas mujeres con rasguños son simplemente experimentadas y, por eso, están más disponibles para ser usadas por Dios, a causa de su imperfección, de su incapacidad o de su vacuidad.

Como la viuda que solo tenía su último frasco de aceite, muchas mujeres saben qué es no tener nada más que el último resto de energía, de dinero, de esperanza o de alegría y, a pesar de ello, escuchar la voz de Dios que les pide que se lo entreguen todo a él, dándoselo todo a los demás.

No puedo imaginarme renunciando a mi última porción de comida y poniéndola en el recipiente de otras personas. No obstante, a veces, las cosas que Dios nos pide que hagamos son así de raras y disparatadas. Sin embargo, cuando las hacemos, logramos ver que él se muestra de una manera que nunca hubiéramos esperado. Seguramente a veces se nos ve desgastadas exteriormente —probadas, comprobadas y magulladas—, pero también lo están algunas de las ollas y sartenes que más atesoramos en nuestras cocinas.

Supongo que es posible vivir sin mancharse, pero no creo que eso sea lo que Dios espera cuando busca un corazón que se comprometa a obedecerlo. Más bien, busca saber si la mujer aprendió a depender de él, si conoce el valor del compromiso y del poder supremo de la fe. Eso es lo que buscaba cuando envió al profeta para que ayudara a la viuda que estaba luchando para sobrevivir con sus dos hijos, y eso es lo que sigue buscando aún hoy.

Una de las maneras más seguras de mantenerse alejadas del radar de los milagros de Dios es no moverse de la alacena de la vida para así seguir luciendo brillante y nueva. Dios no está buscando algo brillante y nuevo; busca una fe ejercitada.

Igual que con mis ollas y sartenes, tenemos que calcular el costo de vivir como mujeres del reino. Una mujer del reino se da cuenta de que, a veces, la cocina sobre la que Dios la coloca se va a calentar muchísimo. Una mujer del reino entiende que, a veces, los ingredientes de la vida con que ella tiene que «cocinar» pueden ser muy complejos y dejarán evidencias de haberlos manipulado. Sin embargo, ¿vamos a experimentar lo bueno y lo malo? ¿O no vamos a experimentar absolutamente nada, preservadas convenientemente en la seguridad de una alacena?

A medida que envejezco (el término de cocina correcto sería que voy sazonándome), aprendo a no temerles tanto a los ingredientes. Estoy aprendiendo que vale más salir en fe para que Dios me use que esconderme para cuidarme de los golpes o moretones. Estoy aprendiendo que caminar luciendo las evidencias de los avatares de la vida —con algunas manchas, cicatrices o rasguños—, es un testimonio de que a pesar de lo poco que tengo para ofrecerle a Dios y lo insignificante que pueda parecer en el gran esquema de la vida, él ve más allá de lo que el mundo ve.

Él ve mi corazón. Se fija en si le respondo, como la viuda, con fe y confianza, o si juzgo mi vacuidad o la de mis vecinos. Cuando nos presentamos en fe delante del Dios supremo y todopoderoso, él puede hacer algo de la nada. No solo puede satisfacer mis necesidades, sino que también puede usarme para satisfacer las necesidades de otras personas.

El mundo en el que vivimos no valora los magullones ni el quebrantamiento, las deficiencias ni las manos vacías. El mundo desprecia la debilidad y la idea de un alma voluntariamente sumisa. El mundo no valora lo que Dios valora: la humildad, el vacío, la mansedumbre y la belleza del corazón de siervo. Nuestro mundo no aprecia ni reconoce las dificultades, los retos y los problemas de la vida que dejan residuos de arenilla y de mugre.

> *Dios atesora a la que anhela los propósitos de Dios por encima de una vida fácil.*

Sin embargo, Dios sí los valora.

Dios ama a las personas, a las mujeres, que están dispuestas a canjear su esplendor exterior por ser útiles en su reino. Dios atesora a la que anhela los propósitos de Dios por encima de una vida fácil. Nuestro Padre valora a las mujeres que aman el plan que él tiene para ellas más de lo que aman su propio plan, aun cuando el plan de Dios pueda dolerles. Dios ama a la mujer que confía en que únicamente dejará que ella pase por la arenilla y la mugre necesarias para que él la use completamente para su gloria.

Dios ama a la hermana sazonada: una mujer del reino que elige estar llena de su amor y de su poder, sea que ella tenga o no algo para ofrecer.

El camino de la sabiduría

Uno de los mayores desafíos en nuestra experiencia cristiana es comprometernos a seguir la sabiduría de Dios en vez de seguir la del mundo. La sabiduría del mundo es a veces aludida como sofisticación. La sofisticación no es más que el sistema montado por Satanás que busca dejar a Dios afuera.

Cuando la viuda se acercó al profeta, él le aclaró perfectamente desde el principio que el camino de Dios iba a ser diferente al de cualquier otro. El camino de Dios a menudo incluye senderos que no podemos entender y que no tienen sentido. Si a la mujer solo le quedaba su último frasco de aceite, ¿por qué estaba diciéndole que fuera a buscar también los frascos vacíos de todos los demás? No obstante, eso es exactamente lo que hizo el profeta. Amplió la visión de la mujer más allá de sí misma. Cuando recolectó los frascos de los demás, no vio solamente sus propias necesidades, sino también las de ellos. No solo eso, sino que el profeta también le ofreció un camino de compromiso que demostraría la fe de la mujer.

La razón por la que tantas personas viven hoy fuera de la vida victoriosa del reino es porque se han conformado con la conversión. La conversión es estupenda; te reconcilia con el reino de Dios para toda la eternidad. Sin embargo, para que el poder del reino de Dios esté activo en ti, hace falta compromiso. Eso requiere dedicación a su Palabra y a su camino. Si no te comprometes con el Rey y con su reino, y en cambio eliges seguir la definición de sabiduría o las soluciones del mundo, no verás la manifestación del Rey, porque Jesús declaró claramente: «Mi reino no es un reino terrenal» (Juan 18:36).

Cuando acudes a Jesús con tus desafíos, él te dice, como el profeta: «¿Cómo puedo ayudarte *yo*?». Este es un recordatorio de que Aquel a quien te acercaste te va a mostrar un camino diferente que requiere compromiso para ver el milagro que producirá. Hay cuatro principios extraídos del camino de compromiso de la viuda a los que quiero echarles un vistazo.

El primer principio es que el camino de Dios es el mejor camino para encarar los problemas de la vida. La viuda no resolvió su problema hasta que obtuvo la palabra profética de Dios a través de Eliseo. Hasta ese momento, estuvo bloqueada. Estaba atascada solamente en la opinión humana. La opinión humana se parece mucho a la comida chatarra. Si te atiborras de una buena cantidad de comida chatarra, cuando llegue la comida auténtica no tendrás espacio para ella. Debido a que la viuda recurrió primero al profeta, encontró voluntad para obedecer las palabras de Dios.

Cuando necesitas una palabra profética de Dios, es decir un *rhema* solo para ti, es bueno no atiborrarse de la opinión de todos los demás. Las soluciones humanas pueden parecer lógicas, prácticas o alentadoras, pero cuando Dios tiene una palabra para ti, cuando el Espíritu Santo habla a tu alma, es útil si no estás tan llena de lo que dicen los demás que no te queda nada de espacio como para escucharlo a él.

El segundo principio es que Dios da respuesta a tu vacío. Dios le respondió a la viuda cuando ella no tenía nada para ofrecer. Lo único que tenía ella era un solo frasco de aceite. Todos sus otros frascos, ollas, sartenes y recipientes

*Una de las razones
por las que
suele ser difícil
experimentar
los milagros de
la provisión de
Dios es que nos
acercamos a él
saturados, más
que vacíos.*

estaban vacíos. ¿Qué podía hacer ella con un frasco de aceite? Nada. Ni siquiera tenía algo con qué mezclarlo como para preparar un poco de comida. Desde luego, no iba a comer solo eso.

Una de las razones por las que suele ser difícil experimentar los milagros de la provisión de Dios es que nos acercamos a él saturados, más que vacíos. Presentamos lo que creemos que tenemos para ofrecerle a Dios en vez de reconocer que, aparte de él, literalmente no somos nada (Juan 15). La Biblia tiene una palabra para eso: se llama orgullo. La Biblia también tiene una palabra para el vacío: se llama humildad.

Tener orgullo es reconocer tu autosuficiencia, mientras que ser humilde es reconocer tu insuficiencia. Las Escrituras nos dicen claramente: «Dios se opone a los orgullosos pero da gracia a los humildes» (Santiago 4:6). No existe tal cosa como una mujer del reino orgullosa, porque los términos se excluyen mutuamente. De hecho, no pueden coexistir, porque la definición misma del orgullo contradice la definición de la mujer del reino alineada bajo la autoridad y el gobierno de Dios.

Una de las canciones de los Temptations, «Ain't Too Proud to Beg (No soy demasiado orgulloso para suplicar)», debería ser nuestro tema musical como creyentes en Cristo. Porque cuando te vuelves demasiado orgullosa como para suplicarle a Dios lo que necesitas, o demasiado autosuficiente para necesitarlo —porque piensas que puedes hacerlo tú solita, que puedes arreglarlo, que puedes resolverlo, que puedes enfrentarlo—, desaprovechas su poder y su gloria mayores. Como una mujer del reino, nunca seas demasiado orgullosa para suplicar cualquier cosa que necesites de Cristo. Admite ante Dios que conoces tu propio vacío.

El tercer principio importante es darles a otros lo que necesitas que Dios te dé a ti. O, como leemos en el libro de Lucas: «Den, y recibirán. Lo que den a otros les será devuelto por completo: apretado, sacudido para que haya lugar para más, desbordante y derramado sobre el regazo. La cantidad que den determinará la cantidad que recibirán a cambio» (6:38).

La palabra *lo* en ese versículo se refiere a la cosa que das. Lo que quieras que Dios haga por ti, *hazlo* por otro. Lo único que tenía la viuda era un frasco de aceite, pero el profeta le ordenó que vaciara su único frasco de aceite en los frascos vacíos de las otras personas. Ella no sabía qué iba a hacer él con el aceite una vez que lo sirviera. Hasta donde ella sabía, él iba a pedirle que les devolviera los frascos a sus vecinos y les donara su aceite. Pero de todas formas, lo hizo.

Este es el principio al que se refieren las Escrituras cuando Jesús dijo: «Hay más bendición en dar que en recibir» (Hechos 20:35). Lo que está diciendo es que cuando das abres un canal por el cual también recibes. En otras palabras, cuando acaparas (o guardas lo que piensas que te pertenece solo a ti), interrumpes el caudal de Dios hacia ti. Si Dios no puede proveer a los demás a través de ti, no seguirá proveyéndote. La bendición puede definirse como experimentar, disfrutar y prolongar la bondad de Dios en tu vida. Incluye también ser usado por Dios para bendecir a otros.

Cuando la viuda se comprometió a obedecer las órdenes del profeta volcando su última medida de aceite en los frascos vacíos de sus vecinos, su vacuidad se llenó. Mientras vaciaba su frasco este seguía recargándose, de manera que ella podía seguir vertiéndolo, hasta que:

—Tráeme otra jarra —le dijo a uno de sus hijos.

—¡Ya no hay más! —le respondió.

Al instante, el aceite de oliva dejó de fluir. (2 Reyes 4:6)

Solamente darás este paso de fe de regalarles a otros lo que tú misma necesitas si crees de verdad que Dios es tu fuente. Porque si Dios es tu fuente, la pregunta no es si tienes suficiente para seguir dándoles a los demás, sino si tienes la fe para creer que él repondrá lo que regales en su nombre.

Dios ha prometido que «suplirá todo lo que necesiten, de las gloriosas riquezas que nos ha dado» (Filipenses 4:19) cuando lo ames y camines conforme a su voluntad (Romanos 8:28). Esa es una promesa de la que puedes depender, así como hizo la viuda finalmente, cuando vendió el aceite acumulado y vivió de la ganancia (2 Reyes 4:7).

Dios no necesita mucho para hacer mucho

El último principio de 2 Reyes 4 es simple, pero profundo. Dios no necesita mucho para hacer mucho. La pequeña medida de aceite que la mujer tenía era más que suficiente para que Dios la multiplicara. Este principio aparece reiteradamente en las Escrituras. Lo único que Moisés tenía era un cayado, pero cuando lo arrojó al suelo y luego volvió a levantarlo, se convirtió en la poderosa vara de Dios. De hecho, era tan poderosa que Moisés la usó para abrir el mar Rojo y para hacer brotar agua de una roca.

Lo único que David tenía era una honda y cinco piedras lisas. A decir verdad, lo único que utilizó fue una de esas piedras. No obstante, derrotó al gigante que un ejército entero no había podido derribar (1 Samuel 17). Lo único que Sansón tenía era la quijada de un burro, con la cual mató a los filisteos (Jueces 15). Lo único que Samgar tenía era una aguijada para bueyes, con la que salvó a todo el pueblo de Israel (Jueces 3).

Lo único que Rebeca tenía eran algunas vasijas llenas de agua, pero cuando ella ofreció el agua para los camellos de un forastero se convirtió en parte del linaje de Jesucristo, nuestro Salvador (Génesis 24). Sara tenía un solo hijo, pero ella se convirtió en la madre de todo el pueblo elegido de Dios (Génesis 21). Lo único que Jael tenía era la estaca de una carpa, pero fue capaz de abatir a Sísara y de cambiar el curso de una batalla (Jueces 4).

Si no tienes mucho, está bien. Dios puede tomar lo poco que tienes y convertirlo en mucho, cuando te comprometes a seguir el camino que él tiene para ti.

Lo único que tenía el muchachito que estaba escuchando el sermón de Jesús eran unos panes y unos peces, pero alcanzó para alimentar a todos y proveer sobras como para que los discípulos las arrastraran en canastos. Lo único que María Magdalena tenía era un frasco de perfume, pero ella nos enseñó una de las mayores lecciones espirituales de la Biblia.

Si no tienes mucho, está bien. Dios puede tomar lo poco que tienes y convertirlo en mucho, cuando te comprometes a seguir el camino que él tiene para ti. De hecho, él puede «lograr mucho más de lo que pudiéramos pedir o incluso imaginar mediante su gran poder, que actúa en nosotros» (Efesios 3:20).

Ser una mujer comprometida con el reino implica tomar una decisión basada en la fe para seguir el camino prescrito de Dios, mientras te alineas con él, sometiéndote a su autoridad. Rara vez, ese sería el camino que hubieras elegido por tu cuenta, pero siempre te conducirá a tu destino, que es mucho mejor que no llegar a ningún lado.

En un poema memorable, el personaje llamado Zoad es parecido a muchos de nosotros y a nuestra incapacidad para comprometernos por fe en una sola dirección:

¿Alguna vez te hablé del joven Zoad?
¿El que llegó a una bifurcación del camino?
Miró para un lado y para el otro lado también
El Zoad tenía que decidir qué hacer...
Bueno, el Zoad se rascó la cabeza, la barbilla y los pantalones
Y se dijo a sí mismo: «Correré el riesgo.
Si voy al lugar A, ese lugar podría ser caluroso
Entonces, ¿cómo sabré si me gusta o no?
Por otra parte, sin embargo, me sentiré como un tonto
Si voy al lugar B y descubro que es demasiado frío.
En ese caso, podría pescar un resfrío y ponerme morado.
Así que el lugar A podría ser el mejor, y no el lugar B».
«Camina sobre seguro —gritó el Zoad—, caminaré sobre seguro,
*   no soy un cabeza hueca.*
Simplemente, comenzaré por los dos lugares a la vez».
Y así es como el Zoad, quien no podía correr el riesgo,
No fue absolutamente a ninguna parte, con una rajadura en sus
*   pantalones.*[4]

Dios les ha dado a las mujeres del reino la dirección y el camino que quiere que sigan. Si él no te ha revelado cada uno de los pasos en este preciso instante, te aconsejo que continúes andando hasta que él te dé a conocer el siguiente paso. El camino de Dios es la senda de la fe. Seguir a Dios, aunque no puedas ver el destino que está más adelante, es la manera más segura de llegar a ser la persona que fuiste creada para ser. Los problemas aparecen cuando tratas de mezclar la sabiduría del mundo con la sabiduría divina. Es entonces cuando terminas no yendo a ninguna parte, en vez de llegar a un destino preparado exclusivamente para ti.

PARTE II

LA FE DE UNA MUJER DEL REINO

~ EL PODER ~

5

◈

EL PODER DE LA FE DE UNA
MUJER DEL REINO

Hace unos años, sucedió un acontecimiento interesante en Carolina del Sur. Yo tenía programado hablar en una cruzada en el estadio Williams-Brice, que es el estadio de fútbol de la University of South Carolina. El pronóstico meteorológico había anticipado que iba a llover. En realidad, se había pronosticado una tormenta.

Más de veinticinco mil personas se habían reunido ya en el estadio y estaban esperando que comenzara la cruzada, cuando vimos que se formaban las nubes de la tormenta. Entonces nosotros, los líderes y los organizadores de la cruzada, quisimos orar para que Dios retrasara la lluvia.

Bajamos hasta una pequeña sala, nos reunimos y empezamos a orar. Desde luego, oramos cosas como: «Amado Dios, por favor, retrasa la lluvia» y «Si es tu voluntad, Dios, ¿podrías posponer esa lluvia?».

No obstante, en medio de todos nosotros, los que estábamos orando, una mujer menuda llamada Linda dio un paso al frente. Tal vez se había frustrado con las oraciones de los supuestos profesionales, los predicadores y los líderes.

Sea como sea, Linda se puso de pie y preguntó: «¿Les molesta si oro?».

¿Qué otra cosa podíamos decirle que «Adelante»?

Linda oró: «Señor, tu nombre está en juego. Les dijimos a estas personas que si venían hoy, escucharían una palabra de Dios. Les dijimos que escucharían de ti. Ahora, si ellos vienen y tú permites que llueva y no controlas el clima, quedarás mal. Les dijimos que tú querías decirles algo, y si no contienes lo que puedes controlar, el clima, alguien podría decir que tu nombre no es bueno».

Y entonces agregó una frase que hizo que nos miráramos unos a otros de reojo: «¡Por lo tanto, ahora mismo pido en el nombre del Señor Jesucristo que pare la lluvia por el bien de tu nombre!».

Entonces abrimos los ojos. Arqueamos las cejas. Lo único que podíamos decir y pensar era: «Vaya, ¿en verdad acaba de orar así?».

Después de las oraciones, todos subimos y tomamos asiento en la plataforma. El cielo ahora estaba completamente negro a nuestras espaldas. El muchacho al que le habían encargado que se comunicara directamente con la agencia del clima dijo: «La lluvia está llegando. Es un temporal fuerte y viene directo hacia nosotros».

Eran las siete de la tarde y la música empezó a sonar. Era la hora de comenzar la cruzada, cuando un trueno y un relámpago monumentales nos envolvieron. Las personas empezaron a moverse en sus asientos. Algunos, incluso, se pusieron de pie y abrieron sus paraguas.

Linda estaba en el escenario con el resto de nosotros. Aunque los paraguas empezaban a levantarse entre el público, y varios en la plataforma, Linda permanecía sentada confiadamente. Su rostro tenía una tranquila expresión de expectativa.

Entonces, sucedió algo que he visto una sola vez en toda mi vida. La lluvia se abalanzó hacia el estadio como una pared de agua, pero, cuando chocó contra el estadio, se dividió. La mitad de la lluvia fue hacia un costado del estadio. La otra mitad continuó hacia el otro lado. Luego, literalmente, volvió a unirse del otro lado del estadio. Durante ese rato, Linda estaba sentada ahí con una expresión confiada en su rostro. El resto de nosotros, los predicadores y los líderes, no hacíamos más que mirarnos unos a otros. Mirábamos cómo la lluvia rodeaba el estadio, y volvíamos a mirarnos unos a otros. Luego miramos a Linda. Ella miraba hacia adelante.

Ahora, esta no es una historia que me contaron. Yo estaba ahí. De hecho, mi familia estaba ahí conmigo. No solo eso, había veinticinco mil personas conmigo también y todos vimos el milagro esa noche, delante de nuestros ojos. Creo que Dios le prestó una especial atención a la oración de Linda porque ella tenía una gran fe.

Ella conocía el nombre de Dios. Sabía que su nombre representaba su carácter y su oración apeló a lo que más le importa a Dios. Linda sabía cómo hablar el idioma de Dios.

Yo creo que la oración de Linda dio lugar al milagro porque se dio cuenta de que Dios tiene pasión por su propio prestigio. Ella puso su fe en Dios. Su complexión pequeña tenía poder, simplemente porque estaba íntimamente conectada con el nombre de Dios y dedicada a él. Como la lluvia se desplazó alrededor del estadio, la gente estuvo protegida, y por eso pudo escuchar el evangelio y responder con el corazón abierto, porque acababan de presenciar un fenómeno climatológico.

Cuando las mujeres del reino se apasionan por lo que Dios se apasiona, pueden ocurrir cambios positivos en las vidas, en las familias, en las comunidades y hasta en los países.

Cuando las mujeres del reino se apasionan por lo que Dios se apasiona, pueden ocurrir cambios positivos en las vidas, en las familias, en las comunidades y hasta en los países.

Ana

La Biblia contiene historias de mujeres que enfrentaron situaciones aparentemente imposibles. Sin embargo, una y otra vez, estas mujeres demostraron una fe que podría decirse que era más fuerte que la de la mayoría de los hombres de las Escrituras. Las mujeres tienen una capacidad única para la fe, y esa es una de las principales maneras de promover el reino de Dios. La primera mujer que quiero que veamos está en 1 Samuel. Ana era estéril; no podía tener hijos. De hecho, la razón por la que no podía quedar embarazada es porque Dios mismo no le había dado hijos (1:5). En la vida de Ana no había solamente un impedimento biológico. Detrás de su realidad física, había un motivo espiritual y la acción de Dios.

No solo no podía concebir, sino que además Ana vivía en un entorno desagradable. Vivía en una cultura donde la identidad de la mujer muchas veces estaba íntimamente ligada, si no completamente ligada, a su capacidad de dar a luz. Las personas que la rodeaban se burlaban de ella; la menospreciaban. Una mujer en particular era la que más la perturbaba. Penina, que también era esposa de Elcana, el marido de Ana.

> Penina se mofaba y se reía de Ana porque el SEÑOR no le había permitido tener hijos. Año tras año sucedía lo mismo, Penina se burlaba de Ana mientras iban al tabernáculo. En cada ocasión, Ana terminaba llorando y ni siquiera quería comer (1:6-7).

Como resultado, Ana recurrió a Dios.

> Ana, con una profunda angustia, lloraba amargamente mientras oraba al SEÑOR e hizo el siguiente voto: «Oh SEÑOR de los Ejércitos Celestiales, si miras mi dolor y contestas mi oración y me das un hijo, entonces te lo devolveré. Él será tuyo durante toda su vida, y como señal de que fue dedicado al SEÑOR, nunca se le cortará el cabello». (1:10-11)

En una situación que ella no podía arreglar, Ana le pidió a Dios que cambiara la forma en que se habían desarrollado las cosas durante toda su vida adulta. Ana encaró su problema físico de una manera espiritual. Así como Linda, quien entendió que la tormenta tenía que ver menos con las nubes del cielo que con la capacidad de Dios de contener esas nubes, Ana buscó alivio y ayuda del Único que podía dárselos. Buscó una solución espiritual para una necesidad física.

Cuando Ana buscó a Dios como la solución para su problema, ella puso su fe en él. A decir verdad, dio un paso más. Le dijo a Dios que si él le *daba* un hijo, luego ella le *devolvería* ese mismo hijo para que lo sirviera en el templo todos los días de su vida. Recurrió a Dios como la solución, y en el proceso, procuró honrarlo. Acto seguido, Dios le dio un hijo a Ana. Las Escrituras dicen:

> Temprano a la mañana siguiente, la familia se levantó y una vez más fue a adorar al SEÑOR. Después regresaron a su casa en Ramá. Ahora bien, cuando Elcana se acostó con Ana, *el SEÑOR se acordó de la súplica de ella*, y a su debido tiempo, dio a luz un hijo a quien le puso el nombre de Samuel, porque dijo: «Se lo pedí al SEÑOR». (1:19–20)

Un principio importante de la vida por fe es saber que, si Dios es la causa de cualquier asunto que estés enfrentando, solo Dios puede ser la solución. No importa a quién conozcas, cuál sea tu nombre, cuán poderosa seas o cuánto dinero tengas. Dios es tu fuente. Todo y todos los demás no son más que un recurso. Debido a que Dios *se acordó* de Ana, su vientre fue abierto.

Ana cumplió con su palabra luego de dar a luz a Samuel. Se lo entregó al Señor para que sirviera en el templo. El hijo por el que había orado todos esos años fue devuelto a Dios, tal como había prometido que haría. Lo que resulta interesante es que, luego de que Ana le dio a Dios lo que había deseado durante tanto tiempo, su hijo, a su vez él le dio un hogar lleno de hijos.

> *Un principio importante de la vida por fe es saber que, si Dios es la causa de cualquier asunto que estés enfrentando, solo Dios puede ser la solución.*

En 1 Samuel 2, descubrimos que Ana no solo tuvo a Samuel, sino que también dio a luz a tres hijos más y a dos hijas (versículo 2:21). Dios no solo respondió a la fe de Ana contestando su oración, sino que trascendió su pedido llenando su hogar con cinco hijos más. Dios honró su acto de fe de devolverle a Samuel.

La viuda de Sarepta

En 1 Reyes, nos encontramos con otra mujer que demostró el poder de la fe frente a los pronósticos imposibles. La hambruna había golpeado la tierra donde vivía, dificultándole la supervivencia. La economía se había derrumbado y el país estaba viviendo mucho más que una recesión. Era una depresión que afectaba a un sinnúmero de personas.

Dios le había ordenado al profeta Elías que fuera a un lugar llamado Sarepta, donde vivía una viuda. Dios le dijo a Elías que le había dado órdenes a la viuda de mantenerlo. Sin embargo, cuando Elías conoció a la mujer a la entrada de la ciudad, encontró reticencia de su parte. Al principio, cuando le pidió que le diera un vaso con agua, ella estuvo dispuesta a dárselo y fue a buscarlo, pero cuando le pidió un poco de pan junto con el agua, no estuvo tan entusiasmada en hacerlo:

Pero ella respondió: «Le juro por el Señor su Dios que no tengo ni un pedazo de pan en la casa. Solo me queda un puñado de harina en el frasco y un poquito de aceite en el fondo del jarro. Estaba juntando algo de leña para preparar una última comida, después mi hijo y yo moriremos». (17:12)

La mujer no tenía planes de volver a comer después de esta comida. Le explicó a Elías que no podía darle nada porque no tenía nada para dar.

No obstante, Elías había recibido de Dios un mensaje diferente. Dios le había dicho que le había ordenado a la mujer que lo ayudara. En esa confianza, Elías le ordenó a la mujer que no tuviera miedo. Le pidió hacer pan para él, pero también le dijo algo más. La mujer le dijo que no le alcanzaba. Elías sabía que ella dependía de su última ración de harina, pero le dijo que si ella le hacía el pan, luego también podría hacerse uno para ella y para su hijo. Iba a haber suficiente para todos.

«Pues el Señor, Dios de Israel, dice: "Siempre habrá harina y aceite de oliva en tus recipientes, ¡hasta que el Señor mande lluvia y vuelvan a crecer los cultivos!"». (versículo 14)

La viuda no tenía futuro. No tenía ahorros; no tenía provisiones; no tenía esperanza. Sin embargo, frente a la incertidumbre y al hambre, Elías le pidió que hiciera una demostración de fe. ¿Qué hizo la mujer? Exactamente lo que Elías le dijo que Dios había dicho que hiciera. Obedeció.

Me pregunto qué habrá estado pensado mientras tomaba la última porción de harina y la convertía en una hogaza de pan. Lo más probable es que no fuera un pan sabroso. Supongo que, a esas alturas, ya no le quedaba ningún condimento y, sin duda, no tenía nada con qué acompañarlo. No estoy seguro de que la palabra *hogaza* dé la idea adecuada. Tal vez haya sido más como una pelota, a fin de cuentas. Sea como sea, la viuda usó lo que le quedaba para obedecer a Dios.

Le dio algo a un completo desconocido, antes que darle de comer a su hijo. Sus instintos maternales deben haberle reclamado a gritos, pero su fe los ignoró. Si realmente iba a ser capaz de darle un futuro a su hijo, tendría que ignorar el deseo de alimentarlo con el último bocado de comida que le quedaba. Iba a tener que poner todos los huevos, o digamos toda su harina, en una sola canasta, la canasta de Dios.

Sin embargo, cuando lo hizo, «siempre había suficiente harina y aceite de oliva en los recipientes, tal como el SEÑOR lo había prometido por medio de Elías» (versículo 16).

El pedido de Elías no era práctico. De hecho, ni siquiera le habrá parecido moral: darle comida que debía ser para alimentar a su hijo a otra persona. ¿En qué estaba pensando Elías para hacer semejante petición? Él sabía que el Dios que le había ordenado hacerlo cumpliría su palabra.

No tenía sentido, de hecho, era absolutamente ridículo; pero Dios lo había pedido. Y ella obedeció en fe. Tuvo la fe de Linda. La fe de Ana. Tuvo la fe que baja el cielo a la tierra.

Esta es mi posición sobre el pasaje: Dios conocía la fe de esta mujer en particular, y por ese motivo envió a Elías con ella. En aquel entonces, había muchas viudas; la hambruna se había prolongado durante casi cuatro años. Sin embargo, no todas las viudas habían conseguido llamar la atención de Dios, porque no todas daban muestra de un corazón de fe. En algún momento, Dios había visto a esta viuda actuar en fe. Él sabía que si le pedía que hiciera lo que parecía completamente inaceptable pero que le traería bendición, ella lo haría.

No la eligió al azar. Los hechos, pensamientos y decisiones que la llevaron hasta ese punto la habían convertido en una mujer que llamó la atención especial de Dios. Además, vivía fuera de Israel, en la ciudad fenicia de Sidón. Dios no fue a la «iglesia» a buscar a la mujer que iba a usar. No se dio una vuelta por el estudio bíblico más cercano. Esto es porque, a veces, la fe más grande está en los lugares más sorprendentes, simplemente porque la fe depende de la relación más que de la religión. La religión puede ser uno de los mayores obstáculos para la fe, porque crea dependencia de un ritual, más que del Dios del universo, quien puede hacer todas las cosas.

Cuando buscaba a una mujer con una fe grande y poderosa, Dios miró más allá de los bancos de la iglesia. Miró dentro de los corazones para encontrar a la única mujer que respondería. De hecho, cuando Dios buscó a alguien para salvar el ministerio de su profeta Elías en una época de gran aflicción y de necesidad, ni

A veces, la fe más grande está en los lugares más sorprendentes.

siquiera buscó a un hombre. Sin duda, en ese momento había hombres que tenían acceso a un poco de comida, pero en ese momento crucial del llamado de Elías como profeta, Dios seleccionó a propósito a una mujer del reino.

Jesús habló sobre la viuda de Sarepta y resaltó específicamente el hecho de que Dios envió a Elías a una mujer para que lo ayudara en un momento crítico de su ministerio:

> Sin duda había muchas viudas necesitadas en Israel en el tiempo de Elías, cuando los cielos se cerraron por tres años y medio y un hambre terrible devastó la tierra. Sin embargo, Elías no fue enviado a ninguna de ellas. En cambio, lo enviaron a una extranjera, a una viuda de Sarepta en la tierra de Sidón. (Lucas 4:25-26)

En otras palabras, Dios sabía que cuando los tiempos se pusieran difíciles y cada persona tratara de sobrevivir, la fe de la gente de la iglesia no iba a ser suficientemente fuerte para hacer lo que él iba a pedir. Las mujeres de Israel, las señoras que habían sido educadas para confiar en el Señor con todo su corazón, no iban a creer en sus palabras. Tampoco lo harían los hombres. No obstante, una extranjera, una mujer que vivía afuera de los círculos «cristianos» tradicionales, fue una de las que creyó. Ella recibió una intervención sobrenatural en un panorama tremendamente pesimista y desesperado. Ella recibió el aporte sobrenatural de Dios, que duraría hasta que el aporte natural, la lluvia, volviera a producir comida.

No creo que esta mujer sea la primera que evocan muchas personas cuando tienen en cuenta a mujeres de una gran fe. Como mujer viuda que vivía en una época de hambre, sin duda estaba desanimada y desolada. Probablemente, su vestimenta estuviera harapienta. Sus zapatos, si es que tenía, probablemente tenían agujeros. No sé qué utilizó para hacer el pan, quizás un cuenco astillado o roto, sobre unos trozos de carbón que apenas calentaban. Fuera cual fuera el recipiente que usó, no hubiera calificado para ser vendido en ninguna tienda departamental, ni para la cocina de ningún restaurante refinado. Sin embargo, cuando fue agregado a la fe, lo que parecía insuficiente se convirtió en la vía para más que suficiente.

Muchas veces, la fe implica ver más allá de lo que puedes ver, o de las limitaciones que enfrentas. Quizás el tiempo no te alcance en el día para hacer todo lo que necesitas hacer. O tal vez realmente no tengas los recursos para realizar todo lo que hay que hacer. Podría suceder que estés luchando para criar a tus hijos completamente sola, mientras que tu esposo está ocupado trabajando o viajando, o porque el padre de los niños se fue hace mucho tiempo. Quizás tu cuenta bancaria esté en las últimas, mientras estás haciendo todo lo posible para encontrar un empleo, y Dios te pide aún que lo honres con una parte de tu dinero. O tal vez tu médico te ha dado un informe que no es bueno, pero Dios ha puesto en tu corazón la esperanza para creer en su toque sanador.

A lo mejor, Dios te haya aclarado que quiere que dejes tu profesión y que te quedes en casa a tiempo completo con tus hijos, pero tu familia no puede arreglárselas con un solo ingreso. O quizás Dios te dijo que dones esa bonificación extra que recibiste este año a una familia conocida que la necesita. Sea lo que sea, la fe actúa sobre la verdad de que, a pesar de que no tienes suficiente, Dios tiene más que suficiente y ha prometido darte todo lo que necesites.

La fe actúa sobre la verdad de que, a pesar de que no tienes suficiente, Dios tiene más que suficiente y ha prometido darte todo lo que necesites.

Las crónicas de Chrystal

En el momento en que escribo este comentario, tengo la enorme bendición de que mis dos abuelas estén vivas y que, frecuentemente, puedan ser de inspiración para mi vida. Mi abuela materna, «Abuelita», en poco tiempo cumplirá noventa y cuatro años y está planeando embarcarse en un nuevo crucero dentro de pocas semanas. Mi abuela paterna, «Mamá Dos», me llama si siente que he pasado demasiado tiempo sin llamarla. Si no me llama, me envía un correo electrónico escrito todo en MAYÚSCULAS, expresando claramente que desaprueba mi falta de comunicación. Así es: a sus casi ochenta años, mi abuela me envía correos electrónicos.

Mis dos abuelas están vivitas y coleando.

No obstante, como el tiempo pasa para todos por igual, soy consciente de que los momentos que comparto con cada una de ellas son preciosos, y de que cada llamada telefónica, cada visita y cada beso en esas mejillas marchitas es un regalo invaluable.

Lo curioso de observar cómo envejecen los abuelos o los padres es que veo cómo las personas que para mí siempre fueron las más fuertes, las más responsables y las más equilibradas, poco a poco, empiezan a cambiar ante mis ojos. Pasan de un estado de aparente independencia a otro de dependencia.

Últimamente, mi preciosa Mamá Dos ha tenido algunos problemas de salud. Después de años de ser diabética y de haber pasado por varias operaciones quirúrgicas para mantener una buena circulación sanguínea en sus piernas, tuvieron que amputarle una. Ella fue al hospital con mucho dolor; y es una mujer fuerte, así que si dijo que le dolía, debe haber estado sufriendo mucho. Al cabo de dos días, su médico determinó que ya no podían hacer nada para salvarle la pierna.

Yo no estuve ahí y no pude acompañarla, así que hice lo mejor que podía hacer en ese momento y la llamé muchas veces al día. Durante una de esas llamadas, pude escucharla llorar con angustia, a los gritos. El dolor debe haber sido insoportable, y pude escuchar a mi fuerte abuela emitir ese sonido gutural que solo se da en la verdadera agonía. Mi papá, que estaba con ella en la habitación, le puso el teléfono al oído y me dijo que le hablara.

«Mamá Dos, te amo. Lamento mucho que estés con tanto dolor. Todos te amamos y estamos orando para que todo se solucione pronto. Todo va a estar bien. Tú vas a estar bien».

En medio de esas oleadas de dolor punzante, la escuché decir: «Dios es bueno, nena. Tengo que confiar en él. Dios es bueno».

¿Dónde se consigue esa clase de fe? ¿En qué lugar encuentra una mujer la fortaleza para hablar bien de su Dios en medio del dolor intenso, de las heridas, de la angustia, del malestar o de las dificultades?

Considero que todavía estoy a la mitad de mi propio camino de fe y no tengo la fortaleza espiritual que mis dos abuelas han logrado desarrollar lidiando con las buenas y con las no tan buenas experiencias de la vida. Sin embargo, sé que esto es verdadero: la clase de fe que mostró mi abuela ese día y en los días siguientes es la clase de fe que solamente se desarrolla lucha tras lucha, día tras día, a medida que una mujer camina comprometida con los propósitos y los planes de Dios para su vida.

Hebreos 11:1 define a la fe como «la confianza de que en verdad sucederá lo que esperamos; es lo que nos da la certeza de las cosas que no podemos ver».

¿Por qué mi abuela tuvo la capacidad de hablar bien de Dios en una situación difícil? Porque eligió hacerlo. Es así de simple. No necesariamente fácil, pero indudablemente simple.

La fe es una decisión.

Tener fe es tomar la decisión de creer lo mejor de tu cónyuge aun cuando te sientes profundamente desilusionada con su comportamiento.

Tener fe es tomar la decisión de creer que eres quien Dios dice que tú eres, a pesar de tus luchas cotidianas contra la inseguridad y la falta de confianza en ti misma.

Tener fe es tomar la decisión de creer que administrar tu dinero a la manera de Dios es la mejor manera.

Tener fe es tomar la decisión de creer que es mejor hacerte el tiempo para orar por tus problemas que usarlo en preocuparte por ellos.

Tener fe es tomar la decisión de creer que el camino oscuro por el que estás transitando, a la larga, lleva a la claridad del día.

Tener fe es tomar la decisión de meditar, repetir y practicar lo que Dios dice de ti y de tu vida, a pesar de lo que veas.

Así como mi abuela decidió creer en la bondad de Dios cuando no había absolutamente nada bueno en su situación, toda verdadera mujer de fe debe hacer lo mismo.

Una mujer del reino hace cosas difíciles y, a veces, tener una fe que se sustente en la Palabra de Dios es la cosa más simple, pero lo más desafiante que le tocará hacer en la vida.

> *Tener fe es tomar la decisión de creer que el camino oscuro por el que estás transitando, a la larga, lleva a la claridad del día.*

La madre de mi mamá, Abuelita, ha visto hacerse realidad el objeto de su fe. Es madre de ocho hijos, todos los cuales conocen a Jesús como su Salvador personal. Eso no pasó por casualidad. Mi abuela pasó mucho tiempo criando sola a sus hijos, porque el trabajo de mi abuelo lo mantenía lejos de su hogar la mayor parte del tiempo. Ella tuvo la tarea de cuidar a los hijos, no solo físicamente, sino también de velar por sus almas.

Mi madre y sus hermanos todavía recuerdan con cariño los estudios bíblicos matutinos que dirigía mi abuela, en los que esperaba que ellos escucharan respetuosamente la Palabra de Dios y la exposición que ella hacía sobre el texto. Hacía esto con niños que difícilmente podían sentarse tranquilos, que a veces estallaban en risitas o se comportaban como «tontitos»; y con adolescentes que pensaban que podían tener mejores cosas para hacer. Mi abuela les leyó la Biblia sistemáticamente durante años porque tenía fe en que la Palabra de Dios no volvería vacía y en que ella viviría para ver a sus hijos servir y amar al Señor. No era fácil, pero lo hacía.

Estas historias sobre mi abuela con sus hijos sentados en sus rodillas me dan aliento para esta época en que estoy viviendo. La maternidad es un trabajo en el que puedes esperar más de veinte años hasta cobrar el primer pago. No obstante, me resulta un poco más fácil perseverar a pesar de los meneos y las risitas o las miradas en blanco de los jóvenes que están bajo mi techo, porque sé que no soy la primera que recorre este camino.

Tú tampoco eres la primera mujer que anda por el camino que estás transitando.

La fe que debemos tener como mujeres cristianas se desarrolla mejor en la incubadora de una comunidad de mujeres cuyo caminar en la fe las ha llevado un poco más allá del lugar donde estamos hoy. Espero que en tu vida haya mujeres que puedan animarte a seguir caminando hacia adelante cuando los faroles no funcionan y tu linterna está rota.

Aunque sientas que no tienes esa clase de hermandad, la Palabra de Dios está llena de historias de mujeres que transitaron por el mismo camino. Ellas descubrieron que vale la pena confiar en que Dios es quien dice ser y en que hará lo que dice que puede hacer.

Como Rahab, confía en que Dios te liberará del tipo de vida que no le agrada.

Como Ana, confía en que Dios escucha los anhelos guturales de tu alma.

Como Rut, confía en que Dios puede ayudarte a superar la aflicción y la pérdida para que puedas volver a celebrar.

Como Betsabé, confía en que la bondad de Dios puede superar las consecuencias de una mala decisión.

Como la mujer que estaba junto al pozo, confía en que Dios puede satisfacer tu sed más profunda.

Como María, la mujer que tenía el perfume costoso, confía en que ofrecerle a Jesús lo mejor de lo que eres y de todo lo que tienes nunca será una actividad infructuosa.

Como María, la madre de Jesús, confía en que Dios puede usar a chicas normales como tú o como yo para dar a luz grandes cosas en el mundo o en el campo misionero dentro de nuestros hogares.

Sí, tengo la bendición de tener a mis dos abuelas conmigo y de ver el fruto de su fe, así como la forma en que continuamente practican la fe en Dios: en quién es él y lo que saben que puede hacer.

Tú eres bendita porque ese mismo Dios es *tu* Dios: «Reconoce, por lo tanto, que el Señor tu Dios es verdaderamente Dios. Él es Dios fiel, quien cumple su pacto por mil generaciones y derrama su amor inagotable sobre quienes lo aman y obedecen sus mandatos» (Deuteronomio 7:9).

Aunque estés sufriendo, Dios está contigo. Aunque sea difícil, Dios puede ayudarte. Aunque las cosas parezcan fuera de control, Dios está de tu lado.

Él escucha cada grito y ve cada lágrima. Él no está ausente cuando estás angustiada o ansiosa. Él sabe que no quieres recorrer sola tu camino. No está fuera de servicio, de licencia, ni desaparecido en combate. Él sabe que te pidió hacer un gran sacrificio, tomar decisiones difíciles o llevar una pesada cruz.

Ten fe. Y si lo único que logras mostrar es como una semilla de mostaza, es suficiente.

Actúa

Aunque tu fe sea pequeña, que tus hechos sean grandes. Sigue adelante y ora a Dios, a pesar de la prueba que estés enfrentando. Sigue y sostente sobre la Palabra de Dios a pesar de que a las personas que te rodean no les parezca lógico. Todavía más, sigue adelante en fe y ayuda a otros que estén luchando como tú. Toma la decisión de honrar a Dios ofreciéndole algo que sea muy cercano y muy querido para ti. Ya sea que sacrifiques tu tiempo, tu energía o un deseo personal, nada se desaprovecha cuando lo dedicas para servir a Dios.

Las mujeres del reino creen que uno de los secretos para vivir con el poder de la fe es honrar a Dios por medio de lo que le das a él y a otras personas en su nombre. Muchas veces, se cita a Lucas 6:38, pero pocos lo entienden de verdad. En el último capítulo lo vimos brevemente, pero analicémoslo más de cerca ahora:

Ya sea que sacrifiques tu tiempo, tu energía o un deseo personal, nada se desaprovecha cuando lo dedicas para servir a Dios.

Den, y recibirán. Lo que den a otros les será devuelto por completo: apretado, sacudido para que haya lugar para más, desbordante y derramado sobre el regazo. La cantidad que den determinará la cantidad que recibirán a cambio.

Este versículo resume la esencia de las dos mujeres que consideramos anteriormente en este capítulo. Para recibir algo a cambio de su fe, tanto Ana como la viuda tuvieron que dar algo. Ana se comprometió ante Dios a que le entregaría a su hijo, si Dios le daba uno. La viuda tuvo que regalar lo único que le quedaba para comer.

Otras mujeres del reino en la Biblia hicieron cosas similares. Anteriormente analizamos a Rut. Ella sacrificó la posibilidad de tener una relación con los hombres de su propia cultura. Para Rut hubiera sido mucho más fácil buscar a otro hombre en su propio país que a un extranjero en otra tierra. Sin embargo, le dijo a su suegra, Noemí, que iba a renunciar a esa opción y, en cambio, se iría con ella. Rut le dijo a Noemí que su pueblo sería también el de ella. Que el Dios de Noemí sería su Dios. Fundamentada en el reino, Rut tomó la decisión de obedecer al único Dios verdadero por encima de cualquier plan personal que tuviera en cuenta su propia conveniencia.

Rut tenía una necesidad: estaba sola; tal vez incluso se sintiera desolada, pero en lugar de sentarse en su casa y tratar de acomodarse de la mejor manera posible para satisfacer esa necesidad, le dio a otra persona aquello mismo que ella necesitaba. Siendo una viuda anciana, Noemí tenía ínfimas posibilidades de volver a casarse. A decir verdad, Noemí estaba más sola que Rut. A causa de esta realidad, Rut prefirió satisfacer la necesidad afectiva de Noemí. Y al darle eso a Noemí, Rut recibió lo mismo de Dios en la forma de un nuevo marido, Booz.

En 1 Samuel vimos que Ana había pasado años sin tener hijos porque Dios le había cerrado el vientre. Sin embargo, la situación de Ana cambió cuando lloró amargamente delante del Señor y le prometió que le entregaría a su hijo, si Dios le daba un hijo a ella. Renunció a su hijo aun antes de que Dios le diera uno.

Cuando Ana le entregó su necesidad a Dios para que sirviera a Dios, él se la devolvió, porque abrió su útero, al punto que luego tuvo cinco hijos más.

La viuda de Sarepta necesitaba comida. Dios le dijo que se la diera al profeta. A pesar de que no era práctico entregarle al profeta aquello mismo que ella necesitaba, la viuda lo hizo en fe. Entregó su comida y, en retribución, Dios se la devolvió. Le dio más que suficiente para comer hasta que la hambruna terminó y ella pudo cultivar nuevamente sus propios alimentos.

La fe no está ligada únicamente a creer. Está ligada a la acción. La fe está ligada a tus pies. El poder de la fe llega cuando estás dispuesta a darle a otra persona eso mismo que necesitas, para que Dios pueda devolvértelo a ti. La razón por la que tantas oraciones quedan sin respuesta es, simplemente, porque las personas no están dispuestas a darle a Dios todo lo que tienen. No quieren entregar aquello mismo que buscan y que necesitan. Da, *y eso* te será dado en esta vida. Apretado, sacudido para que haya lugar para más, y desbordante.

Para entender mejor lo que quiere decir la última frase, necesitamos saber que en los tiempos bíblicos la mujer usaba una túnica que tenía cosido dentro de ella un pliegue especial. Este pliegue era muy similar a un delantal en la actualidad. Cuando una mujer salía a buscar cereales, extendía la parte de su túnica que tenía el pliegue y el cereal era derramado sobre su regazo, por así decirlo.

Como ella quería cargar en su túnica tanto cereal como le fuera posible, la sacudía para que el cereal ocupara todos los espacios vacíos. Al sacudirla, hacía más espacio para el cereal. Luego, presionaba el cereal para aplastarlo un poco más y así poder llevar aún más en la túnica, hasta que, finalmente, se desbordaba.[1]

La razón por la que tantas oraciones quedan sin respuesta es, simplemente, porque las personas no están dispuestas a darle a Dios todo lo que tienen.

Lo que Dios está diciendo es que cuando des de acuerdo a la fe que tienes en él, levantará a alguien que te lo devolverá de tal manera que sobrará. Recibirás con abundancia.

El poder de la fe no radica solamente en que Dios responderá a tu oración; el poder de la fe en acción es que Dios te devolverá «mucho más de lo que pudiéramos pedir o incluso imaginar» (Efesios 3:20).

La fe no es un principio para ser analizado. El vivir como una mujer de fe del reino es un principio para ser experimentado. Linda había escuchado el pronóstico del clima como todos nosotros y podía ver las nubes. No obstante, Linda conocía el poder de Dios. Sabía que la cruzada tenía el propósito de bendecir a los miles que concurrirían y de glorificar el nombre de Dios. No era *su* cruzada personal. Era para que otros conocieran la bendición de Dios. Por ese motivo, Linda oró con fe.

Nunca olvidaré cuando el caballero que estaba sentado junto a Linda en la plataforma del estadio le ofreció su paraguas cuando llegaron las oscuras nubes. Ella se dio vuelta y lo miró, sonrió amablemente y, levantando la mano, le dijo: «No lo necesito».

Y no lo necesitó. De hecho, ninguno de nosotros lo necesitó.

6

LA BÚSQUEDA DE FE DE UNA MUJER DEL REINO

Una vez estaba luchando contra un resfrío y no podía librarme de él. Llamé a mi médico, le describí los síntomas y me dijo que no era necesario que fuera a verlo porque iba a dejar una receta para mí en la farmacia. Me dijo qué medicamento iba a prescribirme y cómo debía tomarlo.

En ese momento, varias cosas se pusieron en marcha. En primer lugar, tenía que creer que estaba hablándole a la persona que yo creía estar llamando, porque no podía verlo. No era más que una conversación telefónica. Así que tenía que escuchar su voz. Lo escuché y me dijo cómo resolver mi problema. Podría haberme quedado en cama meditando. Podría haberle creído, pero quedarme en cama pensando en lo bueno de tener un médico que entendiera mi problema y me diera una solución. Podría haberme quedado acostado pensando qué bueno era tener la solución. Sin embargo, quedarme acostado en la cama pensando en las palabras del médico no me habría mejorado. Podría haberme sentido reconfortado por haber hablado con él, pero habría seguido tan enfermo como cuando lo llamé por teléfono. Tuve que levantarme, subir al auto, manejar hasta la farmacia y preguntarle al farmacéutico: «¿Tiene una receta a mi nombre?».

Aunque hay muchas clases de medicamentos en la farmacia, yo necesitaba algo que llevaba mi nombre. El médico me había dicho que estaba ahí y yo procedí de acuerdo a lo que él me dijo.

Además, podría haber recibido el medicamento y examinarlo. Podría haberme cerciorado de que me pareciera aceptable, pero habría seguido igual de enfermo. Cuando seguí las indicaciones del médico, mi creencia coincidió con mis acciones y empecé a sentirme mucho mejor.

Muchos de nosotros tenemos resfríos espirituales y acudimos ante Dios para escuchar qué tiene el Médico para recetar, solo para seguir igual. Eso pasa porque muchos nos quedamos ahí. Pensamos qué bueno que fue escucharlo o hablarle. Algunos recurrimos a la Palabra de Dios y nos sentimos bien por lo maravillosa que parece la receta y por todas las cosas que supuestamente tiene que producir, pero seguimos igual de «enfermos», porque no ingerimos la «medicina» que Dios nos da.

La búsqueda de la fe implica mucho más que el simple hecho de buscar a Dios y a su Palabra. Aunque estas cosas son, sin duda, parte de ello, la verdadera búsqueda implica responder de tal manera que nuestras acciones obedezcan sus instrucciones. Es solo cuando la fe complete el círculo que todo el provecho se manifestará en nuestra vida. La fe plena es vivir una vida entregada, marcada por actos impulsados por las creencias.

> **La fe plena es vivir una vida entregada, marcada por actos impulsados por las creencias.**

Sé que algunas cosas que suceden hacen más desafiante llevar a cabo acciones que demuestren la fe. Tal vez creciste en un ambiente donde las personas que te rodeaban no te enseñaron cómo era la vida de fe. Quizás desde pequeña la vida te decepcionó, o tal vez te lastimaron de alguna manera y te sientes demasiado acobardada como para correr riesgos. Quizás piensas que tienes mucho que perder si sales a caminar en la dirección que Dios está mostrándote. Sea lo que sea, las personas tienen diferentes motivos para dar marcha atrás y dejar de confiar en Dios y de contar con él.

Las Escrituras nos hablan de una mujer que también tuvo desafíos, pero fue capaz de vencerlos *a causa* de su fe. No permitió que nada le impidiera hacer lo tenía que hacer. En la versión Reina-Valera 1960 el principal problema de esta mujer era un «flujo de sangre»:

> Pero una mujer que padecía de *flujo de sangre* desde hacía doce años,
> y que había gastado en médicos todo cuanto tenía, y por ninguno

había podido ser curada, se le acercó por detrás [a Jesús] y tocó el borde de su manto; y al instante se detuvo el flujo de su sangre. Entonces Jesús dijo: ¿Quién es el que me ha tocado? Y negando todos, dijo Pedro y los que con él estaban: Maestro, la multitud te aprieta y te oprime, y dices: ¿Quién es el que me ha tocado? (Lucas 8:43-45, RVR60)

La hemorragia, particularmente, es un problema complejo de tratar, porque perder sangre significa perder vida —entusiasmo, energía y fuerza—, porque «la vida del cuerpo está en la sangre» (Levítico 17:11). Estoy seguro de que has escuchado la expresión «desangrarse», la cual significa que una persona ha perdido tanta sangre que se muere. El cuerpo necesita de la sangre para vivir.

La sangre es una parte importante de la vida. Cuando vas al médico porque no te sientes bien, muchas veces él te pide un análisis de sangre. Él puede descubrir muchas cosas examinando tu sangre, porque en ella está la esencia de la vida.

Esta mujer tenía una hemorragia; su vida había ido disminuyendo a lo largo de doce largos años. No solo su vida física había menguado por este problema que seguramente la debilitaba y le causaba dolor en los órganos internos por la falta de oxígeno necesario para que funcionaran adecuadamente. Además, su economía también estaba siendo afectada.

Algunas de las que están leyendo estas palabras saben lo que es tener facturas médicas permanentes porque un problema de salud sigue sin resolverse por un largo período de tiempo. Mientras los médicos intentan esto, aquello y lo otro, las facturas siguen agravando y menguando tus finanzas.

Sin embargo, esta mujer no padecía solamente un dolor físico y un problema económico; también tenía un problema espiritual. Eso lo sabemos porque era una mujer judía que vivía bajo la ley del Antiguo Testamento:

Si una mujer tiene durante muchos días un flujo de sangre que no está relacionado con su período menstrual, o si el sangrado continúa más tiempo de su período normal, es ceremonialmente impura. Al igual que durante su período menstrual, la mujer permanecerá impura todo el tiempo que le dure la secreción. (Levítico 15:25)

Ser considerada «impura» en la cultura israelita llevaba consigo múltiples repercusiones. En primer lugar, no podía ser tocada. Eso quiere decir que su problema físico también acarreaba un problema social, porque estaba obligada a vivir lejos del contacto y del calor humano. Lo más probable es que no pudiera salir y participar de las actividades del mercado, porque cualquier otra mujer que accidentalmente la tocara también sería considerada impura. Tampoco podía asistir a ninguna ceremonia religiosa. Además, es probable que le hubieran recetado varios tónicos para curar su hemorragia, y que estos le hubieran producido algunos efectos secundarios. Lo más probable es que esta mujer viviera una existencia solitaria, aislada y dolorosa. No cabe duda de que tenía problemas.

Sin embargo, antes de profundizar en su historia, quiero hacer una pausa para preguntarte si te sientes identificada con esta mujer. Quizás no en toda la magnitud de su historia, pero ¿hay algo que te haya afectado física, social, económica o espiritualmente, y que a pesar de todo lo que has probado para solucionar el problema, nada haya funcionado? Te gastas el dinero en asistencia médica y psicológica, en vitaminas, hierbas y en los últimos curalotodos. A pesar de eso, lo único que te dejan es la billetera vacía y una gran tristeza, mientras llevas tu carga en silencio.

¿Te describe de alguna manera: afligida, dolida, desanimada, abatida, desilusionada? ¿Parece que nadie puede ayudarte, o de hecho, la ayuda que sí recibes tiende a empeorar aún más las cosas? Quiero pedirte que aprendas de esta mujer.

Después de doce años, no cabe duda de que su situación parecía no tener solución desde el punto de vista humano. Hasta es dudoso que ella sintiera que seguía importándole a alguna otra persona. Si la situación fuera a mejorar, tendría que suceder algo que estuviera por encima de ella, de cualquier otra persona y de cualquier otra cosa. Necesitaba un toque sobrenatural. La fiel mujer necesitaba una sanidad sobrenatural. Así que se abrió paso hasta el lugar donde podría lograrlo.

La fiel mujer necesitaba una sanidad sobrenatural. Así que se abrió paso hasta el lugar donde podría lograrlo.

Como vimos antes en Lucas 8, se abrió paso entre la muchedumbre y apareció detrás de Jesús para tocar su túnica. Mateo 9:20 dice específicamente que se acercó para tocar el fleco de la túnica de Cristo. ¿Por qué es importante esto? Porque para agacharse lo suficiente como para tocar el fleco, tuvo que mostrar humildad. Tuvo que renunciar a toda clase de orgullo, autopreservación y sabiduría humana. Tuvo que humillarse a sí misma para disponerse a recibir el impacto de la Palabra de Dios, del punto de vista de Dios sobre su problema. No tenía que depender de su propio entendimiento (Proverbios 3:5), sino del entendimiento de Dios. Tenía que dejar de ver su propia perspectiva y empezar a buscar la solución de Dios. Ella tenía fe que si solo pudiera tocar ese fleco, atado a Jesucristo, el Hijo de Dios y Palabra de Dios, sería sanada.

Sabemos que era una mujer de gran fe: «porque pensó: "Si tan solo toco su túnica, quedaré sana"» (Mateo 9:21).

Una mujer del reino es una mujer que sabe y cree que su solución no está en el dinero, en el razonamiento humano ni en otras personas. La solución se encuentra cuando se humilla a sí misma ante Jesucristo y se rinde a la Palabra de Dios. Muchas veces, Dios deja que pruebes todo lo que crees que necesitas probar para arreglar tus propios problemas. Él deja que gastes todo tu dinero, que desperdicies todo tu tiempo hasta quedar desgastada y agotada. Él lo permite porque, muchas veces, hasta que una persona no llega al fondo de sí misma y de sus propias alternativas, no busca la única opción verdadera para su sanidad perdurable: Dios.

Lo importante de mencionar en la historia de esta mujer del reino es que ella entendió el poder de relacionar a Jesucristo con la Palabra de Dios. Mira, si tienes la Palabra de Dios escrita pero no viva, tienes la verdad sin la vida. Si tienes la Palabra viva omitiendo la Palabra escrita, tienes la vida sin la revelación completa de la verdad. Sin embargo, cuando tienes la Palabra viva a la vez que te aferras a la Palabra escrita, tienes la vida y la verdad. Cuando la mujer buscó esa combinación en fe, ella fue sanada inmediatamente.

Las crónicas de Chrystal

Pine Cove, en Tyler, Texas, es un campamento cristiano al cual nuestra familia ha asistido todos los años, desde que tengo memoria. Mi papá es, muchas veces, el orador especial en Pine Cove, de manera que, cuando él va, los demás lo acompañamos para pasar unas buenas vacaciones familiares. Sin embargo, hace algunos años, nuestras vacaciones dieron un vuelco escalofriante.

Una tarde, los niños habían terminado sus actividades y era hora de que se acostaran a dormir una siesta. Nuestra semana juntos iba llegando a su fin y las mujeres de la familia decidimos hacer una salida de compras por la ciudad, mientras nuestros pequeños dormían. Los dejamos en la cabaña con su abuelo, a quien llaman «Poppy» cariñosamente. Recuerdo que nos fuimos alrededor de las 2:30 de la tarde. Mientras daba marcha atrás por la entrada para autos, recuerdo que mi hijo mayor, Jesse, me miraba por la ventana de la habitación donde se suponía que tenía que estar durmiendo.

Alrededor de las cuatro de la tarde, recibí una llamada de mi papá diciéndome que la puerta principal de la cabaña estaba abierta y que Jesse, de tres años, no estaba en la casa. Mi papá había revisado todo y no podía encontrar a mi hijo por ninguna parte. En ese momento, mi corazón empezó a latir a toda velocidad y los pulmones se me contrajeron. Casi no podía respirar. Si alguna vez pensaste por un instante que tu hijo se había perdido, que había desaparecido o que podía estar en peligro, sabes exactamente de qué estoy hablando. Oré las únicas palabras que pude articular en ese momento: «Señor Jesús... por favor, ayúdame».

Me dije a mí misma que tenía que mantener la calma, confiar en Dios y hacer todo lo necesario para encontrar a mi hijo. Las mujeres que estábamos en distintas partes del centro comercial nos reunimos e inmediatamente volvimos al campamento para ayudar con la búsqueda frenética de mi bebé.

Estábamos a veinte minutos del campamento. Esos veinte minutos pasaban terriblemente lentos. Quería que el teléfono sonara, y quería que mi papá estuviera del otro lado de la línea diciéndome que había encontrado a Jesse en otra habitación o jugando afuera, en la tierra. En lugar de eso, me llamó para decirme que el personal del campamento se había reunido para empezar a buscar en el bosque y en los alrededores del lago que está en el centro del campamento.

En esos momentos, debo reconocer, mi fe no funcionaba. Lo intentaba; quería creer, pero por la mente me pasaban miles de imágenes, como ráfagas, y recordaba las historias de otras familias que había visto en la televisión. Esos largos minutos probablemente fueron los más intensos que he vivido en mi vida. Mi corazón se desgarraba.

Mientras estábamos todavía en camino, y antes de que comenzara la búsqueda, recibí una llamada de la estación de policía. Un oficial había encontrado a Jesse. Estaba a salvo, feliz y listo para volver a casa.

Según pudimos reconstruir, Jesse debe haber salido corriendo de la habitación por la puerta de adelante intentando alcanzarnos cuando nos fuimos a nuestro paseo de compras. Mi papá había estado en su habitación con la puerta abierta para poder escuchar a los niños, pero con el alboroto que hicimos todas nosotras cuando nos fuimos de la cabaña, no había escuchado nada raro en el momento en que mi hijo salió también por la puerta. Un tiempo después de que Jesse salió de la cabaña, la policía lo recibió de unas personas que lo habían encontrado deambulando solo.

Jesse salió caminando de la cabaña y del campamento, y siguió hacia el camino principal, una carretera rural de doble carril en la que los autos normalmente van a ochenta o a cien kilómetros por hora. Cuando abandonó la cabaña, solamente llevaba puesto un pañal; no tenía medias ni una camiseta. Un auto lo pasó en el camino, y él salió corriendo detrás del auto. Debe ser que ese auto le resultó parecido al nuestro; no lo sé. Sea como sea, Jesse empezó a perseguir un auto en la carretera. El conductor vio por el espejo retrovisor a un pequeño vestido con pañales que corría para alcanzarlo. Inmediatamente, estacionó al costado del camino. Este conductor anónimo lo recogió y lo llevó a la casa más próxima. De ahí, los habitantes llamaron a la policía y comenzó la investigación para averiguar de quién era ese niño desnudo de tres años.

Antes de que la policía siquiera llegara, un integrante del personal de Pine Cove que se dirigía a la ciudad notó el revuelo y se detuvo para ver qué estaba sucediendo. El empleado sabía que el orador de Pine Cove era mi papá y que había llevado a toda su familia con él. Esa persona sugirió que el niño podía pertenecer a la familia Evans. Cuando la policía llegó, trajeron a Jesse de vuelta al campamento y nos localizaron. Para cuando yo llegué a la propiedad, Jesse estaba vestido, jugando con un peluche que le había dado el oficial de policía y disfrutando de toda la atención. Corrí hacia Jesse y lo levanté en mis brazos. Espero no haberlo lastimado por abrazarlo tan fuerte. Las primeras palabras que dijo mi bebé fueron: «¡Mami, te encontré!».

La policía nos dijo que Jesse estaba contento. Sin embargo, los oficiales también me dijeron que sabían que en un momento dado había llorado, porque había lágrimas secas en su rostro, pero desde el momento en que había salido a perseguir el auto por el camino y que la familia lo había recogido, había estado sonriendo y riendo.

Más tarde, esa noche, le pregunté a Jesse por qué se había ido de la casa.

Él respondió sin vacilar: «Estaba buscándote a ti, mami».

Mi hijito había estado buscándome. Había estado persiguiéndome. Me había visto salir hacia otra parte, rodeada por una multitud de tías y parientes, y tenía que hacer todo lo posible por encontrarme. Esto finalmente lo llevó hasta la carretera, donde sus piernitas de tres años persiguieron un auto. De haberse dado cuenta de que no podía encontrarme y de que estaba solo, Jesse podría haberse quedado parado allí, solo y llorando. Podría haberse sentado en el suelo y darse por vencido. No obstante, porque siguió persiguiendo, siguió buscando cualquier cosa que se pareciera a lo que estaba buscando, corrió detrás de un auto, el conductor se detuvo y Jesse, finalmente, me «encontró».

Estoy convencida de que Jesucristo estaba ahí mismo, junto al pequeño Jesse, animándolo a que siguiera buscando, que siguiera persiguiendo. A pesar de que estuvo dando vueltas en un lugar peligroso, como no dejó de buscar lo que él creía que iba a encontrar, encontró lo que estaba buscando.

«¡Mami, te encontré!». Esas palabras todavía me llenan los ojos de lágrimas y se me hace un nudo en la garganta, agradecida por un niño que siguió buscando y por un Dios que estuvo ahí con él todo el tiempo.

No sé qué estás buscando. No conozco el objeto de tus deseos más profundos. Es posible que sepas exactamente lo que quieres, o que estés luchando con un agujero que no sabes cómo llenar. Sea como sea, hay una cosa que sé con seguridad. Buscar a Dios vale la pena. Decídete a no conocer nada «excepto a Jesucristo, el que fue crucificado» (1 Corintios 2:2).

Cuando le preguntaron cuál era la cosa más importante que una persona debía hacer, Jesús contestó: «Amarás al SEÑOR tu Dios con todo tu corazón, con toda tu alma, con toda tu mente y con todas tus fuerzas» (Marcos 12:30). Tu viaje de fe comienza cuando corres detrás de Dios, cuando quieres más de él, por sobre todas las cosas. Cuando nuestros actos muestran que creemos que él es bueno, y a través de nuestra actividad somos ejemplo de que confiamos en que Dios puede entregarnos más de lo que podríamos obtener por nuestra cuenta sin él, ahí es donde comienza el viaje de fe.

Dios puede entregarnos más de lo que podríamos obtener por nuestra cuenta sin él.

¿Quién me tocó?

Lo único que sabía el pequeño Jesse cuando vio que su mamá salía es que él quería encontrarla. En su pequeña mente de tres años, decidió perseguirla de la única manera que conocía: con sus pequeños pies. A pesar de que probablemente haya sido la situación más terrible que pasé en mi vida, la pureza del ejemplo de perseguir apasionadamente a la persona que amas (en el caso de Jesse, a su mamá, Chrystal) es un recordatorio estupendo para cada uno de nosotros de cómo no tenemos que desear otra cosa más que estar en la presencia de Cristo. Cómo deberíamos estar dispuestos a dejar la seguridad de lo que ya conocemos y salir en fe a buscar el camino que nos acercará a Jesús.

Para la mujer que padecía de hemorragias, no fue poca cosa tener que caminar a través de una multitud que, normalmente, la rechazaba y la despreciaba como a una persona marginada e intocable. Persiguió valientemente a Cristo, a pesar de que eso la sacó de la comodidad de la oscuridad, y debido a que lo hizo, ella lo encontró, junto a su milagro.

Uno de los elementos más fascinantes de la historia de esta mujer es que, cuando ella tocó su ropa, Jesús fue capaz de identificar, entre toda la gente, quién lo había tocado. Pudo sentir que su poder estaba siendo usado para sanarla:

«¿Quién me tocó?», preguntó Jesús.

Todos negaron, y Pedro dijo:

—Maestro, la multitud entera se apretuja contra ti.

Pero Jesús dijo:

—Alguien me tocó a propósito, porque yo sentí que salió poder sanador de mí. (Lucas 8:45-46)

Ten en cuenta que hay una diferencia fundamental entre la mujer que tocó a Jesús y todo el resto que se apretujaba contra él y lo tocaba de alguna u otra forma. Quiero señalar nuevamente esta diferencia, porque es un principio espiritual que, cuando lo apliques, abrirá de par en par las puertas del poder celestial en tu vida como mujer del reino: *La mujer que tocó el fleco de la túnica de Cristo se humilló; probablemente, se arrodilló.*

Se había humillado a sí misma para perseguir el objeto de su fe, la Palabra de Dios. Todos los demás estaban de pie; eran parte de la multitud, contentos de acercarse a Jesús al mismo nivel y profundamente ignorantes de la auténtica necesidad que tenían de su Palabra. Una gran cantidad de personas entre la multitud tocó a Jesús o se apretujó contra él, pero no recibió ninguna manifestación de su poder.

Verás, tú puedes formar parte de la multitud que se reúne en la iglesia o que se junta para un estudio bíblico, pero a menos que reconozcas tu condición delante del Dios vivo y tu dependencia absoluta de él y de su Palabra, te quedarás en la periferia. Solo serás parte del club de aficionados de Jesús. Te quedarás sin ser tocada. Nada cambiará dentro de ti, porque su poder no será liberado hacia ti.

Una mujer de fe del reino debe buscar a Cristo y a la autoridad de la Escritura con un corazón humilde.

Una mujer de fe del reino debe buscar a Cristo y a la autoridad de la Escritura con un corazón humilde. Solamente cuando te arrodilles para tratar de alcanzar el dobladillo, cuando te humilles debajo de su autoridad divina, basada en su Palabra divina, recibirás el poder que necesitas para alcanzar la plenitud de tu destino.

Puedes recibir el toque de Jesús ahora mismo, si estás dispuesta a llegar bien abajo y si estás dispuesta a ignorar la mirada de la gente y a seguir trajinando a través del dolor. Si te humillas a ti misma para agarrarte de su Palabra, su poder será tuyo.

Como pastor de una congregación bastante grande, observo con regularidad cierto patrón de comportamiento. Veo individuos que quieren ser sanados, ser liberados y servir a Dios, pero no quieren renunciar a tener el control, a depender de ellos mismos, ni a autopreservarse. No quieren desprenderse ni humillarse. Como consecuencia, se quedan en la periferia, sin el poder que necesitan para vivir una vida victoriosa.

La fe sumada a la humildad es el secreto del éxito para toda mujer del reino. Como escribió un teólogo: «El orgullo debe morir en ti, o nada del cielo puede vivir en ti»[1]. Debido a que la mujer que luchó durante doce años con un grave problema de salud eligió el camino de la mayor humildad delante de Dios, ella recibió el máximo regalo del poder y de la sanidad.

A decir verdad, arrodillarse para tocar los cordones azules atados al dobladillo de la túnica de Jesús no fue el final de su ejercicio de humildad. Después de transmitir su poder sanador hacia la mujer, Jesús preguntó quién lo había tocado. Él no preguntó porque no lo supiera. Él preguntó porque quería que la mujer hiciera otro valiente y humilde acto de fe. Quería que lo hiciera en público. Él sabía que ella había sido sanada. Ella sabía que había sido sanada. Marcos 5:29 dice: «Ella pudo sentir en su cuerpo que había sido sanada de su terrible condición».

Jesús quiso que ella compartiera con los demás lo que había ocurrido como consecuencia de su gran humildad y de su fe. Quiso que ella saliera de la comodidad de la vida aislada que había conocido durante tanto tiempo y que declarara públicamente lo que él había hecho. Jesús sabía lo difícil que sería este acto para una mujer que estaba acostumbrada a ser pasada por alto e ignorada. Sabía que para ella sería incómodo hablar en voz alta de lo que había sucedido, pero él quiso que lo hiciera. Es que, al hacerlo esta vez en su presencia, descubriría el valor para hacerlo una y otra vez. Esta mujer de fe y de humildad tan grandes también necesitaba descubrir su gran valentía. Jesús estaba ahí para ayudarla. Cuando escuchó que él preguntaba específicamente por ella...

> Cuando la mujer se dio cuenta de que no podía permanecer oculta, comenzó a temblar y cayó de rodillas frente a Jesús. A oídos de toda la multitud, ella le explicó por qué lo había tocado y cómo había sido sanada al instante. (Lucas 8:47)

Comenzó a temblar. No estaba acostumbrada a ser observada por una gran multitud; no estaba acostumbrada a participar de una conversación a la vista de todos, pero dio un paso al frente y le dijo a Jesús que ella había tocado su ropa. La reacción de Jesús fue personal. Para él, ella no era en absoluto una desconocida. De hecho, la nombró con un término cariñoso de esa cultura, *hija*. Recompensó su búsqueda al igual que su valentía con algo más que la sanidad. La recompensó con la paz: «Hija —le dijo Jesús—, tu fe te ha sanado. Ve en paz» (versículo 48).

De alguna manera, entre el instante de ser sanada físicamente y de tener la valentía para dar testimonio de ello, ella había establecido una relación con su Salvador. Había pasado de «¿Quién?» a «Hija». Se convirtió en una receptora de la paz dentro de la familia de Dios.

No todos consiguen la paz en esta vida. Muchas personas tienen lo que se considera como bendiciones: una buena salud, dinero, vestimentas o una casa bonita. Sin embargo, Dios puede bendecirte con una casa, pero puede que

Las cosas contra las que has luchado durante años pueden resolverse en un momento cuando buscas a Cristo humilde, pública e integralmente.

no tengas un hogar. Dios puede bendecirte con la sanidad física, pero puedes seguir angustiada. Dios puede bendecirte con cosas que tus cinco sentidos físicos pueden disfrutar, pero es posible que no tengas una relación con él.

Jesús quiere hacer más por ti. No tiene problemas en darte cosas materiales. No tiene problemas con que tu cuerpo funcione adecuadamente. Quiere que estés bien, pero aún más que eso, él quiere que seas su hija. Quiere que tengas el valor de buscarlo públicamente para que te comprometas en una relación íntima con él.

Una mujer del reino busca a Cristo en privado y en público. Es entonces cuando logras verlo manifestarse de una manera que no puedes explicar. Es entonces cuando logras experimentar una cercanía que nunca conociste. Buscar a Jesús mientras te aferras a su Palabra es lo que libera su poder hacia ti. Las cosas contra las que has luchado durante años pueden resolverse en un momento cuando buscas a Cristo humilde, pública e integralmente.

7

LAS POSIBILIDADES DE LA FE DE UNA MUJER DEL REINO

Cuenta la historia que había sido un invierno duro en las montañas Rocallosas. La nieve se acumulaba cada vez más alto. La temperatura había bajado a menos de cero y se mantenía allí. Los ríos se congelaron. La gente estaba sufriendo.

La Cruz Roja usaba helicópteros para llevar provisiones. Después de un día largo y difícil, mientras regresaban al campamento base, el equipo de rescate vio desde el helicóptero una cabaña prácticamente cubierta por la nieve. De la chimenea salía un débil hilillo de humo. Los hombres imaginaron que las personas de la cabaña probablemente estarían muy escasas de comida y de combustible.

A causa de los árboles, tuvieron que aterrizar casi a una milla de distancia de la cabaña. Cargaron el pesado equipo de emergencia sobre sus espaldas, caminaron penosamente con la nieve hasta la cintura y llegaron a la cabaña exhaustos, jadeando y transpirando. Llamaron a la puerta y finalmente respondió una delgada y demacrada mujer montañesa.

El líder apenas logró pronunciar las palabras:

—Señora, venimos de la Cruz Roja.

La mujer estuvo callada un momento, y entonces dijo:

—Ha sido un invierno duro y largo, hijito. No creo que podamos donar nada este año.

Muchas mujeres se encuentran en situaciones similares a la de la montañesa. Sientes como si hubieras agotado cada gramo de energía, de alimentos,
de reserva y de conocimientos prácticos para satisfacer las necesidades de las
personas que tienes alrededor y, sin embargo, alguien viene a golpearte la
puerta. El problema es que se hace difícil distinguir que esa persona no está
ahí para pedirte que le des algo más, sino para ofrecerte ayuda. Aunque los
miembros de la Cruz Roja, en realidad, se habían acercado para ayudar a la
mujer, ella supuso que eran como tantos otros de una larga fila de personas
que necesitaban algo de ella.

A veces es difícil distinguir cuándo Dios está enviándote ayuda, porque
viene envuelta en un velo de fe. Hay que quitar el velo antes de que puedas
darte cuenta realmente de lo que Dios está haciendo. Muchas mujeres de la
Biblia, cuando se enfrentaron a una carencia o a una necesidad, tuvieron que
salir en fe antes de ver que la respuesta de Dios iba a satisfacer sus necesidades
con abundancia. La frase *dar un salto de fe* implica un movimiento rápido y
seguro en una dirección en la cual el destino es invisible.

En el 2011, Lois y yo estuvimos en Sudáfrica y vimos un hermoso animal
llamado impala. El impala tiene la singular capacidad de saltar a unos tres
metros de altura. También puede dar saltos de más de nueve metros de largo.
En África, el impala corre y salta libremente en los parques naturales completamente abiertos o en las reservas de vida silvestre. Sin embargo, el impala, a
pesar de su don de saltar alto y largo, puede ser fácilmente contenido en un
recinto de zoológico cuyas paredes no tengan más de un metro de altura. Esto es porque el impala no salta cuando no puede visualizar adónde aterrizará. Queda atrapado en limita-ciones autoimpuestas porque es incapaz de dar un *salto de fe*.

Para muchos, la fe es un término amorfo que no parecemos comprender. Debido a que carecemos de fe, estamos confinados detrás de los muros del miedo, la duda, la inseguridad y la autopreservación. Sin embargo, la fe es el camino mismo a la libertad. En pocas palabras, la fe es actuar como si Dios estuviera diciendo

> *La frase* dar un salto de fe *implica un movimiento rápido y seguro en una dirección en la cual el destino es invisible.*

la verdad. Es proceder según sus palabras, sin tener que ver primero ninguna prueba de que lo que él dice es verdad. Suelo resumir la fe de esta manera: *La fe es actuar como que algo es así, aun cuando no sea así, para que pueda ser así, simplemente porque Dios lo dijo.*

La fe, antes que nada, no es lo que sientes. No es una emoción. De hecho, muchas personas pueden *sentirse* llenas de fe, sin tener absolutamente nada de fe. Esto es porque la fe no es funcional ni útil hasta que se convierte en una acción. La fe siempre involucra a tus pies. Por eso Pablo dijo que caminemos por fe, no que hablemos por fe. Sabes que tienes fe por lo que haces, no solamente por lo que dices o por lo que sientes.

Las crónicas de Chrystal

Durante su adolescencia, Kariss, mi hija mayor, estuvo inscrita en una cooperativa de educación en el hogar. Recibía las tareas para el hogar que su profesora de Salud y Nutrición le enviaba por correo electrónico. Como Kariss estudiaba en casa, su responsabilidad era completar su tarea antes de la semana siguiente, cuando la clase se reunía. Mi tarea era encontrar formas de integrar la salud (educación física) y la nutrición (comer sanamente) en nuestra vida cotidiana. Para una semana en particular, la tarea fue hacer lo siguiente:

- Correr/caminar una milla y cronometrarlo.
- Inmediatamente después de eso, registrar el ritmo cardíaco.
- Encontrar su frecuencia cardíaca ideal y la variación de su frecuencia cardíaca.

En consecuencia, esa noche fuimos en familia al gimnasio y procedimos a hacer nuestros propios ejercicios. Mi esposo y mi hija corrían uno al lado del otro en sus respectivas máquinas para establecer la meta de una milla.

Yo estaba en una máquina elíptica delante de ellos. De vez en cuando, miraba rápidamente hacia atrás para ver cómo les estaba yendo. Cuando me di cuenta de que mi hija seguía tocándose el cuello para encontrarse el pulso, por un momento tuve miedo de que algo estuviera mal. Entonces recordé que ella estaba tratando de llevar la cuenta de su pulso mientras corría. Qué raro, uno pensaría que la persona que está corriendo una milla se concentra solamente en la milla. Uno pensaría que la atención está en poner un pie delante del otro, en mantener el ritmo respiratorio e inhalar profundamente. Ah, pero no, esta chica tenía la mano en el cuello.

Me hace gracia porque en el caminar cristiano llevamos muchos registros sobre cómo nos está yendo en nuestro recorrido. Queremos asegurarnos de estar haciendo los devocionales todas las mañanas. Tratamos de asistir a nuestros cultos de adoración de los domingos en la mañana a toda costa (aunque lleguemos tarde). Hasta diezmamos en la iglesia local *exactamente* el 10 por ciento. Mantenemos el dedo en el «pulso» de nuestro cristianismo.

Sin embargo, la verdadera medida de nuestro caminar con Cristo es comprobar que estamos manteniendo un pie delante del otro, andando y hablando con él, creyendo por fe que él nos ayudará a terminar la carrera que nos pidió que corramos. «Estoy seguro de que Dios, quien comenzó la buena obra en ustedes, la continuará hasta que quede completamente terminada el día que Cristo Jesús vuelva» (Filipenses 1:6).

La verdadera medida de nuestra relación con Cristo y de nuestra fe en Cristo es nuestra capacidad para actuar en base a lo que sabemos. Es la capacidad de mantenernos fieles a eso, aun cuando no podamos ver nuestro camino. La fe es aprender a escuchar claramente su voz sobre la marcha, mientras crecemos en el arte de orar sin cesar (1 Tesalonicenses 5:17). De alguna manera, la fe no se limita a determinado momento del día, sino que es como el aire, porque la necesitamos a lo largo de todo el día para que nos sostenga. El recorrido de una mujer del reino es para la que está dispuesta a aprender el valor de llegar a conocer a Cristo a lo largo del camino de fe, más que a concentrarse en el camino en sí.

La verdadera medida de nuestro caminar con Cristo está en cuánto de él «inhalamos» y recibimos en lo profundo de nuestra alma, hasta que el poder de su gloriosa resurrección termina filtrándose por nuestros poros: «Mi antiguo yo ha sido crucificado con Cristo. Ya no vivo yo, sino que Cristo vive en mí. Así que vivo en este cuerpo terrenal confiando en el Hijo de Dios, quien me amó y se entregó a sí mismo por mí» (Gálatas 2:20).

El desafío de este caminar por fe es asegurarnos de que nuestro enfoque esté en el lugar correcto. Aunque el «pulso» o los indicadores a los cuales los cristianos están acostumbrados a mirar sean reales y, en efecto, den una evaluación de lo que está pasando en el interior de una persona, *no* son el elemento más importante.

Tenemos un Dios y Salvador que quiere que *caminemos* con *él*. Dios quiere una relación que trascienda las mediciones y los estándares de comparación. Quiere que lo *conozcamos*. ¿No es genial?

He visto a muchos corredores usar una toalla para cubrir el tablero de la máquina de correr que muestra la distancia recorrida, el tiempo restante y las calorías quemadas. ¿Por qué? Porque no quieren fijarse en sus estadísticas; ellos quieren disfrutar de correr.

Yo tenía la esperanza de que mi hija no se fijara tanto en el mecanismo o en los requisitos de correr, sino que tan solo corriera la carrera, sabiendo que todas esas cosas se acomodarían, siempre que ella pusiera un pie delante del otro.

¡Eso es lo que espero también para ti!

En la vida, algunos caminos nos llevan adonde queremos ir, y otros nos alejan de donde queremos terminar. Algunos caminos son tranquilos, algunos son escabrosos, otros son resbaladizos y otros nos ponen obstáculos. En lo personal, he viajado por algunos caminos que fueron dolorosos y por otros que me llenaron de tanta alegría que sentía que iba a explotar.

De vez en cuando, he viajado por un camino que duró solo un breve momento, o por otro que me agotó completamente porque parecía no terminar nunca. Había senderos rodeados de belleza, y otros repletos de vistas que espero no volver a ver jamás. He andado por sendas que me llevaron a callejones sin salida, y por otras que me condujeron a lugares que nunca podría haber imaginado.

¿Qué he aprendido?

La única manera de vivir es elegir un camino y seguirlo. En pocas palabras: elige el camino que Dios puso frente a ti y pon un pie delante del otro. A veces no sabemos qué nos deparan esos caminos; de hecho, la mayoría de las veces no tenemos idea de qué nos deparará nuestro viaje. Esos son los senderos cuyo sentido y fin no podemos ver. El camino por delante puede parecer borroso, pero muy dentro de ti sabes que Dios te ha pedido que viajes por él.

El camino por delante puede parecer borroso, pero muy dentro de ti sabes que Dios te ha pedido que viajes por él.

Dios siempre nos pide que recorramos el camino de la fe. Puedo contemplar ese camino todo lo que quiera desde la distancia, pero solamente cuando elijo caminar por él, asimilar todos los panoramas y los sonidos, apreciar el viaje paso a paso, trecho a trecho, es cuando puedo experimentar mi vida en su totalidad. Solamente cuando salgo a caminar en fe puedo alcanzar el destino que Dios sabía que estaba ahí todo el tiempo, pero que yo no podía ver por mí misma.

Cuando camino por esos senderos, oro:

Señor, ayúdame a ser no solo una oyente, sino una hacedora.

Ayúdame a no ser una espectadora, sino una caminante.

Protégeme de pararme sobre el precipicio de mi vida.

Toma mi mano y ayúdame a dejar huellas a lo largo de los caminos a los que tú me conduzcas.

Señor, ayúdame a caminar con valentía por los caminos que pongas frente a mí.

Ayúdame a vivir la vida que me diste plenamente, completamente y abundantemente.

Déjame experimentar el poder que das a través de la vida de Jesucristo, quien vive en mí.

Señor, permíteme vivir mi vida de tal manera,

con tal resistencia,

con tal compromiso,

y con tal vigor

que cuando me digas que tome un camino desconocido, con un destino que no puedo prever, esté lista para hacerlo con valentía, sabiendo que tú estarás conmigo durante todo el recorrido, que no estoy sola y que tú solamente me pones en el camino de lo desconocido porque quieres que crezca en el caminar y quieres llevarme a un lugar más grande.

¿Cuál es tu oración? ¿Cuáles son tus preocupaciones o tus vacilaciones? Sean cuales sean tus inquietudes o tus reparos, tus miedos o tus recelos, sigue las instrucciones que te ha dado el Padre en su Palabra para el camino que él tiene para ti. Camina o corre en la dirección que él te indique. Pon un pie delante del otro y sigue el camino de la fe.

Séfora

La Biblia está llena de mujeres a quienes Dios les pidió que caminaran un camino de fe, tal como Chrystal ha descrito. De hecho, mientras leía atentamente las Escrituras en busca de las historias adecuadas para hacer una demostración de mujeres de fe, encontré tantas mujeres que tuve que ser muy selectivo. No alcanzan las páginas de este libro para incluir a cada una de ellas, pero quiero que miremos con atención algunas otras historias poderosas. Una mujer actuó en fe a pesar de seguir a su esposo, Moisés, que estaba haciendo enojar a Dios. Si sabes cómo debe haberse sentido Séfora, ten cuidado de que el «amén» que digas ahora no sea tan fuerte que tu esposo pueda escucharte.

No se sabe mucho acerca de Séfora. Sí sabemos que era de origen africano. Era la hija de un hombre llamado Jetro, que tenía una posición respetada como sacerdote de Madián. También sabemos que Séfora se casó con Moisés después de que él huyó de Egipto, y que su matrimonio interracial había sido la causa de cierta contienda en la familia biológica de Moisés (Números 12).

Séfora era una prosélita de la fe. Ella creía en el único Dios verdadero, el Dios de Moisés, demostrando tener temor de Dios y fe en él cuando Moisés parecía haber perdido la fe.

Moisés había recibido la orden de circuncidar a su hijo primogénito como una muestra de su compromiso con el pacto de Dios. El pacto era el único acuerdo que Dios había establecido entre él y sus seguidores, los israelitas. Según la cultura y la tradición, era responsabilidad del padre educar a su familia en la fe y enseñarles a realizar varios actos simbólicos y demostraciones de fe.

Dios le había dado instrucciones a Moisés porque tenía una gran tarea para que Moisés hiciera. Debía ir a decirle al faraón que el juicio de Dios estaba a punto de llegar: «Entonces le dirás: "Esto dice el SEÑOR: 'Israel es mi primer hijo varón'"» (Éxodo 4:22). El primogénito varón era el hijo de privilegio y de honor. Dios estaba aclarándole ese punto al faraón porque quería que el faraón dejara partir a sus hijos, los israelitas.

No obstante, como el faraón se negó a dejar que Israel se fuera, Dios dijo: «Te ordené: deja salir a mi hijo para que pueda adorarme, pero como te has negado, ¡ahora mataré a tu primer hijo varón!» (Éxodo 4:23). Fue un alto precio el que tuvo que pagar el faraón por rebelarse contra Dios.

Dios le había dicho claramente a Moisés que este era el mensaje que debía transmitir, pero entonces surgió el problema de Moisés: «Rumbo a Egipto, en un lugar donde Moisés se detuvo con su familia para pasar la noche, el SEÑOR enfrentó a Moisés y estuvo a punto de matarlo» (versículo 24).

Este es el mismo Moisés para quien Dios anteriormente había dicho que tenía grandes planes. Es el mismo Moisés que Dios había elegido para que fuera su líder y su portavoz. Sin embargo, ahora Dios buscaba darle muerte. Este es un gran giro en los acontecimientos, si es que alguna vez existió alguno. Sabemos la causa por la que ocurrió este giro debido a lo que Séfora hizo a continuación. «Pero Séfora [...] tomó un cuchillo de piedra y circuncidó a su hijo. Con el prepucio, tocó los pies de Moisés» (versículo 25).

Ella hizo lo que Moisés no quiso hacer.

Ella encontró el valor para realizar lo que Moisés no pudo hacer.

Cuando Moisés estaba fallando como líder espiritual en su hogar, Séfora se levantó en fe e intercedió por él. Moisés había fallado al no alinear a su hijo primogénito con el pacto con Dios. De manera que Séfora tomó el asunto en sus propias manos porque ella temía a Dios.

Séfora sabía que el juicio de Dios estaba sobre su esposo. Así que ella hizo lo que muchas mujeres han hecho desde siempre. Se interpuso entre el juicio de Dios y la persona que iba a ser juzgada. Interponerse es actuar en obediencia intentando desviar el juicio de Dios que está previsto para otra persona.

Muchas mujeres se han interpuesto en un acto de fe a favor de otro; tal vez por un hijo obstinado o, incluso, por un marido. Han desviado el juicio de Dios y dieron lugar, en cambio, a la bendición.

El acto de fe de Séfora se produjo con un poco de frustración. «Pero Séfora [...] tomó un cuchillo de piedra y circuncidó a su hijo. Con el prepucio, tocó los pies de Moisés y le dijo: "Ahora tú eres un esposo de sangre para mí"» (versículo 25). Ella estaba molesta. Había recaído sobre sus hombros el ejercicio de algo de suma importancia espiritual, y dejó que Moisés supiera cómo se sentía ella al respecto. Debido a que la ira de Dios estaba contra Moisés, él podría haber provocado que Dios destruyera a su familia. La fe de Séfora fue lo único que se interpuso entre la destrucción y el futuro.

Muchas vidas se han salvado porque una mujer del reino se interpuso donde esposos y/o padres fracasaron.

Como resultado de la fortaleza de la fe de Séfora, «el SEÑOR lo dejó en paz» (versículo 26). La fe de Séfora salvó la vida de Moisés y de su familia.

Muchas vidas se han salvado porque una mujer del reino se interpuso donde esposos y/o padres fracasaron. Lo he visto infinidad de veces. En varias sesiones de consejería, el hombre está claramente equivocado en lo espiritual; sin embargo, Dios parece bendecir a la pareja, de una forma u otra, gracias al coraje de la fe de la mujer. Eso plantea preguntas que escucho con frecuencia durante la consejería: ¿Qué haces si tu esposo no ocupa el lugar de líder? ¿Qué sucede si él no asume la responsabilidad de guiarlos espiritualmente o de ejercer el liderazgo en el hogar? ¿Qué significa ser sumisa frente a la falta de sumisión del cónyuge ante Dios? ¿Cómo sigues a un automóvil que está estacionado? Claramente, el hombre no es la guía espiritual, pero así y todo, tampoco quiere que tú lo seas. ¿Qué hacer entonces?

La vida de Séfora da una respuesta. Cuando se trata de una cuestión de obediencia a Dios —de cumplir con los mandamientos de Dios—, actúas, sea como sea. Cuando se trata de una cuestión de principio, no de preferencia, te sometes a Dios. Verás, la sumisión no quiere decir que no hagas nada. La sumisión significa que te rindes a la voluntad revelada de Dios porque tu compromiso con Dios es mayor que el compromiso que tienes con tu esposo. El hombre suele pensar que «ser la cabeza» es un cheque en blanco para darle órdenes a su esposa y que haga o no haga lo que él quiera. Si su esposa no lo hace, él la llama «rebelde» o «desobediente». Sin embargo, la validez de su autoridad como cabeza se basa en la sumisión de esa cabeza, el hombre, a Jesucristo. Los hombres suelen citar la mitad del versículo, con lo cual se pierde el sentido completo, pero la Escritura esboza la definición de ser la cabeza:

> Hay algo que quiero que sepan: la cabeza de todo hombre es Cristo,
> la cabeza de la mujer es el hombre, y la cabeza de Cristo es Dios.
> (1 Corintios 11:3)

El orden está claro: Dios, Cristo, hombre, mujer. Pedirle a una mujer que se someta a un hombre que no está alineado debajo de Dios y de Jesucristo es pedirle que se someta a otro que no es Dios, cosa que ella nunca debería hacer. El hombre tiene la responsabilidad de sujetarse a Dios antes de pedirle a su mujer que se sujete a él.

En los años que llevo reuniéndome con parejas en dificultades, he descubierto que el principal punto de contienda es que la mujer muchas veces lucha entre someterse a un hombre que, evidentemente, no vive una vida espiritual madura y las enseñanzas de Dios sobre cómo debe vivir ella su vida. Si hay que tomar una decisión sobre un principio espiritual específico, cuando el hombre no está alineado bajo ese principio, la elección tiene que ser someterse a Dios.

Es por eso que la Biblia restringe la palabra *sumisión*. No se trata de una sumisión con todo incluido. Las Escrituras dicen claramente que la mujer debe someterse a su esposo «como al Señor» (Efesios 5:22). En otras palabras, hay un compromiso superior que el que tienes con tu esposo, y ese compromiso es con Dios. Así que si alguien trata de decirte que la sumisión significa que tienes que hacer cualquier cosa que diga tu esposo, sin importar si está de acuerdo con Dios o no, esa persona está usando mal el término. Lamentablemente, este es uno de los principios que más se usa incorrectamente y uno de los que más se abusa hoy en día en los hogares cristianos; además, muchas veces, es una de las principales causas que llevan a la ruptura de la vida familiar.

Séfora honró a Moisés honrando a Dios. Como consecuencia de su fe, su familia fue salvada.

Rahab

Otra mujer que se interpuso a favor de su hogar fue Rahab. A juzgar simplemente por su nombre, Rahab no venía de una familia que creía en el Dios único y verdadero. El nombre de Rahab comienza con la palabra *Ra*. Ra es el nombre de un falso dios que representaba al sol o a los poderes creativos. Rahab provenía de un pueblo de personas conocido como los cananeos. Al haber sido criada en un ambiente pagano, Rahab había sido formada para elegir un estilo de vida humillante. Rahab era una prostituta. Algunas personas la habrán llamado una ramera o una cualquiera. Algunos se habrán referido a ella como una libertina, una acompañante, una perra o una zorra. Independientemente de cómo se refirieran a ella, todos los títulos significaban exactamente lo mismo: Rahab se ganaba la vida sirviendo a los deseos sexuales de los hombres.

Así como es clave en el negocio de bienes raíces, también lo era para el negocio de Rahab: la ubicación era lo más importante. Se había asegurado un sitio excelente en la muralla de la ciudad. Tanto los viajeros que pasaban por ahí como los hombres de la ciudad que salían podían detenerse fácilmente para pasar un minuto, o diez, con Rahab. Leemos: «la casa de Rahab estaba construida en la muralla de la ciudad» (Josué 2:15).

Tal vez fue precisamente porque los extranjeros visitaban la casa de Rahab tan a menudo que los espías que Josué había mandado para que echaran un vistazo a Jericó se detuvieron y se ocultaron en la casa de Rahab. Aunque intentaron pasar desapercibidos, la presencia de los espías llamó la atención de los hombres del rey. Por eso, el rey mandó emisarios para que los localizaran.

Es entonces cuando Rahab se enfrentó con la decisión de su vida. ¿Correría el riesgo de morir súbitamente por albergar a los espías si los emisarios del rey los encontraban, o se arriesgaría a sufrir el inminente desastre que se acercaba por parte del Dios de los israelitas? Puedes conocer muchísimas cosas de las personas por lo que hacen, más que por lo que dicen. Los hechos de Rahab demostraron dónde estaba realmente su fe: estaba en el Dios único y verdadero. Lo sabemos porque ella mandó a los emisarios del rey a perseguir inútilmente a los israelitas, mientras ayudaba a que los espías regresaran furtivamente a su ejército, que estaba esperándolos.

Rahab respaldó sus hechos con sus palabras cuando manifestó por qué había hecho lo que hizo:

[Rahab les dijo a los espías:] «Sé que el SEÑOR les ha dado esta tierra. Todos tenemos miedo de ustedes. Cada habitante de esta tierra vive aterrorizado. Pues hemos oído cómo el SEÑOR les abrió un camino en seco para que atravesaran el mar Rojo cuando salieron de Egipto. Y sabemos lo que les hicieron a Sehón y a Og, los dos reyes amorreos al oriente del río Jordán, cuyos pueblos ustedes destruyeron por completo. ¡No es extraño que nuestro corazón esté lleno de temor! A nadie le queda valor para pelear después de oír semejantes cosas. Pues el SEÑOR su Dios es el Dios supremo arriba, en los cielos, y abajo, en la tierra». (Versículos 9-11)

La fe de Rahab controlaba sus pies. Su fe determinaba lo que hacía. Escondió a los espías y luego les dijo por qué. Sin embargo, no se detuvo ahí. También les dijo a los espías que quería hacer un trato con ellos. Al fin y al cabo, ella acababa de salvarles la vida, así que salvarle la vida a ella y a su familia sería actuar en reciprocidad:

«Ahora júrenme por el SEÑOR que serán bondadosos conmigo y con mi familia, ya que les di mi ayuda. Denme una garantía de que, cuando Jericó sea conquistada, salvarán mi vida y también la de mi padre y mi madre, mis hermanos y hermanas y sus familias». (Versículos 12-13)

Rahab hizo un trato con el pueblo de Dios. Les pidió bondad y les recordó que acababa de ocuparse de ellos *bondadosamente*. Por ese motivo, quería que fueran *bondadosos* con ella y con su familia. Ella utilizó la palabra hebrea *chesed* que, a veces, ha sido traducida como «bondadosamente». *Chesed* no quería decir solamente ser amable. *Chesed* quería decir, específicamente, lealtad y fidelidad[1]. *Chesed* aparece más de doscientas veces en el Antiguo Testamento y se refiere, ahora, a la actitud hacia un acuerdo o un pacto. Es una palabra que se usa más que cualquier otra para definir el vínculo del pacto. La mayoría de las veces, fue usada para describir la cobertura del pacto de Dios sobre el pueblo de Israel a pesar de su infidelidad.

Chesed significa una bondad gigantesca. Hace referencia al amor leal, sea que la otra parte lo merezca o no. Rahab sabía que en sus antecedentes, historia o cultura no había nada que pudiera gustarles a los israelitas para que tuvieran misericordia de ella. Entonces, les pidió que recordaran su único acto de fe con un pacto *chesed* de bondad.

La fe de Rahab santificó a la prostituta.

Como consecuencia, la fe de Rahab santificó a la prostituta. Los espías no solo respetaron el pedido que les había hecho y pusieron a salvo a todos los que se quedaron en su casa, sino que además Rahab logró un puesto entre los de más alta honra entre los israelitas. Entró en el Salón de la Fe de Hebreos 11. Su fe la colocó en el mismo capítulo que el patriarca Abraham. Se mantiene codo a codo con otros hombres y mujeres que tuvieron una fe valiente.

Un aspecto interesante de la historia de Rahab que muchas veces se pasa por alto es cómo sobrevivieron Rahab y su familia. Al fin y al cabo, las Escrituras nos dicen que la casa de Rahab estaba en la muralla. También se nos dice que los israelitas caminaron alrededor de la ciudad una vez al día durante seis días, y que al séptimo día, caminaron siete veces alrededor de ella, hicieron sonar sus trompetas, gritaron y la muralla se desplomó (Josué 6). En Jericó, la zona cero era una zona de desastre.

A excepción de un lugar: la casa de Rahab.

Aunque la muralla se desmoronó por completo alrededor de la familia de Rahab, su casa permaneció intacta. Ella y su familia se mantuvieron a salvo. Estoy seguro de que la gente no pudo entenderlo en ese momento, y probablemente muchos ni siquiera podían creer de qué forma todos los que estaban en su casa pudieron salir ilesos. No obstante, eso fue así por causa de la cobertura *chesed* del pacto de Dios.

Hay una historia real e interesante que se cuenta acerca de la zona cero en el World Trade Center de Nueva York. Luego de más de un mes de limpiar y de buscar entre los escombros y la destrucción, el equipo de rescate que había estado rastreando desesperadamente los terrenos en busca de alguna señal de vida se topó con un peral de flor aún vivo. De alguna manera, enterrado debajo del montón de polvo, escombros, hormigón y metales retorcidos, este árbol sobrevivió.

Cuando los trabajadores lo sacaron de las ruinas, estaba gravemente carbonizado y solo le quedaba una rama. Este peral aparentemente no estaba listo para darse por vencido cuando colapsó todo lo que lo rodeaba. El peral sobrevivió a lo que nadie hubiera pensado que un organismo vivo pudiera sobrevivir.

Adelantándonos a poco más de una década, el Árbol Sobreviviente (como ha sido llamado cariñosa y respetuosamente, junto a otros cinco árboles recuperados de las ruinas) ahora mide más de nueve metros de altura y ha sido trasplantado a los jardines conmemorativos en honor a la memoria de aquellos que murieron el 11 de septiembre[2].

El Árbol Sobreviviente nos ofrece un recordatorio del poder de la esperanza. También apunta hacia otro árbol que permaneció de pie en una colina hace más de dos mil años, con la forma de una cruz. Este árbol y la vida que sujetaba de algún modo sobrevivieron a la destrucción que los rodeaba, mientras los pecados del mundo vinieron a derrumbarse alrededor y enviaron a Aquel que estaba colgado en él a las profundidades de la tierra. Sin embargo, tres días después, Dios levantó a Jesús de la muerte, ofreciéndole a aquellos que ponen su confianza en él una esperanza viva y una vida abundante más poderosa que cualquier cosa que tengan que enfrentar.

Rahab conocía el poder de esta esperanza; conocía la fortaleza de la fe. La suya también es una historia de supervivencia. Después de todo, su casa estaba en la muralla. Las personas murieron de dos maneras aquel día en Jericó: o cuando la muralla se derrumbó y cayó encima de ellos, o a manos del ejército israelita.

Los espías honraron el pedido de Rahab de no hacerle daño a su familia, siempre y cuando se quedaran en su casa en la muralla, pero ellos no podían controlar cómo se desplomaría la muralla, o si alguna sección de ella quedaría intacta.

Me da curiosidad saber qué pensaron Rahab y su familia al sentir los temblores, cuando la muralla de Jericó empezó a sacudirse. Se les había dicho que no salieran de su casa, y sin embargo, ahora su casa amenazaba con sepultarlos vivos.

Algunos dicen que la fe de Rahab estuvo en esconder a los espías. No obstante, su fe más grande pudo haber estado en quedarse adentro mientras las paredes se desplomaban alrededor de ella.

Imagina la tentación de salir corriendo cuando empezaron los temblores, los sacudones y el derrumbe. Sin embargo, Rahab se quedó adentro por la fe que tenía en lo que le habían dicho los espías y, en última instancia, por su fe en Dios, sabiendo que se le había dicho que iba a estar segura dentro de su casa.

Lo único que hizo el ejército, y lo único que podía hacer, era caminar alrededor de la muralla. Las Escrituras no dicen en ninguna parte que, al llegar a la zona de la muralla donde vivía Rahab, el ejército caminó en puntitas de pie. Más bien, Dios tiró abajo la muralla, al mismo tiempo que protegió la porción donde permanecían Rahab y su familia.

Quizás sientas que todo lo que te rodea se desmorona. Te parece que estás viendo temblar tu vida, y las paredes que se suponía que debían defenderte y protegerte están viniéndose abajo. No obstante, si estás donde Dios dice que te quedes, quédate ahí. Quiero que sepas que puedes confiar en Dios, a pesar de lo que está sucediendo a tu alrededor.

Puedes confiar en Dios, a pesar de lo que está sucediendo a tu alrededor.

Tanto Séfora como Rahab nos dieron ejemplos de mujeres cuyas posibilidades aumentaron gracias a su fe. El marido desobediente de Séfora finalmente guió a la nación de Israel para que saliera de la esclavitud y del cautiverio en Egipto. Rahab eventualmente se casó con un respetado constructor y arquitecto llamado Salma, el fundador de la ciudad de Belén (1 Crónicas 2:11-51, 54).

Ninguna de estas mujeres provenía del linaje de Israel. Ninguna de ellas, según su cultura y su entorno, hubiera sido reconocida por tener un tremendo potencial. No conocemos el pasado de Séfora, pero sí sabemos que Rahab tuvo un pasado accidentado. A pesar de eso, Dios honró la fe de ambas mujeres quienes, finalmente, vivieron sus destinos gloriosos.

No sé qué te ha pasado en la vida; tal vez tuviste un hijo de soltera, o te casaste con un hombre que te maltrataba o abusaba de ti. O quizás tomaste decisiones que te alejaron de la voluntad de Dios. Sea como fuera, tengo la seguridad de que si respondes en fe al único y verdadero Dios; si lo honras con tus actos, a pesar del caos que te rodea; si eliges andar por el camino de la fe al que él te ha llamado, aunque estés insegura sobre el resultado, él te honrará, te protegerá y te proclamará como mujer del reino.

8

LA ORACIÓN DE LA FE DE UNA MUJER DEL REINO

Cuenta la historia que había una maravillosa anciana cristiana. Prácticamente no tenía dinero y vivía en una casa en ruinas, pero siempre estaba alabando al Señor. El único problema que tenía era con el hombre que vivía en la casa de al lado. Él siempre trataba de demostrarle que Dios no existía.

Un día, mientras el anciano caminaba junto a su casa, observó a la mujer a través de una ventana abierta. Estaba arrodillada, orando, así que él se deslizó sigilosamente junto a la ventana para escuchar. Ella oraba: «Señor, tú siempre me has dado lo que necesitaba. Ahora sabes que no tengo nada de dinero, que me quedé completamente sin provisiones, y que no recibiré otro pago hasta dentro de una semana. —Hizo una pausa, y entonces continuó—: Señor, de alguna manera, ¿puedes conseguirme algunos comestibles?».

El hombre había escuchado todo lo que necesitaba. Se alejó de la ventana en puntas de pie y se fue deprisa al almacén. Compró leche, pan y embutidos. Regresó a la casa de la mujer cargando los comestibles. Puso la bolsa al lado de la puerta, tocó el timbre y se escondió junto a la casa. Podrás imaginarte cómo reaccionó la mujer al ver la bolsa de provisiones. Levantó las manos hacia el cielo y comenzó a alabar al Señor: «¡Gracias, Jesús! —gritó—. Yo no tenía comida, ¡y tú me proporcionaste las provisiones!».

Llegado ese momento, el anciano saltó de su lugar y dijo: «Ahora sí que la atrapé». Ella estaba demasiado ocupada gritando «Gracias» a Jesús como para prestarle atención, pero él siguió:

La oración es una herramienta poderosa en las manos de una mujer del reino.

—Le dije que Dios no existía. No fue Jesús quien le dio esos alimentos; fui yo.

—Ah, no —respondió la mujer—. Jesús me dio estas provisiones e hizo que el diablo las pagara.

La oración es una herramienta poderosa en las manos de una mujer del reino. Dios puede utilizar hasta a los injustos para contestar las oraciones de los suyos. Dios suele actuar a través de las personas, aun de las personas que menos sospecharías. Lo hace con la colaboración de la raza humana y lo hace en respuesta a nuestras oraciones.

Cuando Jesús eligió a quién usar como uno de los mejores ejemplos de oración, eligió a una mujer. Resaltó la tenacidad y la fuerza de esta mujer en particular como un objetivo al que todos nosotros, hombres y mujeres, debemos apuntar en nuestra relación con Dios. Ella entendió el poder de la perseverancia. Entendió que, a veces, la vida es injusta y que su voz tal vez no fuera escuchada, reconocida o valorada, pero que tenía derechos legítimos que la autorizaban a recibir más de lo que estaba recibiendo. Basándose solamente en esos derechos, encontró el valor para seguir exigiendo lo que era suyo.

Lucas enuncia de antemano la premisa de la parábola que Jesús contó sobre esta mujer. Al comienzo de la historia dice: «Jesús les contó una historia a sus discípulos para mostrarles que siempre debían orar y nunca darse por vencidos» (Lucas 18:1). Jesús se refería a renunciar, o a tirar la toalla, como en los momentos cuando sientes que ya no puedes aguantar más o que tus oraciones no logran lo que tú piensas que deberían lograr. Jesús quería que cada uno de nosotros recordara el poder que hay por medio de la correcta clase de perseverancia. La parábola se refiere a esos momentos en los que sinceramente no sabes cuánto tiempo más podrás soportar la situación que te rodea.

Muchas veces, las personas se desmayan cuando no pueden respirar hondo o no consiguen llevar suficiente oxígeno a sus pulmones. Desde joven, he luchado contra el asma. Mi padre me llevaba a la sala de emergencia cuando me daba un ataque. Como probablemente sepas si tienes asma, cuando te da un ataque, sientes que te falta el aire. Lo que normalmente es el acto subconsciente de respirar pasa a un primer plano en tu mente. Respirar se convierte en una actividad deliberada.

Lo mismo es válido para la oración. Cuando las cosas nos van bien en la vida, hacemos una oración cada tanto sin prestarle demasiada atención, pero cuando enfrentamos luchas o dificultades, ellas intensifican la intencionalidad de nuestra vida de oración. Cuando transcurre el tiempo y no vemos mejoras, es fácil pensar que nuestra oración no cambia nada, así que dejamos de orar o nos damos por vencidos. Sin embargo, el ejemplo que dio Jesús por medio de la parábola de la mujer que se presentó ante el juez injusto es que aun cuando parece que la cosa no mejora, necesitamos mantenernos en contacto con Dios, porque la oración tiene que ser una tendencia, no una posición. La oración persistente es un estilo de vida que produce resultados. La oración es algo más que ponernos de rodillas o apretarnos las manos con los ojos cerrados. La oración es la actitud de operar en conjunto con Dios. Implica ejercer nuestra autoridad para la intervención celestial en nuestros asuntos terrenales.

La viuda y el juez

La parábola de Lucas 18 empieza informándonos que en cierta ciudad había un juez que no tenía temor de Dios ni de los hombres. En otras palabras, no le importaba qué dijeran ni qué pensaran los demás acerca de él, porque él era el juez. Los tiempos bíblicos se parecían mucho a la época del Lejano Oeste en Estados Unidos, en los que un juez titular viajaba de pueblo en pueblo para tratar los casos, resolver disputas o dictar sentencias.

Este juez de la parábola en particular debe haber tenido un gran número de casos dentro de su ámbito o autoridad y, con el paso del tiempo, se había ganado la fama de ser un juez injusto. Jueces como este eran blanco fácil para los sobornos; los ricos siempre podían pagarles para que fallaran a favor de ellos. Lo más probable es que la viuda que había llevado su caso ante él no tuviera dinero ni influencia. No tenía ninguna posibilidad de ser escuchada ni de recibir un fallo justo en su caso, pero eso no le impidió intentarlo.

Del Génesis al Apocalipsis, cuando Dios quiere decir algo importante, muchas veces elige lo más bajo de lo bajo para hacerlo. Muchas veces, realza a los huérfanos o a las viudas porque ellos representan lo más indefenso de la sociedad. En tiempos bíblicos, una viuda tenía varias cosas en su contra.

En primer lugar, en aquella época las mujeres no contaban con mucha protección. Si una mujer no tenía un marido que la defendiera, la sociedad no la defendía.

En segundo lugar, las viudas de la época bíblica generalmente eran pobres, sin recursos económicos, porque todos los empleos eran de los hombres. Asimismo, el hecho de que esta viuda en particular tuviera que defender su propio caso significa que no tenía amigos ni parientes que pudieran o quisieran defenderla. No tenía ayuda. Estaba sola, y sin duda le parecía que el mundo estaba en contra de ella.

¿Alguna vez estuviste en una situación en que las personas que supuestamente debían ayudarte no lo hicieron?

Jesús no dio los detalles exactos del caso que la llevó a la corte, pero sí sabemos que algo sucedió que la había perjudicado. Había ocurrido algo que necesitaba ser tratado legalmente. Tenemos conocimiento de que estaba pidiendo ser protegida legalmente de su adversario. Ella debe haberse sentido indefensa, expuesta y asustada. Necesitaba que la ley arbitrara entre ella y su oponente, cuyo objetivo era perjudicarla.

Entonces, cuando el juez injusto no le dio la protección a la que tenía derecho por ley, ella decidió seguir pidiéndola. No dejó de hacerlo. Había alguien que quería hacerle daño y ella no tenía la capacidad, el dinero ni el poder para detenerlo. Solo la ley podía impedirlo.

Antes de escarbar a fondo en la historia, quiero hacer una pausa para preguntarte si alguna vez estuviste en una situación en que las personas que supuestamente debían ayudarte no lo hicieron o se volvieron inaccesibles cuando más las necesitabas. ¿Alguna vez te sentiste sola e indefensa y, sin embargo, estabas totalmente convencida de que lo que te había pasado estaba mal y que incluso era ilegal? Si alguna vez tuviste sentimientos como estos, comprendes la situación en la que estaba esta mujer. Ella no tenía la capacidad de protegerse a sí misma en su nivel cultural ni en su entorno. Sabía que si el juez no intervenía a su favor, no contaba con ningún recurso para conseguir la protección o la victoria sobre su adversario.

Sin embargo, al juez no le importaba. No estaba dispuesto a ayudarla ni se

conmovía por su situación apremiante. Era un juez injusto y no le importaba
que esta mujer tuviera derechos legales. No obstante, lo que remarcó Jesús en
esta historia fue que, aunque el juez no tenía la sensibilidad para ayudar a la
mujer, intervino a su favor simplemente para que lo dejara en paz:

> Durante un tiempo, el juez no le hizo caso, hasta que finalmente
> se dijo a sí mismo: «No temo a Dios ni me importa la gente, pero
> esta mujer me está volviendo loco. Me ocuparé de que reciba
> justicia, ¡porque me está agotando con sus constantes peticiones!».
> (Versículos 4-5)

Básicamente, el juez no quería que ella siguiera molestándolo. No quería
tener que escuchar continuamente sobre su problema. No se trataba de que le
importara la situación de la viuda, ni lo que la gente o Dios mismo pensaran
acerca del asunto; simplemente, estaba cansado de escucharla quejarse ante él.
Supuso que había una sola manera de sacársela de encima: ¡darle lo que ella
le había pedido! Así que eso fue exactamente lo que él hizo. Le dio el amparo
jurídico que le correspondía por derecho propio.

Sabemos hasta qué punto la tenacidad de esta mujer molestaba al juez
injusto porque la palabra griega traducida como «agotándome» quiere decir
«poner el ojo morado»[1]. El asunto no es que ella literalmente fuera a golpear al
juez o a ponerle el ojo morado. Ponerle el ojo morado quería decir arruinarle
la reputación. La mujer no solo estaba cansando al juez injusto, sino que él
sabía que si ella seguía viniendo una y otra vez, podría llegar a arruinar su
nombre por negarse a cumplir con su obligación legal.

Evidentemente, esta mujer aparecía en el tribunal público y le decía al juez
que no estaba haciendo lo correcto. Había llevado el caso más allá de su deseo
de lograr el amparo jurídico. Había puesto su nombre en tela de juicio y lo
había hecho en público. Entonces el juez le dio a la mujer lo que le correspondía legítimamente, no solo para sacársela de encima, sino también para
cuidar su propia reputación.

Jesús hace una comparación interesante entre la viuda y el juez injusto
y nosotros ante Dios: «¿Acaso no creen que Dios hará justicia a su pueblo
escogido que clama a él día y noche? ¿Seguirá aplazando su respuesta? Les
digo, ¡qué pronto les hará justicia! Pero cuando el Hijo del Hombre regrese,
¿a cuántas personas con fe encontrará en la tierra?» (versículos 7-8). Jesús dejó

claro que si un juez injusto al que no le importaba Dios, la gente, la justicia ni la ley, pero al que sí le importaba lo suficiente su comodidad y su reputación, dio respuesta a la súplica de esta mujer, cuánto más Dios, quien es justo, recto y compasivo, proporcionará justicia para sus elegidos.

La viuda era una desconocida para el juez. Los elegidos no son desconocidos para Dios; son el pueblo de Dios; son sus hijos. Tú y yo pertenecemos a Jesucristo y formamos parte de sus elegidos. Si un juez injusto le concedió protección jurídica a una desconocida para proteger su propia reputación, ¿cuánto más Dios propiciará justicia a sus hijos, no solo por el bien de su propio nombre, sino también por el bien de aquellos a quienes él ama? Jesús lo deja en claro: él no se demorará en hacerlo cuando tú lo busques como la mujer buscó al juez.

Exigir tus derechos legítimos

En su parábola, Jesús usó un concepto interesante que es fácil de pasar por alto. Lo utilizó varias veces: el concepto de justicia o de amparo jurídico. El asunto en cuestión no era si el juez conocía a la mujer, si le caía bien o si sentía lástima por ella. El problema sobre la mesa era la ley. Ella necesitaba que el juez ejerciera el poder de la ley en su situación porque su adversario la estaba tratando injustamente. Necesitaba una intervención legal.

Verás, hay algo más que puede llamarle la atención a Dios que su relación contigo, su compasión por ti o, incluso, el amor a su nombre. Como hija del Rey, heredaste «derechos legales». Estos «derechos» existen gracias al nuevo pacto del que eres parte desde que confiaste en Jesucristo para tu salvación. El problema que tal vez estás enfrentando o con el cual estás luchando hoy puede ser una cuestión de pacto. Si es así, eres libre de apelar a Dios.

A pesar de que al juez injusto no le importaba la mujer, él respondió a su pedido y le dio lo que era legítimamente suyo, porque ella seguía confrontándolo con la ley. La reputación del juez estaba en juego porque él no defendía la ley y, en última instancia, estaba obligado ante la ley.

Dios es un Dios de pacto. También es un Dios de palabra. Se ha atado a sí mismo a su propia Palabra. Ató su nombre y su reputación a lo que él ha dicho. Está atado a los acuerdos de su propio pacto. Debido a que Dios es justo por naturaleza, está comprometido con su propio modelo de justicia y obrará en sintonía con su propio pacto.

Sin embargo, muchos creyentes no entienden cuáles son sus «derechos» según el pacto de Dios. De no haber sabido la viuda a qué le daba derecho la ley, no habría tenido nada que llevar ante el juez injusto. Sin embargo, como conocía la ley y sabía a qué estaba obligado el juez por ley, pudo presentarse una y mil veces ante él con seguridad para pedirle lo que era legítimamente suyo. Su conocimiento de la ley le dio la base sobre la cual asentarse.

¿Recuerdas cuando analizamos la sanidad de la mujer que había estado encorvada durante dieciocho años? Luego de que Jesús la sanó, los oficiales de la sinagoga se indignaron porque la sanidad se había realizado en el día de descanso. Le dijeron a Jesús que no se debía trabajar durante el día de descanso. La respuesta de Jesús fue reveladora. Apeló al derecho de pacto de la mujer, diciendo: «Esta apreciada mujer, una hija de Abraham, estuvo esclavizada por Satanás durante dieciocho años. ¿No es justo que sea liberada, aun en el día de descanso?» (Lucas 13:16).

Verás, la ley del día de descanso fue dada bajo Moisés. Sin embargo, Abraham precedió a Moisés. Como hija de Abraham, esta mujer quedó subordinada a un pacto por el cual Dios prometió traer sanidad a su pueblo cuando el problema tuviera un origen espiritual. Hemos visto anteriormente en su historia que la mujer no estaba encorvada por una enfermedad, sino por causa de Satanás. Dado que era Satanás el que le había echado a perder su vida, su derecho de pacto como hija de Abraham la autorizaba a recibir la sanidad espiritual y a ser liberada de su esclavitud. Ella tenía una relación legal que trascendía a la ley mosaica.

Jesús lo sabía. No obstante, si tú no conoces tu relación legal, no puedes exigir tus derechos legales. Algunas de ustedes posiblemente tengan problemas, situaciones, circunstancias y embrollos que se han prolongado durante mucho tiempo, y se preguntan por qué Dios todavía no las ha ayudado. Debido a que la viuda conocía la ley y continuó apelando al juez basándose en la ley, recibió lo que era debidamente suyo. Si un juez injusto se somete a la ley a pesar de no tener consideración por ella, piensa cuánto más el Dios santo y justo te concederá lo que es legítimamente tuyo como su hija, cuando se lo pidas. Dios está atado a su Palabra.

Exigir tus «derechos» legítimos no es un enfoque como el del evangelio de la prosperidad, según el cual Dios está obligado a hacer cualquier cosa que se te ocurra. Sin embargo, es aprovechar todo lo que Dios dice que quiere hacer por su pueblo, teniendo en cuenta lo que está dentro de los límites de su voluntad soberana. Este es el enfoque que usó Moisés cuando apeló a Dios para que cambiara de opinión y no emitiera una sentencia sobre los israelitas, basándose en lo que él había prometido hacer por su pueblo (Números 14:11-21).

Tampoco se ha olvidado Dios de quién es él ni de cuál es su naturaleza. No obstante, cuando oramos de acuerdo a su Palabra, nos recordamos a nosotros mismos y oramos con el poder de la ley del pacto.

Una mujer del reino sabe cómo orar legalmente.

Una mujer del reino hace algo más que orar. Una mujer del reino sabe cómo orar legalmente. Si eres como la viuda y no tienes a quién recurrir, necesitas conocer tu situación ante Dios. Cuando conoces tus «derechos», apelas a Dios con la autoridad de lograr su atención o su favor a partir de la situación legal que te otorgó la sangre de Jesucristo y el nuevo pacto. La mejor manera de orar es sujetarte a la norma de su propia Palabra.

Abre tu Biblia en las partes donde Dios ha dicho lo que hará por sus hijos, y ora: «Dios, tú no mientes y eres fiel. Esto es lo que dijiste, y esto es lo que estoy pidiéndote en el nombre de Jesús». Esa clase de oraciones, basadas en la Palabra de Dios, reciben respuesta. «Les digo, ¡que *pronto* les hará justicia!» (Lucas 18:8).

En las Escrituras hay ciertos pasajes que realmente son promesas, tales como «Nunca te fallaré. Jamás te abandonaré» (Hebreos 13:5). Luego, hay verdades generales que no son promesas inviolables: «Cuando la vida de alguien agrada al Señor, hasta sus enemigos están en paz con él» (Proverbios 16:7). En cualquier caso, ora y pídele a Dios su bendición de acuerdo a su voluntad para ti en Cristo Jesús.

Desde el punto de vista de lo que ha escrito, Dios está comprometido antes que nada con su Palabra, con su pacto. Él no está atado a lo que tú piensas. No está atado a lo que opinan los demás. Ni siquiera está atado a lo que sientes. No está atado a tus padres, a tu esposo, a tu jefe, a tu médico, a tus amigos, ni a nada; pero sí está atado a su Palabra. Es la única cosa con la que está completamente comprometido. Si aprendes a orar a Dios de acuerdo a tus derechos de pacto, lo verás abrir las puertas que creías que estaban cerradas, cerrar las puertas que se opongan a ti, derrotar a tus enemigos, vencer a tus demonios y llevarte rápidamente a tu destino. Verás al Rey intervenir a favor de las mujeres de su reino, las cuales oran las oraciones del reino.

Las crónicas de Chrystal

Yo necesitaba quinientos dólares. Luego de hacer la cuenta de todos mis gastos y de calcular cuánto podría ganar, seguía necesitando quinientos dólares.

A los diecinueve años, era una madre primeriza y soltera que estaba a la mitad del segundo año de la universidad y que trataba de resolver cómo hacer que los números encajaran para seguir en la facultad. Creo que puedo identificarme absolutamente con la viuda que recurrió al juez: vulnerable, expuesta y asustada. Sí, eso resume con exactitud cómo me sentía.

Había hecho todo lo que podía, según mis propios cálculos. Había buscado otro empleo, recortado los gastos y revisado los números más veces de las que recordaba. Cuando ya no tenía más fuerzas, decidí que mi única opción era orar para pedir un milagro.

¿Derechos? ¿Acaso tenía algún derecho? ¿Me alcanzaba el pacto de Dios en la situación en que yo estaba? ¿Podía clamar a Dios, basándome en su Palabra, y esperar que él me respondiera? Supuse que no había nada que perder con intentarlo, de manera que decidí probar.

Abrí mi Biblia e hice lo que muchas hacemos cuando necesitamos escuchar una palabra importante del Señor: dejé que el Libro cayera abierto, con la esperanza de que la palabra que necesitaba oír estuviera en esa página.

No tuve esa suerte.

Pero sí empecé a leer. Seguí leyendo simplemente porque me moría de ganas de escucharlo y estaba desesperada por insistir hasta conseguir lo que necesitaba. Finalmente, leí hasta llegar al pasaje que habla de la historia de David y Goliat, y sentí que esa historia era la indicada para mi pedido de oración.

A pesar de haber escuchado esa historia cientos de veces cuando era niña, debo haberla leído unas cinco veces aquel día en particular. Yo buscaba el mensaje de la historia, el mensaje de Dios para mí. Francamente, cuanto más la leía, ¡más confundida estaba! ¿Cuál era mi gigante? ¿Era el gigante que debía vencer quedarme en la facultad y tener fe en que Dios proveería y me daría la fuerza para terminar? ¿O el gigante era confiar en Dios, someterme al cambio que había en mi vida, irme a casa y volver a empezar?

Probablemente ya era de madrugada cuando, por fin, me levanté de la mesa de la cocina y me fui a la cama. Había leído el pasaje una y otra vez, había orado una y otra vez, había tomado nota de cada uno de los susurros de mi corazón sobre el asunto, pero seguía sin una respuesta clara.

Agotada, me acosté con las manos vacías.

Solo eran quinientos dólares. Muchos años después, puedo retroceder hasta esa noche de mi vida y sorprenderme por lo gigantesco que me parecía ese déficit de quinientos dólares. Si mi gigante era quedarme en la universidad, esa suma de dólares era la espada con la que tenía que matarlo. Y no tenía el arma en mi poder.

Mientras se acercaba el momento de tomar la decisión de volver a la facultad o de quedarme en mi ciudad natal, seguía pidiéndole a Dios los quinientos dólares necesarios para vencer al gigante que tenía frente a mí. Creía que el Dios que poseía el «ganado de mil colinas» (Salmo 50:10) podía encontrar la forma de vender un par de reses para mí. Muchas veces había repetido mi convicción de que «este mismo Dios quien me cuida suplirá todo lo que necesiten, de las gloriosas riquezas que nos ha dado por medio de Cristo Jesús» (Filipenses 4:19). Así como Gedeón había desplegado su vellón, desplegué mis deseos delante del Señor y esperé que él me diera una respuesta definitiva.

Él respondió.

Al último momento, llegó en el correo una carta dirigida a mí de una persona desconocida. Abrí la carta y de ella cayó un cheque por quinientos dólares.

No es broma. De verdad. Exactamente quinientos dólares.

Confieso sinceramente que la oración todavía es una de las disciplinas espirituales más difíciles para mí.

Fiel a su costumbre, la bendición de Dios no se detuvo ahí. Siguió bendiciéndome «mucho más de lo que pudiéramos pedir o incluso imaginar» (Efesios 3:20). A decir verdad, este obsequio monetario inicial fue el primero de muchos que Dios me envió a través de una preciosa familia a lo largo de mi etapa universitaria, hasta que me gradué.

Ahora bien, probablemente supongas que con semejante respuesta a una oración de esta naturaleza pasé a convertirme en una guerrera de oración a prueba de fuego. Me da vergüenza decir que este no es el caso. Confieso sinceramente que la oración todavía es una de las disciplinas espirituales más difíciles para mí. A pesar de que sin duda alguna creo en el poder de la oración, todavía tengo la tendencia a gastar mucha energía tratando de ejercer mi propio poder en una situación, antes de que se me cruce por la cabeza acceder al poder de Dios mediante la oración.

El mundo en el que vivimos nos estimula a ser todo, a tenerlo todo y a hacerlo todo. Como mujeres modernas nos dicen que podemos ser la solución y la quintaesencia de cualquier situación que enfrentemos. Se nos anima a sentirnos orgullosas de nuestro poder, a aprovechar al máximo nuestra mente y a utilizar todas las oportunidades que se nos presenten. Somos producto de la generación «hágalo usted mismo», de la cultura «simplemente, hazlo» y de la filosofía de lograr objetivos. Se supone que la mujer actual es independiente, autosuficiente y, básicamente, interesada.

Sin embargo, cuanto más vivo, más me empuja Dios hacia él con gracia, animándome a dejar mis preocupaciones a sus pies. Cuanto más vivo, más oportunidades tengo de ver claramente que necesito la guía soberana y la intervención de Dios. Cuanto más vivo, mayor es mi visión sobre mis propias debilidades e imperfecciones. Cuanto más vivo, más tiempo tengo para aprender que el control no es más que una ilusión y que Dios es la única fuente infalible de seguridad, consuelo y garantía. Cuanto más vivo, más llego a entender que, como la viuda, Dios es lo único que tengo y la oración es una de las maneras con las que demuestro mi dependencia de él.

Si bien la oración de emergencia tiene su lugar, esa clase de oración solo puede sustentar una relación superficial con el Padre. He ejercitado una buena cuota de oraciones de emergencia y tengo la bendición de saber que Dios, en su soberanía, responde. Sin embargo, a medida que pasan los años estoy aprendiendo que mis oraciones del alma son las que producen el beneficio más dulce. Esas oraciones ofrecidas en sacrificio a mi Salvador, como si las compartiera con una amiga, son espontáneas y no son estresantes, ¡y me encanta cuando él las contesta! No hay nada mejor que cuando el Padre me concede el deseo de mi corazón simplemente porque puede y porque me escucha cuando comparto con él lo que hay en mi alma.

La oración es una conversación, una actitud, un estilo de vida. Puede tomar diferentes formas: verbal o escrita, silenciosa o ruidosa, de rodillas o de pie. Es el acto de aprovechar las oportunidades permanentes que tengo de mostrar mi confianza en la capacidad de escuchar, comprender y liberar que tiene el Salvador. La comunicación vertical con propósito es el acto de obrar con la fe de que el Dios en el que digo que creo está presente y plenamente activo. La oración me permite hablar con mi Amigo.

Este intercambio se hace más fluido en la medida que entiendo más a Dios, y entiendo más a Dios en la medida que resueltamente llego a conocerlo más, leyendo la Carta que él me escribió. En este intercambio, en el cual yo le hablo con mi boca, con mis pensamientos o con mi corazón, y en el cual él me habla a través de su Palabra, de su Espíritu, o de ese suave susurro, puedo obrar en completa confianza de que sus promesas realmente me incluyen y de que puedo depender de él.

La oración no es solamente para las emergencias o para cuando necesitamos dar un gran paso adelante. La oración es el milagro cotidiano en el cual el Dios del universo elige hablar con nosotros, y en este fenómeno casi inconcebible, descubrimos que podemos acercarnos «con toda confianza al trono de la gracia de nuestro Dios. Allí recibiremos su misericordia y encontraremos la gracia que nos ayudará cuando más la necesitemos» (Hebreos 4:16).

Ora porque puedes. Ora porque debes hacerlo. Ora porque al Dios en el que crees le encanta, cada día, tener una conversación contigo.

La conversación

La vida cristiana sin oración es como manejar un automóvil con el tanque de combustible casi vacío. Manejas con la reserva, esperando llegar a tu destino antes de que el auto jadee y se detenga. De la misma manera, muchos de nosotros tratamos de vivir sin la oración, porque pensamos que podemos salirnos con la nuestra; eso, hasta que terminamos averiados al costado del camino.

Muchos de nosotros tratamos de vivir sin la oración, porque pensamos que podemos salirnos con la nuestra.

La realidad es que muchos tenemos dificultades con la oración. Leemos la historia de la viuda y del juez injusto y vemos cómo Cristo enuncia claramente que Dios escuchará y contestará nuestras oraciones. Y aun así descuidamos esta área crucial de la vida. Supongo que es difícil hablarle a alguien que no puedes ver y que no te contesta con una voz audible. Es difícil tener fe.

Muchas veces vemos a la oración como el himno nacional que se canta antes de un partido de béisbol: es lo que pone en marcha el juego, pero realmente no tiene mucho que ver con lo que está pasando en el campo. Oramos cuando comenzamos el día, o esporádicamente, pero la oración no tiene un gran papel en nuestra vida cotidiana.

No somos los únicos creyentes que luchan con la oración. Los discípulos de Jesús le pidieron que les enseñara cómo orar porque no sabían. Le hicieron algunas de las mismas preguntas que nos hacemos nosotros: ¿De qué manera nosotros, como seres físicos, nos comunicamos con el Dios invisible? A decir verdad, ¿por qué tenemos que hacerlo siquiera?

Jesús contestó sus preguntas en Mateo 6–7. Jesús mostró cómo debemos orar y también cómo no debemos orar. Las precauciones que él enumeró son cosas a las que tenemos que estar atentos, porque arruinarán nuestra vida de oración. De hecho, Jesús nos da el Padre Nuestro como un patrón o un modelo de comunicación reverente y eficaz con Dios.

Orar con frecuencia

Lo primero que Jesús quiere que sepas es que debes orar con frecuencia. Se espera que si eres una seguidora de Jesucristo —y no solamente una cristiana, sino una discípula—, la oración sea algo habitual en tu vida.

La *oración* se define como «la comunicación del creyente con Dios a través de la persona de Cristo y apoyada por la obra del Espíritu Santo». En el corazón de la oración está la comunicación relacional con Dios. Hay una diferencia entre hablar y comunicarse. Cuando oras, no hablas contigo misma, sino con el Dios santo. Él tiene que estar en tu mente, ser el foco de tu atención y el objeto de tu comunicación.

La oración solamente es posible a través de Cristo; la única razón por la que podemos llegar a Dios es porque la sangre de Cristo nos abrió la puerta. Jesús dijo: «Yo soy el camino, la verdad y la vida» (Juan 14:6). Él es el punto de acceso. No podemos entrar en la presencia del Dios santo como personas pecadoras. El acceso debe ser provisto a través del Hijo. Por eso es que oramos en el nombre de Jesús. La Biblia nos dice en Hebreos 10:19-22 que tenemos acceso por la sangre de Cristo. Su muerte cumplió con las exigencias del Dios santo. Hebreos 4:16 dice que nos acerquemos con toda confianza al trono de la gracia y que entremos en su presencia. Podemos caminar hasta su trono. Con total confianza podemos decir: «Aquí estoy, Señor; Jesucristo me dejó entrar».

La oración debería ser una parte habitual de nuestra vida porque es fundamental para nosotros. Quizás te estés preguntando: «¿Por qué tengo que orar?». Hebreos 11:6 lo plantea así: «Sin fe es imposible agradar a Dios. Todo el que desee acercarse a Dios debe creer que él existe y que él recompensa a los que lo buscan con sinceridad». La oración es una manera de expresar fe, y sin fe, no podemos agradar a Dios. Aunque seas débil en la fe, de todos modos ora, porque invocar el nombre de Dios es un acto de fe que, a su vez, fortalecerá tu fe. Recurre a Dios a pesar de que no puedas verlo físicamente y de que no te conteste audiblemente. Confía que él está ahí porque la Biblia lo promete. Eso fortalecerá tu fe.

Ora con sinceridad

Cuando oramos, Jesús dice que debemos, además, orar con sinceridad:

«Cuando ores, no hagas como los hipócritas a quienes les encanta orar en público, en las esquinas de las calles y en las sinagogas donde todos puedan verlos. Les digo la verdad, no recibirán otra recompensa más que esa». (Mateo 6:5)

Esto está de acuerdo con Mateo 6:1:

«¡Tengan cuidado! No hagan sus buenas acciones en público para que los demás los admiren, porque perderán la recompensa de su Padre, que está en el cielo».

Si oras por el aplauso de la gente, te pierdes el aplauso del cielo. Si oras para que te escuchen las personas y no para comunicarte con Dios, no te estás comunicando *con* Dios.

Jesús aclaró en esos versículos que los fariseos no eran ejemplos de oración; eran hipócritas. *Hipócrita* es una palabra muy visual que, literalmente, quiere decir «usar una máscara». Como los actores que interpretan un papel, los fariseos oraban para que los demás vieran su «santidad».

En tiempos de Jesús, los judíos oraban tres veces al día: a las tres de la tarde, a las seis de la tarde y a las nueve de la noche. Cuando llegaba el momento de la oración, los hipócritas iban a los lugares más atestados del barrio: los mercados, las esquinas, cualquier lugar donde los demás pudieran observar su devoción religiosa. Jesús les dijo a sus seguidores que hicieran lo opuesto. Dijo que no oráramos como si estuviéramos en un escenario, usando palabras extravagantes. En la oración, la elocuencia puede impresionar a los hombres, pero no tiene poder en el cielo.

En la oración, la elocuencia puede impresionar a los hombres, pero no tiene poder en el cielo.

Ora en secreto

La tercera precaución que nos da Jesús con respecto a la oración es que debemos orar en secreto:

> «Tú, cuando ores, apártate a solas, cierra la puerta detrás de ti y ora a tu Padre en privado. Entonces, tu Padre, quien todo lo ve, te recompensará». (Mateo 6:6)

Tu verdadera fe resplandece cuando estás sola. Si pasas más tiempo tratando de impresionar a los demás del que pasas comunicándote con Dios en tus oraciones privadas, tus prioridades espirituales están fuera de lugar.

Jesús nos dice que oremos en secreto, pero con eso no quiere decir que no debemos orar en público. En la Biblia hay una gran cantidad de oraciones públicas. Por ejemplo, en 1 Timoteo 2:8, Pablo le dijo a los hombres de la iglesia que «oren con manos santas, levantadas a Dios». Jesús también oró en público. Él no estaba condenando la oración pública, sino que estaba diciendo que si un hombre ora en público, también debe tener una vida de oración en privado. Está mal mostrar una fachada en la iglesia los domingos y los miércoles para hacerle creer a las personas que quieres estar en la presencia del Señor, cuando no te has comunicado con Dios ni te has acercado a él en toda la semana. Lo que haces en secreto revela quién eres realmente.

Cuando Jesús nos ordena que oremos en secreto, quiere decir que debemos dejar afuera todas y cada una de las cosas que puedan distraernos de pasar tiempo con el Señor. Nos dice que literalmente cerremos la puerta, porque nos distraemos muy fácilmente. Dios es espíritu y por lo común no usa una voz audible para comunicarse con sus seguidores, por lo que realmente nos cuesta hablar y escuchar en fe. Debemos eliminar esas distracciones para que Dios pueda conectarse con nosotros a través del Espíritu Santo.

Tal vez pienses que es aburrido estar sola en una habitación, sin ningún ruido, solo tú y Dios; pero una vez que el Espíritu te conecte en soledad con su presencia, entenderás lo que escribió David en los Salmos: tenderse en la cama, en la presencia de Dios, y que Dios lo llene y lo envuelva. Esos son momentos poderosos a solas con el Creador.

Ora pensativamente

Además, cuando oramos, Jesús dice que tenemos que orar con atención. Mateo 6:7 dice: «Cuando ores, no parlotees de manera interminable como hacen los seguidores de otras religiones. Piensan que sus oraciones recibirán respuesta solo por repetir las mismas palabras una y otra vez». Esta precaución es inquietante. Cuando leo esto, recuerdo que cuando era niño, mi madre solía pedirme que orara antes de comer, pero me daba mucha rabia que me lo pidiera los días que comíamos pollo frito. Oraba con los ojos abiertos, buscando la porción perfecta de pollo que iba a saciar mi hambre. Antes de terminar la oración, ponía las manos directamente en el borde de mi plato, para estar así más cerca y poder agarrar la mejor porción del pollo. No pensaba en Dios; pensaba en el pollo. Tenía que terminar con la oración y terminar con Dios para conseguir ese pollo. ¿Acaso no es la actitud que tenemos la mayoría de las veces? Queremos apurarnos y orar para poder pasar a la comida, a la reunión o a lo que sea que venga a continuación en el programa.

Entonces, ¿cómo rompemos con el modelo de la repetición sin sentido? Debemos conocer más al sujeto (Dios) y tomar esa información para que influya en nuestra vida de oración.

Queremos apurarnos y orar para poder pasar a lo que sea que venga a continuación en el programa.

Cuanto más conocemos a alguien, más tenemos para hablar con esa persona. Cuando aprendas algo sobre Dios a través de la Escritura o en la iglesia, deja que eso influya en tu oración.

Ora específicamente

Por último, examinemos Mateo 7:7. Jesús dijo: «Sigue pidiendo y recibirás lo que pides; sigue buscando y encontrarás; sigue llamando, y la puerta se te abrirá». Para pedir hay que tener humildad, porque significa que tienes que recurrir a él y solicitar algo. Luego, Jesús continuó diciendo:

> «Pues todo el que pide, recibe; todo el que busca, encuentra; y a todo el que llama, se le abrirá la puerta. Ustedes, los que son padres, si sus hijos les piden un pedazo de pan, ¿acaso les dan una piedra en su lugar? O si les piden un pescado, ¿les dan una serpiente? ¡Claro que no! Así que si ustedes, gente pecadora, saben dar buenos regalos a sus hijos, cuánto más su Padre celestial dará buenos regalos a quienes le pidan». (Versículos 8-11)

El pescado y el pan, como mencionó Jesús en estos versículos, eran la dieta normal de todos los días para una persona judía. Dios se preocupa por el «pescado» y el «pan» de nuestra vida cotidiana: por los incidentes comunes de todos los días, por los sentimientos de nuestro corazón y por los detalles de nuestros pensamientos. No quiere saber de nosotros solamente cuando tenemos problemas graves. Él quiere escuchar todas nuestras preocupaciones y alabanzas, grandes y pequeñas. Si te relacionas con Dios solamente durante los grandes problemas de tu vida, lo conviertes en un solucionador de problemas tipo emergencias del 911, y solo te relacionarás con él de vez en cuando. En cambio, si te comunicas con él en los momentos del «pescado» y del «pan» de tu vida, harás caso de la instrucción de 1 Tesalonicenses 5:17: «Nunca dejen de orar».

En realidad, cuando el versículo habla de alguien que pide un pescado o una hogaza, estos son artículos legítimos que forman parte de las necesidades diarias. El pescado y la hogaza de pan representan las cosas que podemos esperar que Dios provea. A Dios le preocupan tus necesidades. Preséntale tus pedidos normales, pero también confía que él puede hacer más de lo que podrías esperar. Él es Dios de lo ordinario, así como de lo extraordinario.

Alábalo cuando tienes comida en la mesa. Alábalo cuando abre el mar Rojo. Alábalo cuando tienes ropa para ponerte. Alábalo cuando saca el agua de la roca y te da el maná de lo alto. Alábalo cuando tienes combustible en el tanque. Alábalo cuando el médico te dice que tu enfermedad está sanada. Alábalo por eso, pero también alábalo porque hoy no te ha pasado nada malo. Alábalo porque provee para tus necesidades básicas. Alábalo por el «pescado» y el «pan». Alábalo por lo habitual y, ¿sabes qué? Podrás contar con él para lo extraordinario.

La oración es un canal multifacético de comunicación con Dios. Cuando la combinas con los principios de la parábola de la viuda y del juez injusto —recurrir a Dios apoyándote en su Palabra y en tus derechos legítimos otorgados por el nuevo pacto—, puede ser también una herramienta poderosa para ayudarte a alcanzar la plenitud de tu destino como mujer del reino.

PARTE III

EL FRUTO DE UNA MUJER DEL REINO
~ LAS POSIBILIDADES ~

9

❧

UNA MUJER DEL REINO Y SU VIDA PERSONAL

Siempre que me preguntan cuál es mi cita favorita de todos los tiempos, respondo con las palabras profundas de Corrie ten Boom, autora de *El refugio secreto* y sobreviviente en un campo de concentración de la Segunda Guerra Mundial: «No hay una fosa tan profunda que el amor de Dios no sea más profundo aún».[1] Corrie no solo conoció el intenso sufrimiento humano, sino que, además, vivió una vida en la que Dios era la prioridad por sobre todas las cosas. Tuvo la capacidad de alcanzar la paz de Dios en medio de un sufrimiento inconcebible.

Muchas veces, el sufrimiento es parte del pavimento del camino de la fe y de la madurez espiritual. No todos los que salen a andar por este camino viajan a la misma velocidad ni llegan al mismo destino. Creo que la respuesta está ligada a la capacidad que tenga cada mujer, no solo de aceptar, sino de cooperar con la receta de Dios para fructificar, aun en los momentos de sufrimiento. Su receta se encuentra en Juan 15 e implica el proceso de podar, permanecer y, por último, de dar fruto.

El proceso de dar fruto

Jesús y sus discípulos se reunieron en el aposento alto de Betania para compartir su última comida juntos antes de la crucifixión. De camino a la ciudad, la ruta los llevó a través del valle de Cedrón. Cedrón era el mundo perfecto para el productor de uvas, con sus fértiles viñedos que florecían por todas partes.

Tal vez, cuando Jesús observó las deliciosas uvas que crecían en estas pro-líficas vides, se le ocurrió usar esas imágenes para una de sus enseñanzas más conmovedoras. En Juan 15:1-11 él le dijo a sus discípulos:

> «Yo soy la vid verdadera, y mi Padre es el labrador. Él corta de mí toda rama que no produce fruto y poda las ramas que sí dan fruto, para que den aún más. Ustedes ya han sido podados y purificados por el mensaje que les di. Permanezcan en mí, y yo permaneceré en ustedes. Pues una rama no puede producir fruto si la cortan de la vid, y ustedes tampoco pueden ser fructíferos a menos que permanezcan en mí.
>
> »Ciertamente, yo soy la vid; ustedes son las ramas. Los que permanecen en mí y yo en ellos producirán mucho fruto porque, separados de mí, no pueden hacer nada. El que no permanece en mí es desechado como rama inútil y se seca. Todas esas ramas se juntan en un montón para quemarlas en el fuego. Si ustedes permanecen en mí y mis palabras permanecen en ustedes, pueden pedir lo que quieran, ¡y les será concedido! Cuando producen mucho fruto, demuestran que son mis verdaderos discípulos. Eso le da mucha gloria a mi padre.
>
> »Yo los he amado a ustedes tanto como el Padre me ha amado a mí. Permanezcan en mi amor. Cuando obedecen mis mandamientos, permanecen en mi amor, así como yo obedezco los mandamientos de mi Padre y permanezco en su amor. Les he dicho estas cosas para que se llenen de mi gozo; así es, desbordarán de gozo».

Como los discípulos eran judíos, es probable que hayan recordado el Salmo 80:8, en el que Israel fue comparado a una vid trasplantada por Dios de Egipto a la Tierra Prometida. Había un solo problema con esta vid trasla-dada: producía uvas agrias. En vez de crecer como Dios lo planeó, los judíos se dejaron llevar por su propia religiosidad. Entonces vino Jesús. «Amigos —les dijo—, yo soy lo verdadero. Quizás crean que ya han visto otras vides antes; pero no han visto nada como yo. Y luego, está mi Padre; él es el viticultor. Él cuida la vid». En este viñedo, nos han presentado a la vid y al viticultor. En el versículo 2, Jesús pone su atención en las ramas de la vid. Ahí es donde entras tú.

Sin embargo, antes de explorar de qué se trata ser una rama, fijémonos un poco en qué quiso decir Jesús con «los que permanecen en mí». Para dar un ejemplo de lo que quiero decir, lo único que necesito es referirme a la institución del matrimonio. Cuando te casas, entras a una relación orgánica; tú y tu cónyuge se convierten en una carne. No obstante, como muchos sabemos, el hecho de haber dicho «Sí, quiero» no produce automáticamente una relación matrimonial íntima y gratificante. En la sala de tu casa no revolotean chispas de amor por el simple hecho de que uses el anillo de casada. Es rotundamente posible, y muy frecuente, estar casada y ser desdichada.

La meta del matrimonio, entonces, es mucho más que unir a dos personas.

La meta del matrimonio, entonces, es mucho más que unir a dos personas. El matrimonio es una unión de pacto hecha para fortalecer la capacidad de cada miembro de la pareja de llevar a cabo el plan de Dios para su vida. Cuando Jesús habló de ser una rama «en mí», no aludía a aquellos que solamente lo conocen. Se refería a las personas que permanecen en una unión intencional con él, enfocadas en el mismo propósito de dar gloria a Dios y a su reino.

La poda

El cambio de no producir fruto a producir algo es un paso importante. No obstante, es solo el principio. Una vez que empiezas a reflejar el carácter de Cristo, quien estableció su residencia dentro de ti cuando fuiste salva, Dios acelera los cambios. Empieza a podar tus ramas con la esperanza de producir más fruto. La poda, para nuestros propósitos, tiene que ver con quitar las distracciones no deseadas que tienden a robarle a las ramas los nutrientes que reciben de la vid.

En la jerga del viticultor, estas distracciones se llaman *chupones*: pequeñas ramas que crecen donde se cruza la vid con las ramas. A medida que crecen, comienzan a hacer exactamente lo que su nombre indica: succionar la savia que lleva vida desde la vid a la rama. En poco tiempo, la rama se desnutre y, finalmente, muere; todo porque se permitió que el chupón consumiera lo que originalmente era para la rama. Es por eso que toda viticultora digna de su tijera podadora corta esos chupones tan pronto como los descubre. Cuanto antes sean quitados, menos daño causarán.

Todas las mujeres del reino tienen que lidiar con chupones de uno u otro tipo. Algunas tienen amigas que se podrían describir así. A pesar de que empiezas con la intención de influenciarlas, ellas terminan influyéndote más a ti. En lugar de acercarte a Dios, te tientan para alejarte y te privan del alimento vivificante que produce una íntima comunión con el Padre. Los artefactos inanimados como los televisores, los iPods y los teléfonos inteligentes pueden convertirse en chupones si dejas que te succionen el tiempo y la atención que, de otra manera, le dedicarías a Dios.

Cuando dejamos que nuestras prioridades se alteren, podemos estar seguros de que vendrá una poda. Dios no se quedará al margen observando cómo alguna cosa le chupa la vida a una rama potencialmente fructífera. Una de las características interesantes de las distracciones es que pueden ser cosas buenas en sí mismas. Las distracciones no siempre son cosas negativas que van en desmedro de lo que es bueno. Muchas veces, son cosas buenas que nos alejan de las que son mejores. La historia bíblica de Marta y María hace énfasis en este punto.

Mientras Jesús viajaba de una ciudad a otra compartiendo el evangelio, entró en cierta aldea donde vivían dos mujeres, Marta y María. A pesar de que Jesús estaba con sus discípulos —y todo el mundo sabe que si invitas a trece predicadores a tu casa, significa que tienes que preparar una comida bastante grande—, Marta se puso personalmente a disposición de Jesús y de su equipo para la cena.

Sin embargo, en plenos preparativos para esta enorme comida, surgió un conflicto entre las dos hermanas. Aparentemente, María había empezado a ayudar en la cocina, pero había terminado sentada a los pies de Jesús, cautivada por lo que él estaba diciendo. Todo esto lo sabemos por lo que Marta le dijo a Jesús: «Pero Marta estaba distraída con los preparativos para la gran cena. Entonces se acercó a Jesús y le dijo: "Maestro, ¿no te parece injusto que mi hermana esté aquí sentada mientras yo hago todo el trabajo? Dile que venga a ayudarme"» (Lucas 10:40).

La respuesta de Jesús a Marta nos da una de las apreciaciones más importantes en nuestra relación con Dios. Él le dijo: «Mi apreciada Marta, ¡estás preocupada y tan inquieta con todos los detalles! Hay una sola cosa por la que vale la pena preocuparse. María la ha descubierto, y nadie se la quitará» (versículos 41-42).

En su declaración, Jesús aseguró que María había elegido lo mejor. Las cosas que distraían a Marta no eran cosas malas. A decir verdad, eran cosas buenas que estaba haciendo *para* Jesús. No obstante, esas mismas cosas que Marta estaba haciendo *para* Jesús la distraían *de* Jesús.

Marta no había desobedecido a Dios por dedicarse a los preparativos de la cena, pero se había involucrado tanto en ellos que se había excluido de pasar tiempo con Cristo. Básicamente, su agenda estaba más ocupada en cocinar que en estar con su Salvador.

Muchas veces, cuando las mujeres me consultan para que las aconseje sobre las luchas que tienen en sus vidas, no es a causa de un pecado recurrente. Ni tampoco porque sean malas personas. La mayoría de las veces, los problemas surgen por la sobreabundancia de cosas buenas que intentan hacer en simultáneo, lo cual lleva a que sus prioridades se desalineen.

Esas mismas cosas que Marta estaba haciendo para Jesús la distraían de Jesús.

Otro problema que suele presentarse es el mismo que le pasó a Marta. Es fácil echarle la culpa a Dios cuando las cosas se vuelven caóticas, aunque ese caos sea el resultado directo de tener demasiadas actividades y prioridades desalineadas. Marta dijo: «Maestro, ¿no te parece injusto...?». Básicamente, Marta acusaba a Dios de que a él no le importaba que ella trabajara tanto en la cocina. Es importante no culpar a Dios cuando tus propias distracciones se acumulan y te plantean desafíos. El problema de Marta no era el Señor. A decir verdad, el problema de Marta no era ni siquiera María.

El problema de Marta era Marta.

Si pudiera parafrasear la respuesta de Jesús, podría haber sido algo como: «Cambia el menú, Marta. Si preparar un banquete te va a mantener lejos de mí, haz un simple guiso». La vida atareada de Marta no solo la alejaba de Jesús, sino que también interrumpía la intimidad con su hermana, María. Quién sabe de cuántas otras cosas o relaciones la mantenía también alejada su enfoque atareado.

En tu vida personal como mujer del reino es esencial mencionar que en las cosas buenas de la vida deberías tratar de no perderte las cosas importantes. Muéstrame tu agenda y te mostraré tus prioridades. Tu manera de programar el tiempo, así como tus recursos, demuestra qué es lo verdaderamente importante para ti.

Si no le dedicas tiempo a cultivar tu relación con el Salvador, no es porque no tengas el tiempo. Es porque la relación no es prioritaria para ti. Cualquier cosa que esté en primer lugar en tu vida, encontrarás el tiempo para hacerla.

Cuando nuestra vida está profundamente enredada en las cosas que nos alejan de Dios, muchas veces él usa esa oportunidad o esa situación para podarnos. Déjame remarcar algo que probablemente hayas notado. La poda duele. Hay que reconocer el hecho de que, cuando Dios empieza a quitar partes de tu vida, el proceso no es para nada agradable. Cuanto más brotes haya que podar, más doloroso será el proceso. ¿Es Dios sensible a tu sufrimiento? Por supuesto. No obstante, Dios tiene en cuenta el malestar a corto plazo contra el beneficio a largo plazo.

Recuerdo especialmente un viaje al médico cuando mi hijo Anthony todavía era muy pequeño. Anthony había pescado un virus y necesitaba una inyección para recuperarse. El médico entró en la sala esgrimiendo una aguja que a mi hijo debió parecerle tan grande como un bolígrafo. «Date vuelta e inclínate», le ordenó el doctor. Anthony me miró con una expresión consternada y lastimosa y me dijo: «Papi, no dejes que me haga eso. ¡Me va a lastimar! ¡Paaapiii!».

En ese momento, tuve que recordar que el beneficio a largo plazo importaba más que el miedo y el dolor de Anthony a corto plazo. A pesar de lo que me decían mis sentimientos, ser un buen padre significaba animar a Anthony mientras él recibía su inyección. Tuve que sujetar a mi hijo para que le aplicaran la inyección. Soportar el proceso de poda es muy parecido a enfrentar la aguja, y la vida está llena de agujas.

Tenemos dos opciones frente a nosotros. Podemos salir corriendo de la sala para evitar las agujas, o podemos ir corriendo a nuestro Papi celestial. Ahora bien, es posible que nuestro Padre nos mantenga en la sala, pero solamente porque él sabe que necesitamos la aguja.

Las mujeres solteras

La historia de Marta y de María es una transición excelente a un aspecto importante de ser una mujer del reino que hoy en día se aplica a una gran cantidad de mujeres. Es el área de ser una mujer soltera del reino. En el pasaje sobre Marta y María no hay nada que nos lleve a pensar que alguna de ellas estuviera casada. En la cultura bíblica, la mujer solía ser presentada en relación a su condición familiar, ya sea que fuera *la esposa de* o *la madre de*.

Sin embargo, a estas dos mujeres ni una sola vez las vemos asociadas a esposo o a hijos, y por eso, el hecho de que María descansara a los pies de Cristo es más relevante de lo que podemos imaginar. Si María hubiera tenido que atender a su familia y a sus hijos, tal vez no hubiera experimentado el lujo de tener tanto tiempo ininterrumpido en la presencia de Cristo. Ser una mujer soltera en el reino tiene sus beneficios espirituales. Incluso Pablo tomó nota de eso cuando le habló a los solteros; pronto lo analizaremos.

A menudo, en la iglesia se le da un mayor énfasis al matrimonio, como debería ser. El matrimonio es una institución divina creada por Dios para cumplir con el mandato de su dominio en la tierra. Muchos de los programas eclesiásticos y aun los estudios bíblicos apuntan a las parejas casadas. Sin embargo, no creo que se ponga suficiente énfasis en el valor y en la importancia que tiene la soltería.

Ser una soltera cristiana es un llamado único y enaltecido. Las Escrituras no han dejado de lado el tema y, en este capítulo sobre la mujer del reino y su familia, quiero estar seguro de que nosotros tampoco lo dejemos de lado. Con los años he encontrado a solteras

Ser una soltera cristiana es un llamado único y enaltecido.

que caen en una de dos categorías. Están frustradas por esperar lo que creen que es su verdadero propósito —la relación matrimonial—, o se abalanzan prematuramente a relaciones enfermizas, por lo que viven insatisfechas con lo que tienen.

Incluso Pablo alienta a las solteras para que se den cuenta de que pueden, y deben, estar satisfechas y realizadas con su propósito superior. Pablo escribió con franqueza: «Si te casas, no es pecado; y si una joven se casa, tampoco es pecado. Sin embargo, los que se casen en este tiempo tendrán problemas, y estoy tratando de evitárselos» (1 Corintios 7:28). En esencia, en este capítulo, para Pablo, el matrimonio es igual a «problemas». Prosiguió explicando:

> Quisiera que estén libres de las preocupaciones de esta vida. Un soltero puede invertir su tiempo en hacer la obra del Señor y en pensar cómo agradarlo a él; pero el casado tiene que pensar en sus responsabilidades terrenales y en cómo agradar a su esposa; sus intereses están divididos. De la misma manera, una mujer que ya no está casada o que nunca se ha casado puede dedicarse el Señor y ser santa en cuerpo y en espíritu; pero una mujer casada tiene que pensar en sus responsabilidades terrenales y en cómo agradar a su esposo. Les digo esto para su propio beneficio, no para imponerles restricciones. Mi deseo es que hagan todo lo que les ayude a servir mejor al Señor, con la menor cantidad de distracciones posibles. (Versículos 32-35)

Una de las cosas que Pablo pone sobre el tapete es que en el matrimonio tienes obligaciones para con las expectativas y las necesidades de otra persona. No puedes ir adonde quieras, como hacías cuando eras soltera. No puedes hacer todo lo que quieras, como alguna vez hiciste cuando eras soltera. Todo lo que hagas debe pasar primero por el tamiz de la satisfacción de las necesidades de tu familia. Pablo ponía énfasis en la libertad de la soltería. Esta es un área que pienso que muchas solteras no aprovechan ni disfrutan al máximo porque desearían estar casadas. No obstante, si eres soltera, eres libre.

Pablo quiere que sepas que, como soltera, tienes la oportunidad única de maximizar la perspectiva celestial en la tierra. Cuando dejas que el cielo dicte tus actos y tus pensamientos de soltera, puedes convertirte en una de las mujeres más importantes y significativas del reino a disposición de Dios.

Desde el momento en que te distraes con la idea de que la soltería no es gratificante —o que deseas o que persigues un compañero, en lugar de esperar el plan de Dios para tu vida (ya sea que este incluya un compañero o no)—, dejas que la soltería interfiera con el propósito de Dios. De hecho, dejas que tu soltería interfiera con el reino de Dios y con tu bienestar, porque has elegido pasar el tiempo pensando en casarte, sintiéndote frustrada por no hacerlo o tratando de inventar la manera de hacerlo. Dios quiere que estés contenta con tu lugar de soltera. Tienes la oportunidad que no tienen las mujeres casadas de usar al máximo tus dones, habilidades, tiempo, tesoros y talentos para la gloria de Dios. No solo eso, sino que además tienes más tiempo para sentarte a los pies de Jesús, como lo hizo María, y desarrollar una relación profunda con el Salvador.

Cuando Dios hizo a Adán, Adán no tenía una esposa, pero tenía un propósito. Estaba tan ocupado con el propósito que Dios le había dado que ni siquiera fue él quien se dio cuenta de que estaba solo y de que necesitaba ayuda. Las Escrituras nos dicen que Dios se dio cuenta. Dios hizo a Eva y se la llevó a Adán. Adán no salió a buscar a Eva.

Bajo el nuevo pacto, no se trata de hombres o de mujeres en la ecuación del reino de Dios para promover su gloria en la tierra. Como soltera tienes un propósito, y Dios te ha dotado con el poder para cumplir tu llamado de soltera. Dios te traerá un compañero, como lo hizo con Adán, si esa es su voluntad. No tienes que salir a buscar uno. Lo que puedes hacer para vivir una vida satisfecha como soltera es concentrarte en el propósito que tienes como hija de Dios, como hija de su reino. Nunca te olvides de tu verdadero valor ni te conformes con menos que eso.

Un día, un hombre estaba comprando en una tienda de antigüedades, donde la dueña, una mujer, tenía una hermosa mesa a la venta. El precio de la mesa era seiscientos dólares, pero al hombre se le ocurrió hacer una oferta, así que le ofreció cuatrocientos dólares. Empezaron a conversar acerca de la mesa y ella le advirtió que no iba a aceptar nada menos que el precio de venta. El hombre insistió en el descuento, así que la comerciante comenzó a hablarle de todas las cualidades únicas que tenía esa mesa en particular.

La conversación continuó un rato. Entonces, el hombre le preguntó si estaría dispuesta a aceptar quinientos dólares. Ella le respondió: «No, hemos hablado tanto de esta mesa que me hizo recordar su valor. El precio ahora, señor, es de mil dólares».

Soltera del reino, vales mucho más de lo que te das cuenta. Eres una hija del Rey; has sido exclusivamente llamada y posicionada

Soltera del reino, vales mucho más de lo que te das cuenta.

para vivir consagrada a Dios como una de sus principales agentes para promover sus propósitos en la tierra. Este es un alto llamado y él te posibilitará para que lo vivas bien. Nunca olvides tu valor. Nunca te conformes con menos de lo que verdaderamente eres.

Permanecer

Hace varios años, la primera vez que prediqué a mi congregación en Dallas acerca de permanecer, quise ejemplificar la importancia vital que tiene el «permanecer» en Cristo, tal como dice Juan 15. Entonces, el sábado por la mañana arranqué una rama del árbol que hay enfrente de mi casa y la dejé en el porche. Luego, cuando estaba a punto de irme a la iglesia el domingo por la mañana, saqué una rama parecida del mismo árbol y subí con las dos ramas al púlpito. Cuando las levanté para que la congregación las viera, la diferencia era evidente. Las hojas de la rama del domingo por la mañana todavía estaban frescas y verdes, mientras que las hojas de la rama del sábado ya estaban secas y tenían los bordes marrones.

Eso es lo que sucede cuando una rama deja de «permanecer» en el árbol. Se aparta de su fuente de vida. Si no está conectada a la fuente de savia en el tronco del árbol (o de la vid), comienza a morir, aunque tal vez pasen varias horas antes de que se haga evidente.

Jesús dijo que la clave para ser un discípulo fructífero y productivo es permanecer en él, así como la rama «permanece» en la vid. Mientras lo hagamos, la savia de su Espíritu seguirá fluyendo a través de nosotros, y su carácter se colmará de flores en nuestras ramas que, al madurar, se transformarán en frutos deliciosos.

El problema para muchos de nosotros es que no somos buenos en permanecer. Nos mentimos a nosotros mismos para pensar que podemos sobrevivir apartados de la vid, pero no podemos. Si no permanecemos, no es más que una cuestión de tiempo que nuestras hojas empiecen a marchitarse, a secarse y a volverse marrones; entonces dejamos de tener la capacidad de producir cualquier tipo de fruto.

Un estudio informal, la «Encuesta sobre los obstáculos en el crecimiento», informó que los cristianos están demasiado ocupados como para permanecer. El estudio recogió información de unos veinte mil cristianos en alrededor de ciento cuarenta países. Más del 40 por ciento de los cristianos de todo el mundo dice que «frecuentemente» o «siempre» corren de una tarea a la otra. Seis de cada diez dicen que «frecuentemente» o «siempre» es verdad que una vida agitada les impide profundizar en su andar con Dios.[2] El principal problema aquí está en ponerle prioridades al tiempo para poder permanecer en Cristo. Permanecer no significa que hagas una visita de médico. Permanecer puede definirse como «pasar el rato». Implica una conexión continua y permanente mientras estés en la presencia de otro.

Recuerda que permanecer tiene sus beneficios: «Si ustedes permanecen en mí y mis palabras permanecen en ustedes, pueden pedir lo que quieran, ¡y les será concedido!» (Juan 15:7). Este versículo suele ser citado por ciertos predicadores inescrupulosos y contrarios a la Biblia que aparecen a medianoche en la televisión. Lo único que tienes que hacer es escribir para pedir esta tela especial para la oración o el frasquito con agua del río Jordán y, ¡listo!, tus oraciones, (no importa si son egoístas y contraproducentes) serán contestadas. No obstante, estos predicadores tienden a omitir la clave de este pasaje. No dice que simplemente pidamos. Dice que permanezcamos y que después pidamos: «Si ustedes permanecen en mí y mis palabras permanecen en ustedes...». El mundo está lleno de personas que piden, pero que no permanecen.

Cuando nos deleitamos en el Señor, su agenda se convierte en la nuestra.

El Salmo 37:4 dice: «Deléitate en el Señor, y él te concederá los deseos de tu corazón». ¿Ves la estructura de este versículo? Tiene la misma construcción si/entonces que acabamos de examinar: *si* te deleitas en el Señor, *entonces* él te dará los deseos de tu corazón. *Si* permaneces en él, *entonces* pídele cualquier cosa que desees. Cuando nos deleitamos en el Señor, su agenda se convierte en la nuestra. Sus prioridades son superiores a las nuestras. Tomamos nuestras decisiones en base a sus normas. Sus deseos se convierten en nuestros deseos.

Una mujer del reino que se deleita en el Señor puede desear una casa, un auto o alguna otra comodidad, pero orará así: «Señor, dame esta casa, auto o lo que sea para que pueda llegar a ser tuyo. Satisface mis necesidades para que yo pueda levantar tu reino». Es como si Dios dijera: «Si quieres mis bendiciones para poder levantar tu propio reino, no esperes demasiado. A mí solamente me interesa contestar las oraciones de las mujeres que se toman en serio ser productivas para mí».

Producir fruto

«Cuando producen mucho fruto, demuestran que son mis verdaderos discípulos. Eso le da mucha gloria a mi Padre» (Juan 15:8). Como en cualquier otro aspecto de tu vida, tienes que producir fruto para glorificar a Dios. Cuanto más fructífera eres, reflejas mejor la gloria de Dios y sobrecargas menos tu agenda con tus propios planes miopes.

Muchos de los observatorios del mundo todavía utilizan telescopios reflectores gigantes. Estos trabajan sobre un principio simple: un enorme espejo curvo recolecta la luz de las estrellas débiles y lejanas y la refleja nítidamente enfocada en un pequeño lente ocular. El poder reflector del espejo les permite a los astrónomos ver las maravillas del espacio. Tu productividad como mujer del reino te hace reflejar más la gloria de Dios y te permite focalizar con mayor eficacia su luz en un mundo oscuro y necesitado.

Hemos visto cuán necesario es permanecer en Cristo como el camino hacia la productividad; pero, en realidad, ¿cómo lo haces? Los versículos 9 y 10 contienen la respuesta: «Yo los he amado a ustedes tanto como el Padre me ha amado a mí. Permanezcan en mi amor. Cuando obedecen mis mandamientos, permanecen en mi amor, así como yo obedezco los mandamientos de mi Padre y permanezco en su amor».

Permanecer es cuestión de amor, no de obligación. El amor bíblico es una acción, no una emoción. Permaneces en el amor de Dios cuando guardas sus mandamientos. Sin obediencia, no puede haber permanencia. Sin permanencia, no puede haber fruto. Si no obedeces, no vale la pena orar tampoco. Si no obedeces, mejor que dejes de ponerte de rodillas, que descruces tus manos, que abras los ojos y te vayas de paseo. Haz lo que te guste, pero no necesitas orar. Jesús dijo que solamente quienes permanecen en él pueden esperar recibir lo que le piden. Sin embargo, si estás sumamente conectada con Jesucristo y comprometida en obedecerlo, a pesar de tus defectos y fracasos, no dudes en hablarle de lo que hay en tu corazón. Él se complacerá en concederte cualquier cosa que desees.

Es posible que digas: «Está bien, Tony, yo permanezco. Me he comprometido a obedecer, y cuando no llego a esa marca, confieso mi pecado, me arrepiento y vuelvo a ponerme en el modo permanencia. He estado orando por un tema los últimos tres años y no pasó nada. ¿Cómo te las arreglas desde el momento en que empiezas a permanecer y el momento en que llega la respuesta?».

Tengo buenas noticias para ti. Si permaneces, Dios te ha dado algo para hacer que la espera valga la pena: el gozo. «Les he dicho estas cosas para que se llenen de mi gozo; así es, desbordarán de gozo» (versículo 11). No te confundas; el gozo no es lo mismo que la felicidad. La felicidad es un sentimiento cálido y efervescente que tienes cuando todo anda bien. El verdadero gozo no tiene nada que ver con cómo estén yendo las cosas. El verdadero gozo es una cuestión de estado de ánimo, independientemente de cómo sea la situación. De hecho, el gozo en sí mismo es un fruto del Espíritu. El gozo tiene que ver con una capacidad interior de salir adelante dada por Dios. Puede producir paz en medio del pánico y calma en medio de la confusión.

En la víspera a su crucifixión, Jesús oró en el huerto para que la copa pasara de él. Al fin y al cabo, la felicidad no estaba asociada a la muerte en la cruz. Jesús estaba dispuesto a sufrir; no estaba ansioso por hacerlo. Muchos de nosotros oramos de manera similar. Tu «copa» específica puede ser un marido conflictivo, un empleador autoritario, un útero estéril, una cuenta bancaria vacía o un problema de salud crónico. Así como Dios no le quitó la copa a Jesús, él no quita muchas de nuestras dificultades. Entonces, ¿de qué manera sales adelante? De la misma manera que Jesús: «Debido al gozo que le esperaba, Jesús soportó la cruz» (Hebreos 12:2). Jesús decidió pasar por alto el sufrimiento y ver el propósito. La agonía y la vergüenza tenían un propósito.

Si estás totalmente comprometida con esta verdad, tendrás un mayor entendimiento para ver más allá de las circunstancias y percibir algo de la obra maestra que Dios está haciendo. Mientras sigas buscando el gozo en tu situación, lo mejor que puedes esperar son algunos breves momentos de felicidad. Algunos matrimonios, por ejemplo, no son felices, pero *pueden* estar llenos de gozo. No todos los empleos son ideales, pero pueden estar llenos de gozo. No todos los hijos se levantarán y te bendecirán, pero la experiencia de la crianza puede estar llena de gozo, siempre y cuando permanezcas y obedezcas.

No todos los hijos se levantarán y te bendecirán, pero la experiencia de la crianza puede estar llena de gozo.

Déjame darte otro ejemplo. Llevar un hijo enfermo al médico puede ser perturbador. El niño, obviamente, no se siente bien; eso es lo que provocó la consulta. Si te pasa que tú también estás enferma, la experiencia puede ser doblemente estresante, porque tu hijo, llorón e inquieto, se retuerce en el asiento de al lado, previendo lo que el médico puede llegar a hacer. Por ese motivo, yo estaba especialmente contento de ver que nuestro pediatra había armado un área de juego. Había bloques, rompecabezas, libros para colorear, crayones y autos de juguete. Había muchas cosas para mantener interesados y ocupados a mis hijos hasta que el doctor estuviera listo para vernos.

Amiga, sé que estás cansada de esperar. Durante mucho tiempo has esperado que el Señor haga lo necesario y te saque de tu desierto personal. Es posible que el médico todavía no haya anunciado tu turno. Sin embargo, Dios ha armado una sala que se llama «gozo», en la que puedes pasar el tiempo esperando con una sonrisa en el rostro.

El fruto del reino

Dios no se toma a la ligera que las ramas de su vid no produzcan fruto. Así que él levanta a las ramas caídas, las nutre y las saca del suelo, pero eso no es suficiente; él poda las ramas hasta que produzcan más fruto. Sin embargo, él aún no está satisfecho. No se conformará con menos que con una gran cantidad de fruto.

Las crónicas de Chrystal

Quiero ser una mujer del reino porque anhelo ser la mejor versión de mí que Dios tenía en mente cuando me creó. El problema es que el camino a la mejor versión de mí no siempre está rodeado de rosas. Hubo muchos momentos de dolor, y muchos momentos más de poda. Obviamente, con el paso del tiempo y con algunos años más en mi haber, puedo ver las bendiciones en las adversidades y en las pruebas. Puedo ver la mujer que era y la transición a la mujer en la que me estoy transformando. Estoy aprendiendo a amar todo: el pasado, el presente y la travesía.

Incluso ahora, mientras estoy escribiendo este libro junto a mi padre, mi familia ha pasado por unos meses complicados que terminaron siendo complicados para *mí*. En el transcurso de tres meses, mi esposo, Jessie, estuvo tres veces en el hospital. Cada vez, sentí la angustia que causa toda emergencia repentina. Cada vez, tuve que hacer el esfuerzo de mantener el ritmo de mis hijos y de dirigir mi casa mientras iba y venía del hospital. Cada vez, tuve que lidiar con el estrés de pensar en la carga económica que se estaba acumulando. Cada vez, el viaje a la sala de emergencias me enfrentó con la opción de confiar en Dios y de descansar en la bondad amorosa que tiene para conmigo y con mi familia, a pesar de las circunstancias.

La última visita al hospital fue durante un fin de semana, cuando nuestra iglesia tenía un evento para mujeres, un evento que yo tenía la responsabilidad de conducir. Después de una reunión en la iglesia el viernes por la noche anterior al evento, llegué a casa agotada y lista para meterme en la cama, y me encontré con que mi esposo no estaba bien y necesitaba ir al hospital. Estuvimos despiertos toda la noche en la sala de emergencias. Les dije a las mujeres que sirven conmigo en la iglesia, y que estaban disponibles para manejar las cosas en mi lugar, que me llamaran al celular si tenían alguna consulta. Luego de pasar toda la noche despierta, el teléfono empezó a sonar a las seis en punto de la mañana. El sábado fue largo. Largo, porque esperamos hora tras hora que las pruebas, los médicos y los medicamentos hicieran su parte. Largo, porque yo estaba virtualmente de guardia con el evento de mujeres que había en la iglesia. Largo, porque esas sillas de hospital no son cómodas. Además, al día siguiente, tenía que dirigir la alabanza y la adoración. Ahora, antes de que pienses que soy una santurrona o una supersanta, déjame que te diga qué pasaba por mi mente: *Dios, ¿lo haces a propósito?*

A estas alturas, Jessie se sentía terrible porque yo había tenido que dejar de hacer las cosas del ministerio para quedarme con él en el hospital. Le dejé muy en claro que él estaba en primer lugar y que era importante que yo estuviera con él para asegurarme de que se ocuparan de él y de recibir de primera mano la información de parte del médico. Mi esposo me dijo que quería que cantara el domingo en la mañana. El sábado en la tarde corrí a mi casa para ordenar las cosas a fin de prepararme para pasar otro día en el hospital. Por las dudas, puse también ropa para el domingo por la mañana.

Adelantémonos al domingo por la mañana. En la mañana muy temprano, el doctor nos dijo que no pasaría nada importante en el tratamiento de Jessie hasta la tarde. Jessie me suplicó que fuera a la iglesia.

Así que, sin que lo supieran la mayoría de los miembros de mi iglesia que me vieron ese domingo en la mañana, me vestí en el baño de un hospital, dejé a mi marido dormitando en su cama y fui a la iglesia. Canté en los dos cultos; oré en los dos cultos; lloré en los dos cultos; y luego manejé de regreso al hospital.

Ese fin de semana —y esos meses— no fue la clase de vida que imaginé cuando caminé por el pasillo y me comprometí a estar con él tanto en la dicha como en la adversidad. No obstante, ¿cuántas de nosotras llegamos a ver cumplido el sueño de una vida sin sufrimiento y sin problemas que teníamos cuando éramos adolescentes o jóvenes?

Crecemos, y así es la vida.

No podemos controlar lo que nos pasa.

A pesar de que, como mujeres, tendemos a pensar que nuestra vida sube y baja según las decisiones que tomamos, si llegamos a vivir lo suficiente nos damos cuenta de que tenemos más control sobre nuestras reacciones frente a lo que la vida nos pone por delante que sobre la creación de las situaciones que la vida nos ofrece. Chuck Swindoll lo expresa así:

Crecemos, y así es la vida. No podemos controlar lo que nos pasa.

> Cuanto más vivo, más cuenta me doy del impacto que mi actitud tiene sobre mi vida. Para mí, la actitud es más importante que los hechos. Es más importante que el pasado, que la educación, que el dinero, que las circunstancias, que los fracasos, que el éxito, que lo que otras personas piensen, digan o hagan. Es más importante que las apariencias, los dones o la destreza. Levantará o hará fracasar a una empresa... a una iglesia... a un hogar. Lo admirable es que cada día podemos elegir la actitud que asumiremos en respuesta a toda situación. No podemos cambiar nuestro pasado... no podemos cambiar el hecho de que la gente actúe en determinado modo. No podemos cambiar lo inevitable. Lo único que podemos hacer es usar la única arma que tenemos, y esa es nuestra actitud. Estoy convencido de que la vida está constituida por un 10 por ciento de lo que me ocurre y un 90 por ciento de cómo reacciono ante ello. Eso es también para ti... somos responsables por nuestra actitud.[3]

No me gusta el sufrimiento y no me gusta la poda, pero debido a que quiero lo mejor de Dios para mí, estoy abierta a lo que exija el crecimiento. Todos los días intento, aunque no de manera perfecta, tener una buena actitud hacia esos catalizadores.

Si alguna vez te sentaste junto a la cama de un ser querido que estaba en el hospital, eres capaz de comprender la espera angustiosa que hay hasta que el doctor llega sin previo aviso para dar alguna información sobre el diagnóstico y los pasos del tratamiento. Si alguna vez cuidaste a alguien, sabes que aunque hay muchas cosas que no puedes controlar, hay pequeñas cosas que pueden ayudarle a tu ser amado a pasar el día. Si alguna vez recibiste un diagnóstico sobre tu propia salud o la de alguien que te importa, conoces el dolor profundo de un corazón decepcionado que late fuertemente frente a las interrogantes y a lo desconocido.

Sin embargo, esto es lo que aprendí: esperar el informe del médico desarrolla la paciencia. Llevarle un vaso con agua fresca o levantarle la almohada a una persona demuestra bondad. Encontrar calma en medio de un mar de interrogantes indica paz. Todos estos son frutos del Espíritu y de una vida entregada a Cristo.

La poda. El sufrimiento. La búsqueda apasionada de Dios. Las tres cosas conducen a producir fruto en la vida de una mujer del reino.

No te equivoques. Yo no soy una supermujer. Solo soy una mujer que vivo mi vida aprendiendo a descansar y a permanecer en los brazos del Padre confiando en él a cada paso que doy, un paso por vez. Cuando lo hago así, encuentro gozo.

Una querida amiga me escuchaba mientras la ponía al día sobre mi familia y, específicamente, sobre la salud de mi esposo. Después de escucharme hablar sin parar sobre los hechos y sobre mis preocupaciones, su respuesta me tomó por sorpresa.

—Oh, Chrystal, ¡Dios está dándote un testimonio maravilloso!

—¿Eh? —Me asombré.

—Bueno, cariño, lamento que tengas que soportar esta temporada difícil, pero me alegra mucho por la persona en la que te convertirás, si dejas que Dios te muestre cómo usar tus lecciones de vida para su gloria. Dios está ocupado trabajando en escribir tu historia.

Hermana mía, Dios también está escribiendo tu historia. No sé qué estará permitiendo en tu vida para lograrlo, pero sí sé que él tiene un propósito y un plan para todas y cada una de las cosas que te ocurren. Además, también estoy segura de que, aun en los capítulos más oscuros, puedes encontrar gozo.

10

UNA MUJER DEL REINO Y SU VIDA FAMILIAR

Aunque se suele decir de los matrimonios que Dios los cría y ellos se juntan, nos olvidamos que algunos son trueno y relámpago. Se dice que Sócrates comentó: «Mi consejo es que te cases. Si encuentras un buen cónyuge, serás feliz; si no, te harás filósofo».

A menudo se idealiza el matrimonio y la familia, pero muchos han llegado a darse cuenta de que es muy fácil que se conviertan en una experiencia terrible cuando ambas partes no viven de acuerdo a los principios de Dios. La estadística general sobre los matrimonios indica que en Estados Unidos aproximadamente el 50 por ciento termina en divorcio, y una gran cantidad del otro 50 por ciento que permanecen juntos lo hacen por otras razones que no son la relación, tales como por conveniencia, por cuestiones económicas o por los hijos. Entonces, a partir de esa realidad, déjame que te haga una pregunta: si el 50 por ciento de los aviones se estrellara, ¿no serías más cuidadosa con respecto a volar?

Piensa en ello: si supieras que en Estados Unidos uno de cada dos aviones se estrella, investigarías con mucho cuidado antes de volar, porque no querrías acabar siendo una de esas víctimas. No obstante, aproximadamente uno de cada dos matrimonios termina en divorcio y sin embargo, seguimos teniendo personas que corren al altar a casarse, muchas veces, solo por la emoción. Tal como supuestamente hubiera bromeado Minnie Pearl, muy pronto ellos se dan cuenta de que «el matrimonio se parece mucho a una bañera de agua caliente, pues cuando te metes en ella, descubres que no es tan caliente como pensabas».

El conocimiento bíblico sobre la naturaleza y el propósito del pacto matrimonial es esencial para adoptar un ámbito familiar productivo. El matrimonio va mucho más allá de los sentimientos. Hay un llamado compartido para impactar al mundo en nombre del reino de Dios y para dar gloria a Dios en todo lo que se hace.

Cuando mis hijos vivían todavía en casa, una de mis tareas más preciadas era llevarlos todos los días a la escuela. Lo disfrutaba porque nos daba tiempo para estar juntos al empezar el día. Instauró la rutina de compartir lo que pensábamos temprano por la mañana, especialmente porque también compartíamos tiempo en el desayuno.

Ahora que todos ellos son adultos, no pasa un solo día en que no vea a alguno de ellos o a varios, o que hable con ellos por teléfono. Pienso que buena parte se dio por la costumbre de compartir tiempo en el desayuno, en el viaje al colegio, en las tareas escolares de la tarde y sentados a la mesa para la cena. Esos momentos establecieron un modelo de comunicación que hoy aún se mantiene.

Una de las cosas interesantes de llevar a tus hijos a la escuela es que siempre hay sistemas bastante elaborados para dejarlos. Tal vez lo hayas vivido. Cada vez que hay cientos de autos embotellados con el mismo objetivo y el mismo destino, pero provenientes de distintos lugares, es necesario un orden preciso para que ingresen y salgan en la mínima cantidad de tiempo. Hay carriles para los que llegan en auto, vías para los que llegan caminando, entradas y salidas.

No solamente eso, muchas veces, un policía se ubica en la calle para dirigir el tránsito. Ahora bien, no hay duda de que los autos son más fuertes que el policía. Son más grandes que el policía. Pueden ir más rápido que el policía. Incluso pueden dominar al policía. No obstante, apenas el policía levanta la mano, los autos frenan. Cuando el policía agita su mano, los autos se mueven. Los conductores hacen lo que el policía les indica que hagan. Eso se debe a que el policía ha recibido la autoridad para controlar lo que podría ser un caos si los cientos de automóviles trataran de llegar todos exactamente al mismo tiempo.

Dios responde

Otro ejemplo de caos es el 11 de septiembre. Ese día nos afectó a todos de manera diferente, pero lo que tenemos en común es que nos hizo tomar conciencia de un concepto desconocido, el terrorismo. También nos hizo más conscientes para valorar el tiempo que tenemos con nuestros seres queridos y con nuestra familia. Como nación, puso a Estados Unidos a la ofensiva contra el terrorismo, pero, a pesar de los esfuerzos por llevar la paz y la estabilidad a las áreas que carecen de ellas, los terroristas siguen tratando de crear caos. Ellos saben que si pueden mantener a flote el caos, pueden limitar el avance de la libertad y de la fortaleza en nosotros como país.

El diablo tiene el mismo objetivo en mente cuando se trata de que vivas una vida plena y llena de poder como una mujer del reino. Él trata de alterar el orden de las cosas para que no puedas encontrar orden, paz y armonía en tu progreso como mujer del reino. Es como si algunos vehículos decidieran hacer las cosas a su manera en los carriles de descarga escolar: no frenar cuando el oficial de policía levanta la mano, conducir por los carriles equivocados o contra el tráfico, no disminuir la velocidad. Cualquier alteración, hecha por unos pocos conductores —o incluso uno solo— provocaría un trastorno para todas las otras personas que tratan de dejar a los niños.

Satanás sabe que para anular tu capacidad de manejarte bien, tiene que trastornar el orden causando confusión y disensión en tu entorno. Sabe que todo

> ### Satanás sabe que todo lo que él pueda dividir, podrá dominar.

lo que él pueda dividir, podrá dominar. La razón por la que nos trastorna es porque sabe que Dios obra en un contexto de unidad. El diablo trata de eliminar a Dios de la ecuación dividiendo a quienes están bajo el dominio de Dios. Una de las principales maneras en las que Satanás busca hacer esto en la vida de una mujer es desordenar el alineamiento que Dios estableció.

Cuando Dios creó al hombre y a la mujer, estableció un alineamiento entre él mismo y ellos, así como entre los dos géneros. Eva fue creada como una compañera o una ayudante para Adán, quedando Adán en el puesto de máxima responsabilidad. Esto lo sabemos porque, a pesar de que fue Eva la que resultó engañada y comió el fruto primero, fue a Adán a quien Dios salió a buscar por el jardín para hacerlo responsable por sus actos. Dios no dijo: «Adán y Eva, ¿dónde están ustedes?». Dios dijo: «Adán, ¿dónde *estás*?».

Como vimos en el primer capítulo, el lenguaje original que describe a Eva la pinta como una compañera fuerte para Adán. Eva fue creada para proveer una *fuerte ayuda* en su puesto de *compañera*. Ella tenía que ser una colaboradora en todo el sentido de la palabra. Como vimos antes, Dios tiene en tan alta estima a las mujeres que concretamente les dice a los hombres que ni siquiera escuchará ni responderá sus oraciones si no dan suficiente honor a sus esposas (1 Pedro 3:7). Cuando Dios les dio a Adán y a Eva el mandato de gobernar, las bendiciones producto de cumplir con ese mandato tenían que fluir para los dos. De hecho, Dios no bendeciría al hombre al margen de la mujer, porque las bendiciones estaban previstas para ambos.

Las mujeres han sido creadas como un componente tan imprescindible para concretar el gobierno de Dios que no me extraña que el diablo se dirigiera primero a la mujer para tratar de desbaratar ese gobierno. Él sabía que si podía llegar a ella, le resultaría más fácil llegar a Adán. Él tenía razón. Cuando buscó revertir los roles establecidos por Dios, Satanás trajo el caos al lugar que antes había sido un jardín tranquilo. Básicamente, Satanás convenció a la mujer de que saliera de su carril. Como resultado, tanto Adán como Eva salieron de sus carriles y disminuyeron su capacidad de dirigir (o de administrar) bien su mundo. En lugar de disfrutar de las bendiciones que Dios les había prometido, aquello que había sido creado como una bendición, la tierra que producía fruto y follaje, en ese momento se convirtió en una maldición.

Muchas personas están viviendo hoy bajo la tensión del caos porque no están ubicadas en los carriles establecidos para disfrutar de todo lo que Dios ha previsto para ellas. Esto no solo las afecta a ellas mismas, sino que también afecta a las personas que las rodean.

En el Nuevo Testamento, este caos que Satanás busca introducir en la vida de los creyentes se llama «el misterio de la iniquidad» (2 Tesalonicenses 2:7, RVR60). Esto se refiere al engaño que Satanás produce para crear desorden y poner límite al poder y a las bendiciones en tu vida. La única manera de contrarrestar las maquinaciones del diablo es alinearte dentro del orden establecido por Dios, porque entonces invocarás la protección y la bendición de Dios.

De hecho, cuando tomes decisiones a la luz del alineamiento establecido por Dios, descubrirás que él sabe cómo satisfacer tus necesidades. Las Escrituras nos dicen que Dios honra a quienes lo honran (1 Samuel 2:30), y que si le encomiendas a Dios tu camino —tu andar, tus decisiones, tus actos y tu corazón—, él te dará los deseos de tu corazón (Salmo 37:4-5). No tendrás que tratar de hacer maniobras para conseguirlos. No tendrás que intentar pasar por encima de tu esposo para alcanzarlos. La forma más segura de recibir las bendiciones y el poder de Dios en tu vida es honrar su alineamiento, confiando en él de corazón, porque él te cuida.

Las crónicas de Chrystal

Todos los años preparo el formulario de nuestros impuestos. Me gradué en Contabilidad y aprobé el examen de contador público certificado (CPA, por sus siglas en inglés), así que me parece lógico preparar los impuestos de nuestra familia.

Por lo general, es un calvario. No porque sea difícil prepararlos; es un calvario porque tengo que tener T-I-E-M-P-O para hacerlo. A pesar de que, en teoría, podría dividir este proyecto gigantesco en cantidades digeribles y lograrlo poco a poco, prefiero zambullirme de cabeza y enfocarme totalmente para hacerlo de una sola vez.

Normalmente, durante tres días, probablemente durante un fin de semana, convenzo a mi esposo de que, para poder preparar nuestros impuestos, él tiene que asumir la responsabilidad exclusiva de los niños, para poder encerrarme en un rincón y dedicarle toda la atención a resolver ese número especial que me hace feliz todas las primaveras: LA DEVOLUCIÓN DE IMPUESTOS.

Verás, tengo un motivo oculto para terminar de preparar los impuestos. Significa que puedo gastar dinero.

Bueno, para que no pienses que soy insensible y que trabajo duro para poder salir a gastar dinero en mí misma, dame la oportunidad de que te explique. Nuestra devolución de impuestos me da el dinero para gastar en cosas para nuestra familia. Generalmente, sacamos de esta suma el dinero para el material de la educación hogareña. También tomamos

> *La forma más segura de recibir las bendiciones y el poder de Dios en tu vida es honrar su alineamiento.*

parte del dinero y liquidamos cualquier cuenta o deuda que tengamos pendiente, o lo usamos para adelantar alguna de nuestras metas económicas a largo plazo. Pero, de vez en cuando, planeo algo (¿a hurtadillas?) que para mí es importante para nuestra familia.

Este año, esta humilde ama de casa resolvió que la familia Hurst necesitaba un nuevo sofá. Y no cualquier sofá. Me enamoré de un sofá modular de cuero marrón; déjame que te dé algunas razones del porqué yo sabía que este era el sofá para nuestra familia.

El nuevo sofá nos proporcionaría espacio adicional al sentarnos en el *living* de nuestra casa. No solo tenemos una familia numerosa; cada vez que reunimos a toda la familia, me doy cuenta de que necesitamos más asientos. El sofá específico que yo estaba considerando también nos permitiría pasar el sofá de tamaño normal a la sala de juegos. Ehhh, digamos que el asiento que hay en este momento en la sala de juegos es «muy querido» (léase: el sofá que tenemos en la sala de juegos es casi tan viejo como mi hijo mayor y se le sale el relleno).

Un nuevo sofá también crearía un ambiente más amigable para mis pequeños. Visualicé que el modular de cuero serviría para los derrames y la mugre que mi familia parece inventar. Qué lindo sería agarrar un trapo húmedo y limpiar el desastre, en lugar de lidiar con el limpiador para tapizados esperando lograr quitar una mancha.

Mi último argumento para que me aprobaran el nuevo sofá era uno que estaba segura de que convencería a mi esposo. Unos meses antes, para el cumpleaños de Jessie, varios familiares aportaron dinero para comprar un televisor de pantalla plana para nuestro *living*, pensando en Jessie. A pesar de que fue un regalo realmente muy apreciado, su experiencia de ver televisión en alta definición estaba limitada por la falta de un buen lugar para sentarse. Yo *sabía* que mi esposo estaría de acuerdo conmigo en agregar el modular de cuero a nuestro *living*.

Entonces, una noche bastante tarde, después de trabajar febrilmente como una esclava en nuestros impuestos, intentando terminarlos antes de que mi marido se fuera a la cama, me levanté triunfante de mi escritorio y corrí hacia mi esposo con el número final de lo que nos devolverían de impuestos. ¡Estaba tan emocionada! No solo tenía un buen argumento; ahora también teníamos el dinero.

Le presenté el caso a mi marido y aporté la documentación de sustento.

Él dijo que no.

Lo miré sin expresión. Me parecía que no había oído bien.

Pasé al modo lógico. Los hombres son lógicos, ¿no? Bueno, sí, ¡pero eso no significa que su lógica sea igual a la mía! Cuando el modo lógico falló, empecé con el modo súplica.

Conclusión: perdí la discusión —ay, quiero decir, el *debate*— y no me quedó otra que tomar la decisión de seguir adelante y hacer lo mejor posible con el sofá que teníamos. También decidí hacer todo lo posible por respetar los deseos de mi esposo y olvidarme del tema. ¿Hay alguien que dé testimonio conmigo de que para una mujer consagrada lo más difícil del mundo en su matrimonio es aprender a mantener la boca cerrada?

Para una mujer consagrada lo más difícil del mundo en su matrimonio es aprender a mantener la boca cerrada.

Adelantemos algunas semanas. Alrededor del mediodía, mi marido y yo subimos al auto para ir a una consulta médica juntos. Dejamos el estacionamiento y salimos a la carretera principal. Doblamos a la izquierda y anduvimos casi un kilómetro, pasando por el jardín del segundo vecino que tenemos hacia la izquierda de nuestra calle. Ahí, en el jardín delantero de nuestro vecino, había un sofá modular de cuero marrón que tenía puesto un cartel de «Se vende». El sillón que había imaginado para el *living* de mi casa había estado en su jardín ese día, esperándome.

Antes de que terminara el día, mi nuevo sofá en excelentes condiciones de uso y que tanto quería estaba en la sala de mi casa. Sin cargo de envío. Sin intereses. Sin complicaciones. Dios me concedió el deseo de mi corazón.

¿Qué aprendí de esta experiencia? Dios conoce los deseos de nuestro corazón, y muchas veces —pero no siempre— nos los concede. No recuerdo haberme arrodillado nunca para pedirle a Dios que me diera un sofá de cuero marrón, pero sé, sin lugar a dudas, que mi Dios amoroso se aseguró de que el sofá que yo quería estuviera oportunamente a mi disposición en el momento en que mi propia planificación no podía hacerlo realidad.

Proverbios 10:22 dice: «La bendición del SEÑOR enriquece a una persona y él no añade ninguna tristeza».

Es maravilloso saber que Dios nos escucha, aun cuando no decimos ni una palabra. Cuando él nos bendice, hace más por nosotros de lo que podríamos hacer por nuestra cuenta.

El Salmo 37:4 dice: «Deléitate en el SEÑOR, y él te concederá los deseos de tu corazón».

Dios nos escucha. Él sabe dónde estamos, qué cosas estamos pasando y qué deseamos, aunque no digamos ni una palabra. Él nos ama incondicionalmente y se deleita en demostrar su amor en los momentos y en los lugares inesperados.

El orden divino

El ejemplo de Chrystal nos recuerda el amor de Dios y la fidelidad que muestra de una manera tan clara cuando lo honramos con nuestras decisiones y nos alineamos bajo su autoridad.

El pasaje primordial escrito sobre el orden divino establecido por Dios se encuentra en 1 Corintios e involucra este concepto de alineamiento. Pablo subrayó esta realidad en el marco de la indisciplinada iglesia corintia, situada directamente en el corazón de la ciudad más libertina del primer siglo.

Si alguna vez leíste 1 Corintios, sabes que la iglesia de Corinto distaba mucho de ser santa. No había orden en absoluto. A decir verdad, todo era caótico. De esa atmósfera, surgieron divisiones, sufrimientos y decepciones dentro de la iglesia. A causa de ese desastre, Pablo orientó a los creyentes corintios a la premisa básica que forma la base de todas las cosas.

Vendría a ser como el tono con el que un padre les hablaría a sus hijos si se hubieran vuelto rebeldes. El padre comienza con el fundamento: «Yo soy el que está al mando aquí». Pablo quiso recordarle a la iglesia indisciplinada de Corinto quién era el que estaba al mando, Dios, y de qué manera había ordenado las cosas. Así que lo escribió para ellos, como vimos en el capítulo 7 de este libro:

> Ustedes deberían imitarme a mí, así como yo imito a Cristo. [...]
> Pero hay algo que quiero que sepan: la cabeza de todo hombre es Cristo, la cabeza de la mujer es el hombre, y la cabeza de Cristo es Dios. (1 Corintios 11:1, 3)

Pablo no dio vueltas con el asunto. No les doró la píldora. Lo dijo bien claro. Cuando Dios estableció su orden de las cosas, no lo ocultó en alguna posición oscura. Lo dijo claramente:

1. El hombre es la cabeza de *una* mujer.
2. Cristo es la cabeza de todo hombre.
3. Y Dios es la cabeza de Cristo.

Antes de continuar, quiero que sepas que me doy cuenta de que este es un tema sensible. Créeme, lo sé. Como dije antes, he pasado miles de horas aconsejando a hombres y a mujeres, y el tema de ser cabeza y del orden es, muchas veces, un asunto delicado. Así que, antes de seguir hablando del mismo, quiero aclarar bien este punto: *el orden no tiene nada que ver con la igualdad*. Tiene que ver con la eficacia operativa.

Jesús tiene igualdad con Dios. No obstante, así como Jesús equivale a Dios en su ser, no es igual a Dios en su función en el mundo. Cuando vino al mundo, Jesús dijo: «He descendido del cielo para hacer la voluntad de Dios, quien me envió, no para hacer mi propia voluntad» (Juan 6:38). También dijo: «Mi alimento consiste en hacer la voluntad de Dios, quien me envió, y en terminar su obra» (Juan 4:34). Lo que hizo Jesús fue someterse al Padre para realizar su trabajo en la tierra, siendo a la vez, igual a su Padre (Filipenses 2:6).

Dios siempre opera a través de una estructura ordenada.

Dios siempre opera a través de una estructura ordenada. En otras palabras, no puedes lograr la participación de Dios si creas tu propia estructura. Satanás recurrió a Eva para trastornar el orden de Dios porque sabía que si lograba que Eva saliera del alineamiento, tanto Adán como Eva se distanciarían de Dios (Génesis 3). Cuando los roles se alteran, se desata el infierno.

Soy consciente de que, a veces, las personas confunden eso y toman la *función* como si fuera *desigualdad*, y de esa manera deshonran a las mujeres y les faltan el respeto. La Biblia no dice nada de eso. Es por eso que la Biblia llama a la esposa una coheredera, una socia (1 Pedro 3:7, RVR60).

Existe una diferencia entre igualdad de *ser* e igualdad de *función*. No todos desempeñan el mismo rol. Así como toda mujer casada es igual a su esposo en su ser, no es igual a él en su función. Cuando estás dentro del rol determinado por Dios, él tiene la libertad de derramar las bendiciones de su reino hacia ti y a través de ti.

Ya sé lo que algunas están diciendo: «Pero, Tony, ¿qué pasa si mi esposo no es un hombre del reino? ¿Qué ocurre si él no está alineado debajo de Dios? ¿Qué hago entonces?». La respuesta es simple: alíneate bajo la Palabra de Dios y su voluntad, y sigue orando para que tu esposo también llegue a alinearse. Como vimos antes, Séfora es un excelente ejemplo bíblico de una mujer cuyo marido, Moisés, no obedeció la voluntad de Dios en una situación particular. Dios le había dado instrucciones a Moisés de que circuncidara a sus hijos, pero Moisés no las cumplió. Como consecuencia, la ira de Dios se encendió de tal manera contra Moisés que iba a matarlo. Consciente de ello, Séfora intervino y cumplió la orden de Dios.

Dios refrenó su ira contra Moisés porque la esposa de Moisés intercedió por él. Sumisión significa hacerlo «como al Señor» (Efesios 5:22). Cuando leemos sobre el ejemplo de las mujeres del reino en el Nuevo Testamento, dice: «Así es como lucían hermosas las santas mujeres de la antigüedad. Ellas ponían su confianza en Dios y aceptaban la autoridad de sus maridos» (1 Pedro 3:5).

La sumisión reconoce que el hombre está en un lugar de autoridad, pero que nunca tiene la autoridad absoluta. Por ejemplo, Dios no te pide que te sometas al abuso físico o verbal. Cuando un hombre procura lastimar a una mujer con su cuerpo o con sus palabras, ella no está llamada a someterse a eso.

Lo que Pablo escribió sobre el alineamiento no era válido solo para las mujeres. Escribió que Cristo es la cabeza de todo hombre. El hombre tiene que someterse a Jesucristo para dar lugar a que Dios derrame las bendiciones en su hogar. Si estás con un hombre que no está alineado con Dios, Pedro explica el poder que tú, como mujer del reino, puedes tener en esa situación:

> De la misma manera, ustedes esposas, tienen que aceptar la
> autoridad de sus esposos. Entonces, aun cuando alguno de ellos
> se niegue a obedecer la Buena Noticia, la vida recta de ustedes les
> hablará sin palabras. Ellos serán ganados al observar la vida pura
> y la conducta respetuosa de ustedes. (1 Pedro 3:1-2)

Como mujer, tienes el poder de influenciar a tu esposo a través de lo que haces y, como vimos en el caso de Séfora, Dios lo tomará en cuenta. Claro está que eso no significa que nunca debas dar una opinión. Los versículos hacen referencia más bien a un espíritu tranquilo. La verdad sigue siendo la verdad, y todos los creyentes están llamados a decir la verdad en amor. Porque cada hombre es responsable ante Dios, es apropiado que lo apoyes en su rol y para que viva alineado con Dios.

Una manera práctica con la que puedes influenciar a tu esposo es animándolo a que lea contigo *Un hombre del reino*. Déjame ser el malo y decirle la verdad directa sobre su papel en tu hogar. A veces, los hombres escuchan a otro hombre más fácilmente que a una mujer. Si no es *Un hombre del reino*, anímalo a que lea contigo libros sobre crecimiento espiritual o que escuche enseñanza bíblica en un CD o a través de Internet.

Muchas mujeres tienen un problema con el alineamiento porque piensan: *Yo soy más inteligente que mi esposo. Yo gano más dinero que mi esposo. Soy más culta que mi esposo. Tengo más sentido común que mi esposo. Yo no puedo alinearme debajo de él.* Bueno, supongamos que un tráiler está tratando de ingresar a la interestatal. También supongamos que hay un Kia bajando por la autopista con derecho de paso. El tráiler tiene que ceder el paso. Ahora, el tráiler puede ser más grande que el Kia, pero el Kia tiene el derecho de paso.

¿Puede decir el conductor del tráiler: «Como yo tengo más que tú, detente en la autopista y déjame pasar»? Si hay un accidente, el conductor del tráiler será el que esté en falta. A pesar de que el camión es más grande y más pesado, está procediendo ilegalmente.

El alineamiento no tiene nada que ver con cuánto pongas sobre la mesa. El alineamiento no tiene nada que ver con cuánta educación, dinero o fama tengas. Tiene que ver con el orden decretado por Dios. Cuando se sigue el orden, se abren de par en par los canales para que el poder del reino de Dios sea derramado.

Cuando se sigue el orden, se abren de par en par los canales para que el poder del reino de Dios sea derramado.

La maternidad en el reino

Se pueden escribir varios tomos sobre el área de la maternidad en el reino. La formación de la próxima generación de hombres y mujeres del reino es una de las responsabilidades más grandes que una madre pueda tener. A pesar de que no todas las mujeres pasarán por la experiencia de tener hijos biológicos, muchas que nunca dieron a luz adoptaron o se convirtieron en madres espirituales de familiares, miembros de la iglesia o vecinos. En cierta medida, el rol de criar hijos nos pertenece a todos. Las madres solteras, en particular, sienten que el desafío de la maternidad que ellas enfrentan es abrumador al tratar de cubrir todo lo básico que sus hijos necesitan. La maternidad no es un rol menor, y todos nosotros, incluyéndome a mí, podemos mejorar cómo lo hacemos. (Chrystal lo explorará más de cerca en el próximo capítulo).

Las Escrituras nos dicen qué sucede cuando la crianza no se ejerce según los principios del reino. Ocurrirá una maldición: «Los jóvenes insultarán a sus mayores, y la gente vulgar mirará con desdén a la gente honorable» (Isaías 3:5). Toda la cultura, y la nación en general, sufre cuando los hijos no son criados correctamente. Criar a hijos del reino no es algo que haces nada más que para tener unas lindas reuniones familiares cuando estés envejeciendo. Criar a los hijos del reino es un componente imprescindible para preservar la cultura contra la decadencia moral y espiritual.

En primer lugar, ¿por qué quiere Dios que tengas hijos? Bueno, puedo darte una razón por la que Dios no quiere que los tengas: Dios no está tratando de crear parecidos a ti. Ese no es el objetivo. El objetivo de Dios para que los hombres y las mujeres del reino críen a los hijos del reino es reproducir su imagen en la tierra. Él quiere que haya parecidos a él. El propósito de los hijos es que Dios reproduzca su imagen en la humanidad por todo el mundo, para que ellos puedan promover su reino.

La existencia de los hijos tiene una razón espiritual, no solo una razón biológica, psicológica o familiar. Dios quiere que los padres transmitan a sus hijos una manera teocéntrica de ver la vida, es decir, centrada en Dios. Criar hijos del reino significa darles a tus hijos la perspectiva del reino para que ellos alineen sus decisiones con la voluntad de Dios a lo largo de su vida. Esto, a su vez, le dará gloria a Dios cuando ellos reflejen su señorío en la tierra.

Criar a tus hijos con la perspectiva del reino es amarlos completamente. Por amor no se entiende comprarles una nueva Xbox, ropa y juguetes. No tiene nada de malo comprarles cosas a tus hijos, pero lo que ellos realmente necesitan es aprender a ser responsables, pacientes, trabajadores y orientados a lo espiritual. Esos son los regalos de amor más grandes que puedes darles a tus hijos, porque esos regalos de amor les permitirán tener éxito en la vida.

Además, una nota para las madres solteras: habrá momentos en que sentirás que no puedes ser todo para tus hijos. Lo más probable es que estés trabajando por necesidad, para pagar las cuentas, y que no dispongas de mucho tiempo libre. No obstante, Dios te ayudará a hacer lo mejor que puedas para encontrar personas que influyan positivamente en la vida de tus hijos. Pese a tus circunstancias particulares, tu objetivo sigue siendo prepararlos para que un día lleguen a ser hombres o mujeres del reino.

Nunca subestimes el poder de una mujer del reino como madre. Por ejemplo, las Escrituras nos dicen que el padre de Timoteo rechazaba a Dios. Su padre no era un hombre del reino. No obstante, Timoteo terminó sirviendo fielmente a Dios por las enseñanzas y el apoyo de su madre y de su abuela. Enseñarles a tus hijos a ser seguidores comprometidos de Jesucristo pese a la realidad de que su padre quizás no lo sea, o de que las demás personas que los rodean no lo sean, es una de las cosas más importantes que puedes hacer como madre.

Pablo enseñó que las mujeres del reino tienen que «trabajar en su hogar» (Tito 2:5). Un día, una hija estaba hojeando el álbum familiar de fotos con su papá, cuando se topó con las fotos de la boda de sus padres. Miró a su padre y le dijo: «Papi, cuando te casaste con mami, ¿fue ese el día en que lograste que viniera a trabajar para ti?». Claro, sé que podrás estar pensando: *Tony, yo fui a la universidad igual que él. De hecho, yo tengo más títulos que él. Puedo ganar más dinero que él. ¿Por qué tengo que trabajar en casa, cuando puedo trabajar mejor que él fuera de casa?*

Mi respuesta es simple: Tito 2:3-5 deja en claro que una mujer del reino no descuida a su familia en nombre de su profesión. El pasaje no dice que no puedas tener una profesión, incluso una profesión realmente exitosa. Simplemente se trata de que tu profesión no se desarrolle a costa del cuidado de tu hogar y de tu familia.

Si tu hogar nunca está limpio porque las prioridades que tienes fuera de casa dominan tu tiempo y tu energía, necesitas revaluar tus prioridades. Como vimos antes, cuando estudiamos a la mujer de Proverbios 31, ocuparse del hogar no significa que no puedas ser competente en ninguna otra parte. Simplemente significa manejar el hogar de tal manera que cada miembro esté capacitado para vivir para el reino. Una mujer del reino alcanza una importancia suprema al criar a la próxima generación según los principios y los preceptos de Dios.

Honrar sin temor

En el Antiguo Testamento, leemos la historia de Sara, una mujer que, durante mucho tiempo, tuvo el deseo de tener un hijo. Sara y Abraham habían intentado tener un hijo durante años. Tú conoces la historia: ambos eran ancianos y aún no habían engendrado juntos un hijo. A través de la decisión de Sara de honrar sin temor a Dios honrando a Abraham, recibió la bendición de concebir un hijo mucho tiempo después de la edad de procrear.

La sumisión de Sara a Abraham, aun en medio de la esterilidad y del sufrimiento, se conoce como uno de los mayores ejemplos de cómo tiene que vivir una mujer del reino: «Sara obedecía a su esposo, Abraham, y lo llamaba "señor". Ustedes son sus hijas cuando hacen lo correcto sin temor» (1 Pedro 3:6).

Sara no solo se sometía a Abraham sino que, además, lo honraba como «señor». Honrar a tu esposo es una de las cosas más grandes y poderosas que puedes hacer como mujer del reino. Deberías ser la fanática número uno de tu marido. Estés de acuerdo con él o no, cuando lo honras, le haces saber que respetas su posición. Además, cuando lo honras, también llamas la atención de Dios a tu favor.

Como expliqué anteriormente, la sumisión no significa silencio o que no tengas voluntad ni razón. Hasta Jesús le hablaba a Dios. Él le expresó completamente sus pensamientos y sus sentimientos. Sin embargo, la sumisión quiere decir que voluntariamente te pones bajo la autoridad de otra persona, siempre y cuando esa autoridad no te exija desobedecer a Dios.

Ningún hombre, ni siquiera tu esposo, tiene autoridad absoluta sobre ti. Lo que un marido tiene se llama *autoridad relativa*, porque desde el momento en que él deja de someterse a Dios, su autoridad sobre ti queda comprometida. Esto se debe a que tú recibiste la orden de obedecer a Dios más que al hombre. La sumisión es simplemente mostrar respeto por un rol, cuando ese rol también ha demostrado respeto por Dios. Cuando ves la sumisión de esa manera, eso le quita el temor al tema.

Una de las razones por las que muchas mujeres en la actualidad no están viviendo el milagro que desean es porque han elegido no honrar a sus esposos en los roles que Dios les dio. Sin embargo, cuando Sara llamó «señor» a Abraham —fundamentalmente, honrando el rol de Abraham en su vida—, recibió su milagro. Quedó embarazada y dio a luz a Isaac. La sumisión la llevó al milagro. Sara se convirtió en la manifestación visible de lo que David escribió en el Salmo 128: «Tu esposa será como una vid fructífera, floreciente en el hogar» (versículo 3). Sara no solo fue fructífera espiritualmente —después de todo, llegó al Salón de la Fe de Hebreos—, sino que también fue fructífera físicamente al dar a luz a una edad en la que ya no era posible. Así que no permitas que tu falta de legítima sumisión te impida experimentar tu milagro.

El principio de sumisión que fue válido para Sara es válido para ti, y cuando lo honres, verás que Dios te honrará de maneras que van más allá de lo que puedes comprender. Dios es tan bueno siendo Dios que no necesita materia prima para crear un milagro. Dios puede crear cosas que no existen (Romanos 4:17), como hizo con Isaac en un útero estéril y sin vida. Dios puede tomar cosas vacías y darles vida. Dios puede tomar un útero estéril y crear una intervención milagrosa para que pueda alojar el latido de un corazón.

De hecho, él puede tomar un futuro estéril y darle vida. O una carrera estéril. O un sueño estéril. O un corazón estéril. Dios es el máximo especialista en dar vida a lo que parece ser estéril. Si tienes una esperanza, una relación o un sueño estéril, honra a Dios como mujer del reino y observa cómo se pone a trabajar en tu nombre. Si eres soltera y has estado soltera por mucho tiempo, tal vez hayas renunciado a creer que tu futuro esposo está en alguna parte. Como dije en el capítulo 9, no necesitas inventar la manera de conocer a tu hombre. Dios es tan bueno en lo que hace que si tan solo confías en él en fe y dejas de buscar soluciones humanas para resolver una cuestión espiritual, Dios puede traer a tu futuro esposo directo hacia ti. Él puede crear familias, profesiones, futuros y vida donde solo parecía haber esterilidad. Confía en él.

Cuando te das cuenta de que tu máxima sumisión es a un Dios comprensivo y amoroso, experimentas una libertad extraordinaria.

Una mujer del reino obra y se alinea sin temor bajo el dominio completo de Dios. Si te alineas debajo de Dios y lo honras teniendo en cuenta las distintas funciones que él ha establecido dentro del matrimonio y del rol de madre, puedes esperar experimentar a Dios de maneras inéditas.

Si tan solo confías en él en fe, Dios puede traer a tu futuro esposo directo hacia ti.

11

◈

UNA MUJER DEL REINO Y SU IGLESIA

Luego de un culto de adoración, me gusta saludar a quienes nos visitan y a quienes asisten regularmente a nuestra iglesia. Sin falta, siempre se reúne un grupo de personas que quiere saludar o hacer algún comentario acerca del sermón de ese día. Escuché la historia de un pastor que durante una fiesta religiosa vio a una mujer que solo asistía esporádicamente. Luego del servicio le dijo:

—Usted viene a la iglesia cada tanto. Quizá sería buena idea si se uniera al Ejército del Señor y comenzara a asistir habitualmente.

A lo cual la mujer respondió:

—Yo ya estoy en el Ejército del Señor, pastor.

—Pues, bien —preguntó el pastor—, ¿cómo es que solamente la veo en Navidad y en Pascuas?

Ella le respondió en un susurro:

—Es que estoy en el Servicio Secreto.

Esta clase de situación ocurre a diario. Encontrar a alguien con un verdadero compromiso con la iglesia puede ser todo un desafío. Con todas las cosas que compiten por nuestro tiempo y atención, la asistencia regular a la iglesia ha decaído de la lista de valores de muchas personas, ni qué hablar de participación significativa en la iglesia.

Sin embargo, lo contrario también puede ser cierto. Podemos encontrar a personas que asisten a la iglesia fielmente y que lo han hecho por años,

159

quizás décadas; no obstante, sus vidas ofrecen solamente un pobre reflejo de la imagen de Jesucristo.

Asistir a la iglesia no hace que una persona sea cristiana, o siquiera una cristiana mejor. El corazón de una persona debe estar abierto al proceso de discipulado que debería estar tomando lugar en ese ambiente llamado iglesia para que dé como resultado una transformación y frutos verdaderos.

Con demasiada frecuencia, la gente ve hoy en día a la iglesia como un hospicio en lugar del hospital que debería ser. Un hospicio es el lugar a donde llevan a los enfermos terminales para que estén cómodos durante sus últimos días de vida. Se considera a la iglesia como un lugar donde sentirse mejor en lugar de donde estar realmente mejor.

Un hospital, por otro lado, combina el personal y los métodos de manera que las personas que están internadas en él mejoren. El enfoque del hospital no está puesto en intentar que las personas se sientan bien. Algunas veces, los doctores deben operar y cortar; otras, deben suministrar drogas. Muchas veces, deben incomodar a sus pacientes, pero todo esto se hace para que la persona vuelva a estar sana.

Cuando la meta de quienes dirigen la iglesia apunta a ofrecerles a las personas un lugar para que se sientan bien mientras se mueren, en vez de un lugar para hacerlos mejorar mientras viven, no han entendido la intención de Cristo para el cuerpo de su iglesia. Esa no es la iglesia que Jesucristo estableció.

Cuando Jesús habló acerca de su cuerpo de creyentes, se refirió a una entidad fuerte y saludable contra la cual ni el mismo infierno podría prevalecer. De hecho, el término *ecclesia*, que a veces se traduce *iglesia* en el Nuevo Testamento, habla de un concilio gobernante dentro de la sociedad griega que legislaba en nombre de la población.[1] Un concilio gobernante solamente podría gobernar de acuerdo a la salud y a la fortaleza de cada uno de sus miembros. Si los miembros se hubieran dedicado a perder el tiempo hasta su hora de morir, buscando un lugar agradable para reunirse con amigos, ir a comer y cantar canciones, no habrían legislado correctamente en nombre de su comunidad.

La iglesia debería ser más que un club social o un lugar de entretenimiento. Se supone que es más que un lugar para que los solteros conozcan y elijan pareja. La iglesia está destinada a ser *un grupo de personas que han sido llamadas a establecer el gobierno de Dios en la aplicación y la práctica humanas.*

Cuando Jesús habló de la iglesia que resiste a las «puertas del Hades» (Mateo 16:18, RVR60), utilizó la palabra para «puertas» que se refería al lugar donde ocurrían las actividades legislativas. La puerta de entrada era donde los líderes de la cultura se reunían para hacer negocios y tomar decisiones en favor de la comunidad.[2]

La iglesia debería ser más que un club social o un lugar de entretenimiento.

El concepto de legislación para el cuerpo de Cristo es reafirmado por el hecho de que a la iglesia le son dadas «llaves» para acceder a la autoridad del cielo y hacerla cumplir en la tierra (Mateo 16:19). Mientras que Jesús está sentado a la derecha de Dios para gobernar desde el cielo, nosotros también estamos sentados con él (Efesios 2:6), razón por la cual pienso que Dios elige lo que va a hacer basado en lo que ve que su iglesia ya está haciendo (Efesios 3:10).

El propósito de la iglesia va más allá de ser un lugar de encuentro para la inspiración espiritual o para el análisis de la cultura en la cual reside. El propósito de la iglesia, *ecclesia*, es manifestar los valores del cielo en el contexto de los seres humanos.

Estos valores solo pueden manifestarse en la medida en que aquellos dentro de la *ecclesia* los reflejen. La demostración visible del reino de Dios en la tierra depende enormemente de cuántos de los miembros del cuerpo de Cristo son hombres o mujeres del reino. Mientras que el contexto fundacional para desarrollar a mujeres del reino es a través del núcleo familiar, ese proceso también se extiende más allá de esa familia a la iglesia local. Es por esto que la responsabilidad de la iglesia de sustentar se describe en las Escrituras en términos femeninos.

El objetivo de la iglesia es transmitir la perspectiva bíblica para que las mujeres comiencen a pensar y a servir como Jesucristo. Cada iglesia debería considerar como una de sus más altas prioridades el tener un ministerio que ofrezca la posibilidad de que las mujeres entrenen a otras mujeres de acuerdo con la filosofía del capítulo 2 de Tito. El objetivo de la iglesia es tener mujeres del reino que apoyen y formen a otras mujeres, para que ellas se transformen en mujeres del reino. Cada iglesia debería centrarse en gran medida en el discipulado. El *discipulado* es aquel «proceso de desarrollo de la iglesia local que busca llevar a los cristianos desde la infancia a la madurez espiritual para que así sean capaces de repetir el proceso con alguien más». El hecho de que la cultura no ofrezca una manera específica de transmitir la perspectiva bíblica a las futuras generaciones no significa que la iglesia no deba hacerlo. Debemos reflejar otra cultura: la cultura del reino.

Los discípulos del reino

Si quieres saber qué es verdaderamente importante para alguien, lee sus últimas palabras. A medida que buscas ser una mujer del reino, tienes que saber qué es lo más importante para el Rey, para que eso sea lo más importante para ti. Afortunadamente, no tienes que preguntártelo. Justo antes de su ascensión al cielo, Jesús nos dijo qué era lo más importante para él:

> «Se me ha dado toda autoridad en el cielo y en la tierra. Por lo tanto, vayan y hagan discípulos de todas las naciones, bautizándolos en el nombre del Padre y del Hijo y del Espíritu Santo. Enseñen a los nuevos discípulos a obedecer todos los mandatos que les he dado. Y tengan por seguro esto: que estoy con ustedes siempre, hasta el fin de los tiempos». (Mateo 28:18-20)

Claramente, el mandato de Cristo para la iglesia es hacer discípulos. Esto significa que su voluntad para ti es que te conviertas en discípulo del reino.

Si quieres saber qué es verdaderamente importante para alguien, lee sus últimas palabras.

Ser discípulo de Cristo significa que te vuelvas como él (Mateo 10:25). Esto se logra no solo asistiendo a la iglesia, sino también logrando que la iglesia sea un contexto en el que las vidas toquen a otras vidas. En la segunda carta de Pablo a Timoteo, le dice específicamente: «Me has oído enseñar verdades, que han sido confirmadas por muchos testigos confiables. Ahora enseña estas verdades a otras personas dignas de confianza que estén capacitadas para transmitirlas a otros» (2:2). La palabra griega que en este pasaje se traduce como «personas» es, en realidad, _anthrōpos_, la cual se refiere a «un ser humano, ya sea femenino o masculino».[3] Dios espera que el discipulado sea llevado a cabo tanto por los hombres como por las mujeres.

En la actualidad, se dedica gran cantidad de esfuerzo y de tiempo para lograr que las mujeres sean físicamente atractivas. Se invierte tanto dinero como tiempo en la moda, en el cuidado de la piel y del cabello, y en ejercicios para lograr la belleza máxima de la mujer. Sin embargo, hasta la mujer más exquisita del planeta pierde su encanto y magnetismo rápidamente si al abrir la boca revela un interior desagradable. Hay demasiadas mujeres que son «diseño de alta costura» por fuera y «saldo de oferta» por dentro. ¿Cuánto tiempo y dinero se destina hoy para hacer que las mujeres sean espiritualmente atractivas?

En 1979 hubo una iniciativa para introducir la representación femenina dentro del sistema de moneda de Estados Unidos con la moneda de un dólar de Susan B. Anthony. Lamentablemente, el concepto no prosperó. Uno de los motivos principales por el cual esta nueva moneda fracasó fue que el dólar Susan B. Anthony era demasiado parecido a la moneda de veinticinco centavos. Tenía el valor de un dólar pero la apariencia de una moneda de veinticinco centavos. Esto es el inverso de lo que muchas mujeres intentan lograr: la apariencia de un dólar pero una riqueza interna mucho menor. Eso lleva a la confusión, a la decepción y al drama de distintas índoles, simplemente porque las mujeres no han desarrollado dentro de la iglesia un sistema para producir mujeres del reino valiosas y de calidad, tanto por dentro como por fuera.

Señoras, Dios no quiere que se vean como un dólar pero que solo valgan veinticinco centavos. Él quiere que su valor espiritual interno iguale los esfuerzos externos que hayan hecho para llegar ser la expresión total de la mujer del reino para la que fueron creadas.

En la carta de Pablo a Tito, él dio instrucciones específicas a las mujeres para animarlas a vivir resplandeciendo con toda la gloria que Dios destinó para cada mujer del reino:

De manera similar, enseña a las mujeres mayores a vivir de una manera que honre a Dios. No deben calumniar a nadie ni emborracharse. En cambio, deberían enseñarles a otros lo que es bueno. Esas mujeres mayores tienen que instruir a las más jóvenes a amar a sus esposos y a sus hijos, a vivir sabiamente y a ser puras, a trabajar en su hogar, a hacer el bien y a someterse a sus esposos. Entonces no deshonrarán la palabra de Dios. (2:3-5)

Ante todo, Pablo se refería específicamente a las mujeres mayores. Por favor, ten en cuenta que no dijo mujeres «viejas». Hay una diferencia. Una mujer mayor no es necesariamente una mujer vieja. Simplemente significa la mujer que ya ha completado la mayor parte de la crianza de sus hijos. Puede que sea alguien que haya alcanzado la etapa de nido vacío, pero eso no significa que ya no trabaja o que no permanece activa en su hogar, en su iglesia y en su comunidad. Solo significa que en términos del ciclo de la vida, sus días de maternidad probablemente hayan concluido.

La edad física debe ir acorde con la edad espiritual. Pablo hablaba de las mujeres que habían pasado por las lecciones espirituales de la vida, habían crecido y habían superado una cantidad de experiencias desafiantes. Hablaba de una mujer que había vivido lo suficiente para ver lo bueno, lo malo y lo amargo que la vida ofrece. Sin embargo, también había aprendido lo suficiente para estar ahora en una posición de transmitir valiosas lecciones a las mujeres más jóvenes que venían en camino. Es una mujer que ha sido expuesta a la verdad y que la ha aplicado por una cantidad de tiempo razonable.

El uso de tus dones en una iglesia local no es meramente incidental sino que es vital para que la iglesia se convierta en lo que está destinada a ser. Las mujeres tienen la libertad de actuar en cualquier aspecto del ministerio de la iglesia, excepto como autoridad final.

Cuando Pablo usó las palabras «de manera similar», estaba señalando al lector o al oyente lo que previamente había dicho acerca de los hombres. Esencialmente, quiere que las mismas cualidades que acababa de enumerar —que sean «sobrios, serios, prudentes, sanos en la fe, en el amor, en la paciencia» (versículo 2, RVR60)— también sean cualidades del carácter de las mujeres del reino. Esas cualidades del carácter luego se manifiestan en una vida que honra a Dios. La palabra *honrar* va de la mano con el concepto de adoración. Al declarar que las mujeres mayores deben vivir de una manera que honre a Dios, Pablo evoca la imagen de un estilo de vida de adoración. Esta clase de mujer ve toda su vida como la representación de un Dios santo.

Ella no exhibe la reverencia solo cuando está dentro de la iglesia, sino que su comportamiento resalta la reverencia también fuera de la iglesia en la forma en que ella se conduce y se comporta. Un estilo de vida de adoración implica una orientación que entiende que toda vida es sagrada. Ya sea que estés en la iglesia, en el trabajo, en tu casa o en tu comunidad, lo que sea que hagas, es para la gloria de Dios Padre y de Jesucristo, su Hijo.

Quizás creciste al lado de una madre o de una abuela que reflejaba ese estilo de vida, así que sabes a qué se refiere Pablo. Yo lo sé. Mi madre tomaba todos y cada uno de los eventos de la vida y, de algún modo, los relacionaba con Dios. Ella quería que supiéramos que Dios estaba en medio de todo, y que todo en nuestra vida estaba de alguna manera vinculado a su providencia, a su voluntad y a su plan. Incluso cuando lo que decía o hacía molestaba a quienes la rodeaban, ella no dejaba de vincular lo sagrado con la vida entera, porque vivía su vida con una actitud de adoración. Pablo indicó que la madurez espiritual para una mujer del reino debe producir un estilo de vida de reverencia y de adoración.

Tu hablar revela el nivel de tu madurez espiritual, y eso es lo que importa cuando Dios busca una mujer del reino a quien utilizar.

Sabrás que una mujer es una mujer del reino si sabe contener su lengua. Veo a muchas mujeres en la iglesia de hoy viviendo en un espíritu de murmuraciones y de chismes. Para mostrarse más espirituales, dicen estar «preocupadas», «velando por los intereses» de una persona, «advirtiendo» a alguien, u «orando» por alguien. No obstante, quienes las rodean saben que no pueden estar «preocupadas» por todo el mundo todo el tiempo; es solo una máscara para ocultar a una mujer enredada en el pecado del chisme.

Calumniar o expresar palabras degradantes contra un tercero que no está al tanto de la conversación es no usar la lengua a la manera de Dios. Lo que realmente hace es alertar a otros acerca de tu propia inmadurez espiritual. El usar tu lengua para rebajar a otros termina rebajándote a ti. Es un cartel luminoso que indica falta de madurez y de espiritualidad. No importa tu edad, o qué posición de influencia ejerzas, o cuál sea tu título; tu hablar revela el nivel de tu madurez espiritual, y eso es lo que importa cuando Dios busca una mujer del reino a quien utilizar para su gloria y para llevar a cabo los planes de su reino.

Cuanto más madura es una mujer, más segura está de sí misma y de su relación con Dios, lo cual la libera para edificar a otros, ayudar a otros y para no repetir un chisme cuando este se le cruza en su camino. Las mujeres que tienen la costumbre de contar chismes —tú y yo sabemos quiénes son— solo demuestran su propia carencia espiritual.

Pablo dice que otro aspecto que puedes notar en la mujer madura es que no es esclava de la bebida (Tito 2:3). La idea aquí es que ninguna sustancia controla su vida. No necesita escapar al centro comercial, a la botella de alcohol, al club social o a los antidepresivos para lograr infundir vitalidad en su vida; su vitalidad viene de su relación con Jesucristo. La mujer espiritualmente madura ha hecho del Señor la sustancia elegida.

Una maestra de lo que es bueno

Una de las cosas que debe marcar a una mujer del reino es su ministerio de enseñanza. Cada mujer que ha criado hijos, que ha enfrentado las batallas del matrimonio o que ha navegado exitosamente la soltería ha desarrollado habilidades de vida que necesitan ser transmitidas a aquellas que todavía no han pasado por lo mismo. Pablo dice que una mujer madura enseña lo que es bueno (Tito 2:3). Ella no enseña las cosas por el bien de enseñar. Tampoco enseña por promocionarse a sí misma, o hacerse ver importante o para ser el centro de atención. Una mujer del reino madura enseña lecciones de vida útiles y beneficiosas, mientras invierte en las mujeres más jóvenes que aún están aprendiendo. En la iglesia, cada mujer mayor debería ser maestra, y cada mujer joven debería ser alumna.

Esto es especialmente crítico hoy, porque tenemos una generación de mujeres jóvenes que ni siquiera ha vivido lo suficiente como para que sus vidas estén tan arruinadas como lo están. Además, las mujeres mayores maduras son cada vez más escasas. Las mujeres más jóvenes necesitan alguien que las aliente. Alentar es lo que hace alguien que es llamado para ayudar. Alentar conlleva mucho más que proporcionar información, doctrina, estudios bíblicos, y demás. Alentar implica caminar junto a una persona y apoyarla. Es más que ofrecer una lección de tres puntos clave acerca de lo que significa ser una mujer del reino. Las mujeres maduras del reino ofrecen más que mera información; ellas aportan la experiencia de haber vivido la vida.

Hubo un tiempo en nuestra cultura cuando los valores cristianos eran transferidos automáticamente. Hubo un tiempo en el que las mujeres discipulaban a otras mujeres, no porque hubiera un programa establecido que les decía que debían hacerlo, sino porque así era como vivían. Las mujeres mayores les enseñaban a las más jóvenes lo básico en cuanto a cocinar, limpiar, trabajar, amar y cuidarse a sí mismas y a sus maridos e hijos. Enseñaban prioridades, valores, moralidad, modestia y mucho más. Sin embargo, con el devenir de la autonomía, la autosuficiencia y la independencia, se perdió esa práctica de maestra-alumna.

Muchas veces hoy, cuando las mujeres se reúnen con otras mujeres para tener estudios bíblicos o grupos pequeños, las reuniones no se desarrollan en un ámbito de maestra-alumna. A menudo todo el mundo asume el papel de maestra y no hay ninguna alumna. O, sencillamente, todas se reúnen para hablar y tener un lugar donde contar sus propias experiencias, o las de alguien más, mientras que el concepto de discipulado queda relegado.

El discipulado ocurre en un contexto de relación en donde se rinden cuentas.

El solo hecho de reunirse como un grupo de mujeres que atraviesa las líneas generacionales no constituye un verdadero discipulado. El discipulado ocurre en un contexto de relación en donde se rinden cuentas. La actitud de maestra y la actitud de alumna deben acompañar el corazón de la discusión para que la transformación de vida se afiance.

Sin embargo, en algún momento en el camino hacia la autonomía, el espíritu de responsabilidad para guiar y para liderar a la siguiente generación abandonó tanto a nuestras mujeres como a nuestros hombres. La independencia y la autosuficiencia que tanto apreciamos a menudo entorpece el modelo de discipulado bíblico que otras culturas apoyan de manera más natural y que, hasta hoy en día, continúan practicando de manera habitual. Muchos en nuestra cultura dentro de la iglesia han perdido este método de abordar el discipulado y se conforman simplemente con reunirse.

En consecuencia, nos hemos vuelto ineficaces como cuerpo de iglesia, a pesar de tener muchas reuniones, gran cantidad de estudios bíblicos y suficientes grupos pequeños. Si no practicamos el modelo que Pablo presentó, la iglesia no será efectiva. El espíritu de maestro y de aprendiz debe estar presente. No tenemos suficiente de eso. Esto explica por qué tantas mujeres, aunque están ocupadas en cosas «espirituales», no alcanzan a ser verdaderas mujeres del reino.

El discipulado de Tito capítulo 2 dentro de la iglesia local incluye mucho más que señoras que se reúnen para tomar café o para almorzar, ser oídas, chismear o pasar el tiempo sin tener que cuidar de las tareas del hogar y de la familia. El discipulado implica la transmisión continua de una perspectiva de vida por parte de aquellos que han vivido y aprendido hacia aquellos que están ansiosos por aprender.

Una mujer me dijo una vez que, mientras asistía a otra iglesia cercana, ayudó a comenzar un ministerio de Tito 2. Varias mujeres jóvenes se inscribieron y estuvieron impacientes por tomar parte en el proceso de discipulado. Sin embargo, a pesar de que esta iglesia era considerada de sana doctrina y de que era incluso más grande que una iglesia promedio, no se pudo conseguir ni una mujer mayor y espiritualmente madura que estuviera dispuesta a discipular a las demás.

Esta escasez de discipulado se manifiesta en el gran número de mujeres que son atraídas por la televisión secular basada en el discipulado. Dentro de nosotros hay un deseo innato de crecer y de aprender. Esto hace que ciertas personalidades de la televisión que adoptan el papel de mentoras sean extremadamente populares. Algunos ejemplos incluyen a los conductores Oprah Winfrey, el Doctor Phil, el elenco de *The View* y el Doctor Oz. Nuestras mujeres anhelan ser discipuladas hoy en día. Ellas tendrán un espíritu de aprendizaje si se las ubica junto a quienes ellas respetan y a quienes lideran con un estilo confiado de aliento, desprovisto de un lenguaje degradante, de menosprecio y de chismes.

El propósito de enseñar es poder compartir las cosas que las mujeres más jóvenes no pueden ver, o que no han visto, y ayudarlas a establecer en sus vidas el orden apropiado. Ante todo, Pablo señala en Tito 2:4 que las mujeres deben ser alentadas a amar a sus maridos. Esto también puede aplicarse a capacitar a las mujeres que aún no están casadas para que estén preparadas en caso de entrar al matrimonio.

En principio, parece un pedido extraño. ¿Por qué deberías enseñar y alentar a alguien a amar a la persona de la cual se enamoró perdidamente y con la cual se casó? Es útil recordar el contexto de este pasaje. En tiempos bíblicos, la idea del noviazgo previo al casamiento no existía. Más bien, otra persona elegía a tu candidato. Así como Isaac y Rebeca se casaron poco después de verse, así eran las cosas en los tiempos del Nuevo Testamento.

Amar a un marido que ni siquiera conocías y con quien sin embargo debías iniciar una relación íntima podía llegar a ser un verdadero desafío. Aquellas mujeres que habían pasado por el proceso de aprender a amar al compañero que se les había asignado debían enseñar lo mismo a las mujeres más jóvenes.

En tiempos bíblicos, la idea del noviazgo previo al casamiento no existía. Más bien, otra persona elegía a tu candidato.

Basándonos solamente en este pasaje, sabemos que es posible aprender a amar bíblicamente. Es posible aprender el amor bíblico cuando lo enseña la fuente correcta. El amor bíblico no se fundamenta en la diversión, la atracción o siquiera los beneficios mutuos. El amor bíblico implica buscar lo mejor para el otro en el nombre de Dios. Mientras seas el centro de tu universo, el amor siempre será una lucha. La palabra *amor* puede definirse como «buscar el bienestar de otra persona de manera honrada y apasionada». No hay lugar para el egoísmo en esa definición. Tampoco depende de la gratificación personal.

Un comentario antes de continuar: esto no significa que una mujer deba permanecer en una relación abusiva y controladora. Cuando un hombre se aparta de la autoridad y de la dirección de Jesucristo y actúa de una manera que es perjudicial para la mujer con quien se casó, quedarse y permitir que su comportamiento continúe no es amor. Con frecuencia, lo más amoroso que alguien puede hacer es oponerse al comportamiento abusivo para que la persona se responsabilice por ello, tome conciencia de su ofensa y se someta a Dios. Amar a un abusador a menudo requiere dejar al abusador para tener un tiempo de separación física, ya que así no estás permitiendo que el abusador continúe con su estilo de vida pecaminosa. Cuando esto sucede, es importante buscar al liderazgo de la iglesia para que te guíe durante el tiempo de separación. En nuestra iglesia, llevamos adelante un tribunal semanal de la iglesia donde se contempla y se debate este tipo de problemas, entre otros.

Honrar la Palabra de Dios

Pablo también instó a que las mujeres del reino en la iglesia enseñen y animen a las más jóvenes «a vivir sabiamente y a ser puras, a trabajar en su hogar, a hacer el bien y a someterse a sus esposos. Entonces no deshonrarán la palabra de Dios» (Tito 2:5). Vivir sabiamente quiere decir tomar buenas decisiones con buen juicio. Esto solo ocurre como resultado de utilizar una perspectiva divina.

La pureza incluye tanto acciones como actitudes. Las mujeres del reino entienden que la modestia no se rinde ante el estilo. Puedes verte bien, tener estilo y, a la vez, vestirte modestamente. La *modestia* puede ser definida como «vestirse de manera que no atraigas atención inapropiada hacia ti misma». La atención inapropiada puede ser atraída al vestirte de menos (¿demasiado corto? ¿demasiado ajustado? ¿demasiado escotado?), o por vestirte de más (¿acaso lo que traes es demasiado opulento, extravagante o enfocado en ti?). Ten en cuenta que la pureza va más allá de la vestimenta. La pureza se trata de un modo de pensar: aquello en lo que piensas, lo que ves, lo que oyes, lo que deseas, de lo que hablas.

En el capítulo anterior, vimos porciones de este pasaje enfocadas al manejo de la casa, por lo cual no entraré en mayores detalles aquí. Esencialmente, Pablo instaba a la mujer del reino a priorizar su hogar por encima de otras voces. Hermana, tu hogar es tu recinto espiritual. Al mantenerlo en buen estado, no solo ofreces adoración a Dios, sino también obedeces a su llamado para tu vida. Si tienes una familia (lo cual incluye el ser madre soltera) nunca olvides que mantener y desarrollar tu familia para la gloria de Dios es un acto espiritual que Dios tiene en muy buen concepto. Él no solo suplirá todas tus necesidades para su honra y la de su Palabra a través de lo que haces por tu familia, sino que también te honrará como tú lo has honrado a él. Dios honra a quienes lo honran (1 Samuel 2:30).

> *Pablo instaba a la mujer del reino a priorizar su hogar por encima de otras voces.*

Pablo relacionó específicamente el carácter de la mujer del reino con el principio espiritual de honrar la Palabra de Dios; las decisiones en la vida de una mujer del reino trascienden tanto la cultura como el tiempo. De hecho, al honrar la Palabra de Dios a través de tus pensamientos y de tus acciones, vuelves al comienzo, allí donde Eva cayó presa del enemigo en el jardín del Edén. Satanás deliberadamente cuestionó la Palabra de Dios para Eva cuando dijo «¿De veras Dios les dijo...?» (Génesis 3:1). Fue la misma deshonra a la Palabra de Dios que llevó a Eva a rebelarse y a pecar.

Cuando honras la Palabra de Dios, reviertes el pecado del jardín del Edén, a la vez que invitas a las bendiciones y a la paz de Dios en tu vida. El seguir estas enseñanzas establecidas por Pablo es un acto muy espiritual con ramificaciones espirituales.

Las crónicas de Chrystal

Es probable que cuando mis hijos eran muy pequeños, cuando podía ponerlos en mi regazo y se quedaban esperando cada palabra del cuento, les haya leído la mayoría de los libros, si no todos, de P. D. Eastman, una y otra vez. *¿Eres mi mamá?* es uno de nuestros favoritos. En este libro, la mamá pájaro está cuidando de su huevo. Justo antes de que se rompa el cascarón, ella se va a buscar comida para su bebé pajarito que está a punto de nacer. Obviamente, cuando ella no está a la vista, el bebé pajarito rompe el cascarón y todo el libro cuenta la historia de la búsqueda del pichoncito para encontrar a su madre: alguien que lo críe, lo eduque, lo provea de alimento y lo proteja.

Hoy en día, las mujeres de toda edad y condición social están buscando a su madre: otra mujer que pueda caminar con ellas, discipularlas y guiarlas hacia las mejores formas de recorrer su camino en particular.

Así como una buena madre biológica trabaja en la capacidad de cuidar a sus hijos, amarlos y enseñarles cómo vivir una vida productiva, responsable y feliz, una buena madre espiritual es necesaria para proveer las mismas cosas para aquellos que están a su cuidado. Nuestras comunidades están llenas de mujeres que son «bebés» en un sentido, porque...

- son nuevas en la fe cristiana y necesitan que otras mujeres les muestren el camino a la madurez espiritual.
- quieren vivir como solteras exitosas y necesitan que otra mujer que ya pasó por eso les explique exactamente qué significa y cómo hacerlo en una forma práctica.

- les falta el conocimiento práctico sobre cómo ser buenas madres de sus hijos y necesitan que otra mujer les muestre los pormenores de una maternidad consagrada.
- están llevando cargas increíblemente difíciles de enfermedades, divorcios, problemas económicos o angustia emocional, y necesitan que otra mujer las cuide, las quiera, las escuche y ore con ellas.

Además, en ausencia de la maternidad espiritual que Tito 2 dice que necesitamos, tenemos una generación de mujeres que están aprendiendo la definición mundana de *mujer* a través de la televisión, las películas, las revistas y una camionada de libros de autoayuda. De manera que las mujeres que son bebés en un área en particular de su vida terminan perdidas porque no pueden encontrar una madre, o terminan sufriendo por luchas innecesarias como la del Patito Feo, que sufrió el maltrato y el abandono antes de darse cuenta de que, desde el principio, no pertenecía al lugar donde estaba.

¿Qué dice la Biblia sobre este concepto de maternidad espiritual? En Génesis 3:20: «Después, el hombre —Adán— le puso a su esposa el nombre Eva, porque ella sería la madre de todos los que viven». En Génesis 17:15-16: «Entonces Dios le dijo a Abraham: "Con respecto a Sarai, tu esposa, su nombre no será más Sarai. A partir de ahora, se llamará Sara. Y yo la bendeciré, ¡y te daré un hijo varón por medio de ella! Sí, la bendeciré en abundancia, y llegará a ser la madre de muchas naciones. Entre sus descendientes, habrá reyes de naciones"». En Génesis 24:59-60: «Entonces se despidieron de Rebeca y [...] le dieron la siguiente bendición: "Hermana nuestra, ¡que llegues a ser la madre de muchos millones! Que tus descendientes sean fuertes y conquisten las ciudades de sus enemigos"».

Basándonos en estos tres versículos, estas tres mujeres estaban conectadas de una manera interesante. Las tres recibieron una comisión de fertilidad, antes de ser siquiera físicamente fértiles. El nombre de Eva se basó en la expectativa de que fuera fértil. El nombre de Sara *cambió* en base a la expectativa de fertilidad anunciada por un milagro. Rebeca recibió la bendición de la fertilidad al comienzo de su nueva vida de casada, lo cual significa que experimentó un cambio de nombre.

¿Qué es lo importante aquí? Cada vez que una mujer experimentaba un cambio de nombre o de identidad, también heredaba un llamado a la fertilidad.

Una cosa graciosa y, a veces, irritante para las mujeres recién casadas es la pregunta habitual que les hacen apenas dan el sí: «¿Cuándo van a tener un bebé?». ¿Por qué la gente pregunta eso? Es porque, con el cambio de identidad, llega la expectativa de la fecundidad. Romanos 7:4 dice: «Ustedes murieron al poder de la ley cuando murieron con Cristo y ahora están unidos a aquel que fue levantado de los muertos. Como resultado, podemos producir una cosecha de buenas acciones para Dios».

Juan 15:8 dice: «Cuando producen mucho fruto, demuestran que son mis verdaderos discípulos. Eso le da mucha gloria a mi Padre». Hermana mía, si eres cristiana, tienes una nueva identidad y estás llamada a dar fruto. Y, aunque difiera para cada una de nosotras, dependiendo en qué etapa de la vida nos tenga Dios, el principio está de acuerdo con Mateo 28:19, donde se nos dice que hagamos discípulos.

> *Así como Dios hizo que todas las cosas vivas se reproduzcan físicamente, así quiere él que su pueblo se reproduzca espiritualmente.*

Imagina que somos manzanos y queremos producir una cosecha tan abundante como sea posible. La mejor manera de lograrlo no es solamente intentando aumentar la cantidad de manzanas, ¡sino produciendo más manzanos! Es para la gloria de Dios hacer todo lo posible por promover su agenda y su reino; pero un día, dejaremos de estar en este mundo. Nuestros «manzanos», finalmente, se marchitarán y morirán. La única manera de asegurarse de que la visión de Dios sobre la condición de ser mujer continúe es transmitírsela a otra mujer que pueda seguir dando fruto y plantando nuevas semillas para cultivar «árboles» nuevos. Así como Dios hizo que todas las cosas vivas se reproduzcan físicamente, así quiere él que su pueblo se reproduzca espiritualmente.

La temporada en la que estás podrá condicionar el sabor de tus frutos, pero no debería condicionar el nivel de tu fertilidad.

Formar discípulos

Ya sabes, Jesús podría haber hecho de su ministerio terrenal un objetivo unipersonal, y recorrer el país a solas, mientras predicaba, sanaba y enseñaba. En lugar de eso, eligió tomar a doce hombres bajo su tutela y entrenarlos para que continuaran con su mensaje después de que él volviera al Padre. Los doce discípulos de Jesús se convirtieron en los fundadores de la iglesia primitiva y, a su vez, ellos prepararon a otros para que hicieran discípulos en todas las naciones. La semilla del evangelio que

Jesús sembró en los corazones de doce hombres sigue produciendo frutos en todo el mundo hasta el día de hoy.

Entonces, ¿qué hizo Jesús exactamente? ¿Qué podemos aprender de su ejemplo?

En primer lugar, Jesús pasó *tiempo* con sus discípulos. Él estuvo accesible. En Juan 1:37-39, dos de los discípulos siguieron a Jesús y quisieron saber dónde se hospedaba. «"Vengan y vean", les dijo [Jesús]. Eran como las cuatro de la tarde cuando lo acompañaron al lugar donde se hospedaba, y se quedaron el resto del día con él».

Sé que a muchas nos cuesta encontrar suficiente tiempo para nosotras mismas, ¡ni hablar de los demás! Estamos ocupadas, cansadas, recargadas de trabajo y estresadas. Sin embargo, no podemos dejar que la marcha del mundo dicte con qué ritmo nos manejamos, especialmente si ese ritmo interfiere con los mandatos de Dios para nosotras como seguidoras de Jesús.

Cuando estaba en la escuela, mis maestros me exigieron dos cosas en los primeros años en que aprendí a escribir: 1) que dejara un margen en el lado izquierdo y en el lado derecho de la hoja, y 2) que me saltara una línea. Los maestros me pidieron esas dos cosas por un motivo. ¡Ellos querían también espacio para poder escribir! Querían poder hacer correcciones, proporcionarme sugerencias e incluir mejores maneras de enunciar mis ideas o de expresarme con claridad. Déjame decirte que Dios quiere lo mismo. Quiere que vivas de tal manera que le des lugar a que te diga cómo usar tu tiempo, con quién pasarlo y de qué manera expresarte mejor al entablar amistad con otras personas. Deja un margen: haz lugar para las actividades y las personas que Dios quiere en tu vida.

Sé lo que estás pensando: *¿Qué hay de mí? ¿Qué hay de mi tiempo?* Una vez más, vayamos a la vida de Cristo. Nuestro Salvador sí que hacía un espacio para retirarse y para estar a solas con el Padre. No obstante, la clave aquí es que Jesús pasaba el tiempo haciendo cosas que eran importantes para el Padre. Él sabía que contaba con una cantidad de tiempo limitada y que no podía darse el lujo de perder ni un minuto haciendo algo que no fuera trascendente para la eternidad. Nosotras tampoco podemos darnos ese lujo.

El Salmo 62:5 dice: «Que todo mi ser espere en silencio delante de Dios, porque en él está mi esperanza». Cuando consideramos nuestro tiempo como suyo, Dios no solo nos dice cómo emplearlo sino que, además, nos da el descanso y la renovación que necesitamos. No podemos mantenernos ocupadas haciendo cosas buenas y, luego, usar esas cosas buenas como excusa para saltarnos las cosas de Dios, que son mejores. Él ha dejado bien claro en su Palabra cuáles son las mejores cosas.

En segundo lugar, Jesús *entrenó* a los discípulos. En Lucas 11, los discípulos le pidieron a Jesús que les enseñara a orar, y él les dio un ejemplo de cómo debería ser la oración. ¿Para quién puedes ser un ejemplo? ¿Qué has aprendido o qué cosas has vivido que puedas enseñarle a otra mujer, para que ella no tenga que aprenderlo a golpes?

Madres, ¿están entrenando a sus hijos? La educación de los hijos es un trabajo intencional y lleno de propósito. No se da por ósmosis porque envíes a tus hijos a la escuela dominical. En el libro *Madre de profesión*, Jill Savage desafía a las madres a que se tomen el trabajo de educar a sus hijos con tanta seriedad como si fuera un trabajo remunerado. Insinúa que, al hacerlo, las madres tienen el poder de causar un impacto sorprendente en sus hijos para el reino de Dios.

No podemos mantenernos ocupadas haciendo cosas buenas y, luego, usar esas cosas buenas como excusa para saltarnos las cosas de Dios.

Si eres una mujer «sazonada», contenta de estar jubilada o de ser libre, eso no te excluye de realizar la misma tarea de entrenar a otras mujeres y de ser un modelo para ellas. ¿A qué mujer joven corriges por su conducta, su actitud o su forma de vestirse? ¿Eres un ejemplo de la conducta y de la disposición de una mujer que ama a Jesús? ¿Tienes una palabra bondadosa de aliento para las jóvenes a las que puedes llegar a influenciar? El entrenamiento y el servir de modelo para otras mujeres no son actos de juicio o de crítica, sino acciones enfocadas para llegar al corazón de otra mujer y para guiarla bondadosamente a un destino más elevado en Cristo.

¿Has alcanzado el éxito en tu lugar de trabajo? ¿Cuál es tu manera de compartir tu sabiduría y experiencia con otras mujeres que están trabajando para usar sus dones, talentos y capacidades para la gloria de Dios? ¿Qué aprendiste en cuanto a descubrir y desarrollar tus fortalezas, y maximizar tu potencial?

Las posibilidades son infinitas. Toda mujer ha aprendido algo, sin importar cuánto haya vivido. La pregunta no es si hay alguien que puedas discipular, entrenar o modelar. ¡Lo único que tienes que hacer es detenerte y preguntarle al Señor quién es esa persona!

¿A quién está poniendo el Señor en tu mente en este preciso momento, mientras lees este libro? ¿Un miembro de tu familia, una mujer más joven que tú, una amiga, una niña incluso? ¿Qué conexión está pidiéndote Dios que hagas?

Por último, Jesús *sirvió* a sus discípulos. Juan 13:5 explica cómo Jesús, el Hijo del Dios vivo, parte de la Santa Trinidad, les lavó los pies a quienes lo seguían. No tenía complejos en cuanto a quién era, de dónde venía, a qué tenía derecho o qué le debían los demás. Él los servía porque, al hacerlo, daba ejemplo del mayor acto de verdadera madurez: tener la voluntad de ponerse uno mismo a disposición de otro. Jesús, el mismo Jesús que se sienta a la diestra de Dios, se humilló e hizo lo que no estaba obligado a hacer.

Jesús hizo una cosa aparentemente muy pequeña cuando les lavó los pies a los discípulos, pero fue ese mismo espíritu humilde y servicial lo que le permitió soportar todas nuestras cargas en la cruz. Jesús no soportó su propia carga; estuvo dispuesto a soportar la de otros que no merecían su sacrificio y, al hacerlo, dirigió a muchas personas al amor del Padre Dios.

Entonces, ¿de quién estás siendo madre espiritual, especialmente en tu iglesia local? ¿En qué actividades diarias estás haciendo creíbles las palabras de la Escritura? Todos los días hay mujeres que nacen en la iglesia. Son nuevas en la fe cristiana, nuevas en el matrimonio, nuevas como madres solteras, nuevas en ser solteras otra vez, nuevas en una segunda profesión, nuevas en la maternidad, nuevas a una vida sana, nuevas en tu iglesia. Muchas de ellas están preguntando: «¿Eres mi mamá?». Quieren saber si te harás un espacio para discipularlas, entrenarlas, servirlas y dirigirlas al Señor.

Quizás te preguntes cómo deberían desarrollarse la maternidad espiritual y el consejo de Tito 2 en el contexto de la iglesia local. Una manera con la que nuestra iglesia intenta facilitar una plataforma para dar lugar a la consejería es a través de grupos pequeños. Las mujeres se reúnen dos veces por mes para tener comunión y recibir apoyo, a la vez que analizan cómo aplicar la verdad en base al sermón.

Otra de las maneras en las que alentamos la conexión y la comunión espirituales es mediante clases especiales orientadas a abordar las necesidades de las mujeres. Algunas de esas clases se basan en una etapa de la vida como la de la maternidad, el matrimonio o la de convertirte en una mujer consagrada. Otras clases se enfocan en la sanidad y en la recuperación de situaciones difíciles como las adicciones, las luchas emocionales o las deudas. Son clases que, a pesar de que se extienden por un determinado período de tiempo, les dan la oportunidad a las mujeres de conectarse con otras mujeres de la comunidad que están transitando el mismo camino que ellas.

En estas clases, las mujeres comparten con otras los beneficios de su experiencia usando sus dones, ya sea como estilistas, cocineras, organizadoras o cosas por el estilo. ¡La iglesia es un lugar maravilloso donde puedes utilizar los dones que Dios te ha dado! A veces, eso puede querer decir ser creativa o descubrir nuevas formas de usar tus experiencias y tu habilidad en la vida para influenciar en otros, fortalecer a la iglesia o promover el reino. Dios te ha dado dones específicos para que los uses para sus propósitos, dentro de su cuerpo de creyentes. Usar tus dones y experiencia es imprescindible para edificar la iglesia.

Por último, las mujeres hacen tiempo para divertirse juntas en eventos de mujeres que se celebran a lo largo del año. Nuestra convención anual de mujeres es uno de esos eventos, y lanza nuestro ministerio femenino para el siguiente año calendario. A continuación vienen los «Supersábados de Tito 2», en los que las mujeres se reúnen dos veces al año para pasar un día completo de comunión, incluyendo una asamblea general, momentos de charlas interactivas y sesiones sobre distintos temas, intereses en común, pasatiempos y etapas de la vida. Luego, ¡se aseguran de tener tiempo para *divertirse*! Las salidas sociales y las reuniones ayudan a que las mujeres se conozcan y vivan la vida juntas, prestándole especial atención a que ninguna mujer de la iglesia se quede sola.

El ministerio de la mujer del reino

Recuerda que ministrar a otros y amarse mutuamente con los dones y habilidades que Dios te dio debieran traspasar las paredes de la iglesia. Un buen lugar donde empezar es ayudar a los niños necesitados. Los niños que hoy en día viven en una familia tradicional son la minoría. La mayoría de los niños no puede darse el «lujo» de vivir en un hogar con ambos padres. Las madres y/o los padres solteros muchas veces tienen que trabajar en dos empleos para llegar a fin de mes, y no pueden estar en su hogar tanto como quisieran. Esta falta de tutoría paterna puede dejar un enorme vacío en la vida emocional y espiritual de sus hijos.

Una manera en la que tú, como mujer del reino, puedes causar un impacto positivo en la sociedad es acompañando a tu iglesia en su compromiso con la comunidad local sirviendo a las escuelas públicas. Eso puede incluir el dar consejería, clases particulares o brindar cualquier otra forma de servicio de apoyo familiar. Nuestra iniciativa nacional de adopción de escuelas prepara a las iglesias y a sus líderes para llevar a cabo este modelo misional local. Es un enfoque expandible para maximizar los dones y las habilidades del

Cada mujer del reino tiene un ministerio para otra mujer a través de la iglesia local.

cuerpo de Cristo usándolos para el reino (ver el apéndice de The Urban Alternative para más información).

Cada mujer del reino tiene un ministerio para otra mujer a través de la iglesia local. Descubrir cuál es el discipulado para ti es una cuestión de oración y de la guía de Dios. Tu trabajo es buscar la sabiduría del Señor para ver qué parte de lo que has recibido, vivido o soportado en tu vida sería una bendición para otra persona. Si necesitas ser discipulada, tu trabajo es orar también para que Dios te oriente hacia la mujer que pueda compartir cosas de su vida contigo y que te ayude a madurar en tu fe para que puedas experimentar todas las posibilidades que Dios se ha propuesto para tu vida.

12

⚜

UNA MUJER DEL REINO Y SU COMUNIDAD

El año era 1955; el lugar, Montgomery, Alabama. El ambiente apestaba a una toxicidad racial que se manifestaba principalmente en la segregación Jim Crow del sur. A pesar de que la fila once estaba separada por unos pocos centímetros del área donde solo los blancos podían sentarse en el autobús que conducía James F. Blake, ese espacio representaba el abismo entre la experiencia de igualdad y de justicia entre los ciudadanos blancos y negros en esa época.

En la fila once estaba sentada una mujer silenciosa e introvertida, pero resueltamente decidida, llamada Rosa Parks. Un hombre blanco subió al autobús, y el conductor —que previamente había tomado el dinero de Rosa y había puesto en movimiento el autobús antes de que ella pudiera subir a la parte posterior del autobús— intentó humillarla otra vez. Rosa reconoció su rostro cuando él se dio vuelta para decirle que se levantara para que el hombre blanco pudiera sentarse. ¿Quién podría olvidar esos ojos insensibles y fríos como el acero?

Previamente ese año, Rosa había asistido a un curso sobre injusticia social y económica, curso en el que se había hecho énfasis en las protestas no violentas. Sin embargo, como investigadora principal a la que se le habían asignado casos de ataques sexuales contra mujeres negras cometidos por hombres blancos durante la década anterior, incluida la infame violación en grupo de Recy Taylor, Rosa sabía perfectamente a qué podía llevarla finalmente la desobediencia. Tenía todo el derecho de tratar de sobrevivir y de moverse.

Aun así, Rosa luego comentaría que el recuerdo del brutal asesinato del joven negro Emmett Till a manos de hombres blancos prevalecía en su mente cuando James F. Blake le dijo que se moviera. Y por esa causa, no lo hizo, sin importarle el peligro que corría.

Así que Rosa Parks permaneció sentada en la fila once.

Se dice que los hechos hablan más que las palabras y que puedes saber qué cree realmente una persona, de acuerdo a lo que hace. Los labios de Rosa nunca le dieron una explicación al hombre blanco que estaba de pie junto a ella esperando sentarse, con un aire de tener derecho a hacerlo. No obstante, las acciones de la mujer de cuarenta y dos años hablaron de una forma tan contundente que el país entero no pudo evitar escucharla.[1]

Su decisión simple pero profunda de rehusar dejar su asiento para un hombre blanco que se lo había exigido, de no seguir aceptando la indignidad de ser una ciudadana de segunda y, en cambio, de proclamar su valor y sus derechos como hija de Dios cambió la trayectoria de Estados Unidos para siempre. Este único acto condujo al nacimiento y a la maduración del Movimiento por los Derechos Civiles tal como lo conocemos, que mejoró la vida de infinidad de personas, simplemente porque Rosa decidió conservar su dignidad.

Rosa y su esposo, Raymond, nunca tuvieron hijos biológicos. Sin embargo, siempre será recordada como la madre del Movimiento para la Libertad. Sus hijos son innumerables. Su influencia es crucial; su legado, valioso.

Como mujer del reino, tú has sido llamada para cuidarte a ti misma, para apoyar a tu familia, para criar a tus hijos y para honrar a tu esposo, pero también has sido llamada para causar el máximo impacto para el reino de Dios. No tienes que rechazar los otros propósitos de tu vida, pero tampoco tienes que limitarte a ellos. Una mujer del reino tiene un destino que se extiende más allá de su hogar: el legado que le dejas a tu comunidad y, posiblemente, a tu país y al mundo.

> *Una mujer del reino tiene un destino que se extiende más allá de su hogar.*

Ester

De la misma manera en que Dios levantó a una mujer llamada Rosa para poner en marcha el cambio cultural más grande de la historia de

Estados Unidos, a lo largo de las Escrituras Dios usó mujeres no solo para impactar a sus comunidades, sino para impactar también a su país. Una de esas mujeres fue Ester.

Ester era una diva. En el libro que lleva su nombre, se la describe como una mujer «muy hermosa y atractiva» (2:7). Su nombre significa «estrella». Cualesquiera hayan sido los genes que engendraron a esta mujer del reino llamada Ester, indudablemente tuvieron éxito.

No obstante, a pesar de las bendiciones intrínsecas de Ester, ella afrontó una gran cantidad de obstáculos extrínsecos. Huérfana desde muy pequeña, Ester fue criada por su primo Mardoqueo. Dado que vivían como una raza minoritaria en una tierra extranjera, con poco dinero a su nombre, Ester y Mardoqueo se enfrentaban a posibilidades insalvables de traspasar alguna vez las barreras persas socioculturales.

Sin embargo, Ester iba a atravesar esas barreras con su propia historia del zapatito de cristal de Cenicienta. Ella se ganó el corazón del rey mediante un largo proceso armado para encontrar a la siguiente reina luego de que el rey Jerjes expulsara a la reina Vasti de su rol. Ester recibió el honor de ser llamada la nueva reina de Persia.

Por no decir algo peor, nuestra niña Ester estaba viviendo a lo grande.

Poco tiempo después de ingresar a la realeza, Ester se enfrentó con un dilema. Su pueblo estaba destinado a ser aniquilado por el malvado Amán a través de un decreto legal e irreversible que su esposo, el rey, había firmado. Gracias al discernimiento de su primo Mardoqueo, Ester descubrió pronto que ella había sido elevada a una posición de poder «para un momento como este» (4:14).

Al principio, Ester tuvo dudas sobre el hecho de arriesgar su vida en favor de su pueblo; entonces, Mardoqueo le explicó que si ella no actuaba en esta oportunidad, Dios levantaría a alguna otra persona para que los rescatara. Ester se tomó a pecho las palabras de Mardoqueo, les pidió a los que estaban cerca de ella que oraran y que ayunaran durante tres días, y luego se acercó al rey para buscar su favor, corriendo el riesgo de perder su vida.

Para las personas que no conocen la historia, el rey extendió su cetro de oro, Ester conservó su vida y, finalmente, continuó hasta ganar el derecho de que su pueblo, los israelitas, pudieran defenderse contra el ataque violento. Como resultado, los israelitas tomaron las armas, no solo para defenderse,

¿Alguna vez te preguntaste si a lo mejor Dios te tiene aquí en su reino «para un momento como este»?

sino para derrotar finalmente a sus agresores, mientras que el malvado Amán fue atravesado en el mismo poste que había levantado para Mardoqueo.

La valentía y el coraje de Ester, así como su posición de influencia, la hicieron una mujer del reino a quien tener en cuenta. Sin ayuda de nadie, obtuvo el derecho a la seguridad para todo un grupo étnico.

Pese a que esta historia llega de una época muy lejana en un reino muy distante, los principios de la vida de Ester son tan pertinentes como si sucedieran en la actualidad. ¿Alguna vez te preguntaste si a lo mejor Dios te tiene aquí en su reino «para un momento como este»? ¿Has considerado alguna vez la posibilidad de que tu propio poder, por medio de Cristo, pudiera influenciar no solo a tu familia, a tu iglesia y a la comunidad, sino posiblemente también a tu país?

El reino de Dios conlleva su dominio, sus propósitos y sus planes. En el reino, un principio dominante prevalece: eres bendecida para llevar bendición. Eres liberada para liberar. Eres redimida para redimir.

Tal vez hayas sido bendecida con una excelente educación, o con una apariencia física que te favorece, o aun con una buena vida. Lo que sea que Dios te haya dado —llámese un talento, un don o una capacidad excepcional—, él lo hizo a propósito. No para acaparar tus bendiciones, sino para que puedas usar lo que él te ha dado en cumplir sus propósitos en la vida de las personas que te rodean.

Las crónicas de Chrystal

La mujer samaritana se sorprendió cuando Jesús le habló directamente. Ella tenía que haber estado sorprendida. En esos tiempos, los judíos no se relacionaban con los samaritanos. Ellos eran la clase marginada, los despreciados, los ciudadanos de segunda. En Juan 4:9, la samaritana dijo: «Usted es judío, y yo soy una mujer samaritana. ¿Por qué me pide agua para beber?».

Los samaritanos no estaban considerados de linaje «puro». No se los apreciaba como verdaderos descendientes de los patriarcas judíos. Se creía que era una raza de personas producto del matrimonio interracial entre hebreos y asirios, luego de que Asiria invadió y conquistó el reino norte de Israel alrededor del año 721 antes de Cristo. Era un grupo de personas al que se consideraba contaminado, tanto racial como espiritualmente. Ellos eran vistos como indignos, insignificantes y despreciables por quienes se consideraban a sí mismos como los «verdaderos judíos», o el pueblo con derecho a la herencia sagrada.

La mujer junto al pozo tenía, en realidad, dos cosas en su contra: era samaritana y, bueno... ¡era mujer! Para el hombre judío no era una práctica aceptada hablar con una mujer en público. Además, se sospecha que esta era una mujer poco respetada en su propia comunidad.

La mujer samaritana fue a sacar agua del pozo al mediodía (Juan 4:6). Esta era la parte más calurosa del día, lo cual implica que iba a esa hora para evitar coincidir con la mayoría de las demás mujeres que también sacaba agua del pozo. No quería mezclarse con gente que la menospreciara ni que se burlara de ella. Esta mujer no cumplía con los requisitos de los judíos. Ni siquiera cumplía con los requisitos de su propia comunidad. Era una marginada.

No obstante, Jesús le habló.

Le pidió que le diera un poco de agua. La invitó a interactuar, a conversar, a reflexionar sobre un regalo que estaba disponible, incluso para ella.

Después le ofreció el agua viva. El agua que le daría satisfacción. El agua que venía del hombre que sabía acerca de su vida errada, pero que de todas maneras quería darle un regalo de Dios.

La mujer samaritana quería el regalo. «Por favor, señor —le dijo la mujer— , ¡déme de esa agua! Así nunca más volveré a tener sed y no tendré que venir aquí a sacar agua» (versículo 15). Ella ansiaba el agua viva a tal punto que estaba dispuesta a permitir que Jesús aludiera a su estilo de vida (versículos 16-19). Quería tanto el agua viva que procuró entender la diferencia entre la religión y la relación personal con Cristo (versículos 20-26). Esta mujer necesitaba el agua viva con tanta desesperación que con un desenfreno entusiasta dejó su cántaro en el pozo y corrió a contarles a las demás personas que vivían en su ciudad acerca de este hombre que le había ofrecido la vida (versículos 28-30). Y las personas de la ciudad creyeron. Le creyeron a la mujer catalogada como marginada. Primero, por su palabra (versículo 39), y después porque ellos mismos conocieron a Jesús (versículo 42).

Dios usó a la mujer de Samaria para impactar a toda su comunidad. Ella causó un doble impacto: evangelizador y social. Ella influyó socialmente en su comunidad porque se convirtió en el ímpetu para juntar a dos grupos raciales distintos que no tenían conexión alguna. Fue tan efectivo que Jesús pasó el fin de semana con los samaritanos. Ella se convirtió en la puerta por la cual Jesús llegó y se quedó entre las personas de su comunidad. A pesar de que era una mujer con un pasado controversial, Dios la usó para influenciar la vida de las personas a su alrededor; lo cual demuestra que Dios puede usar (y que lo hará) a cualquiera para los propósitos de su reino cuando esa persona responde a su verdad.

Una mujer del reino no es una mujer perfecta. Es una mujer que ha sido perdonada. Es una mujer que ha sido amada por el Maestro, a pesar de su pasado, de sus debilidades o de sus luchas. Es audaz. Es una mujer que, como no tiene nada que perder, se arriesga completamente para señalarles a otros al Dador de la Vida.

Una mujer del reino no es una mujer perfecta. Es una mujer que ha sido perdonada.

La mujer del reino no se conforma a los límites trazados por nuestra sociedad a través de las barreras sociales, socioeconómicas o culturales. Debido a que Jesús llegó a ella atravesando el gran abismo creado por el pecado, ella está dispuesta a alcanzar a los demás y a brindarles la palabra de su testimonio.

Es una mujer que reconoce su propia inmoralidad, ya sea porque ha estado al borde de un precipicio, por haber caído al abismo o por haberse revolcado en el barro. Se maravilla de que Jesús se haya esforzado para conocerla personalmente. Debido a que está asombrada de que Jesús no la haya considerado demasiado corrupta o indigna de su salvación, ella está llena de gratitud.

Una mujer del reino es la que está dispuesta a abandonar su propia agenda, sus planes y sus complejos para actuar sobre lo que Dios dice. Ella está dispuesta a abandonar el cántaro en el pozo de agua y actuar.

Hermana, ahora es el momento. Las personas de tu comunidad te necesitan ahora. La gente de tu calle te necesita ahora. La persona que se sienta al lado tuyo en el trabajo te necesita ahora. No tiene que ver con que seas perfecta. Dios utiliza a personas imperfectas. No se trata de que tengas todas las cosas en orden. Dios quiere ayudarte a ordenarlas. No se trata de ser superespiritual o de estar libre de pecado. Jesucristo ha cubierto nuestras transgresiones con su sangre y el sacrificio que hizo por ti y por mí en la cruz.

Ahora es el momento. No hay mejor momento para responder al llamado de Dios en tu vida que ahora mismo. No tienes que esperar a que tu familia sea perfecta ni a que tu salario sea el adecuado. No se requiere que seas una santita espiritual. No importa que tus hijos sean pequeños o que tengas que bajar unos kilos. Las divisiones denominacionales no son una excusa válida para negarles a otras personas el amor de Dios. La educación que te dieron no es motivo para evitar estirarte para alcanzar a otra persona y compartir con ella lo que recibiste. El reloj está en marcha.

Tú eres más que tu pasado, la profundidad de tu dolor o la cantidad de problemas que tengas. Tú eres quien Dios dice que eres. Puedes hacer lo que Dios dice que puedes hacer. Puedes tener lo que él dice que puedes tener.

Sé valiente.

Cuanto más te aferres a tu cántaro de agua con el temor de cómo vas a mantener el anonimato o el amor propio, menos tiempo tendrás para compartir tu vida y tu historia con las personas que necesitan saber que Jesús puede salvarlas. Las personas se están muriendo y necesitan que tú corras a la ciudad para hablarles de lo que Dios ha hecho en el pasado y de lo que está haciendo por ti en este momento.

La mujer samaritana no tenía su vida bajo control, pero conoció al hombre que sí tenía todo bajo su control. Jesús le ofreció la forma de manejar bien su vida confiando en él.

Dios quiere usarte. Sí, a *ti*. Tu testimonio, ese mismo testimonio que tratas de evitar y de ocultar, podría ser justamente la clave para que alguien en tu comunidad vea a Cristo: su bondad, su misericordia y su poder.

Débora

Era aproximadamente el año 1050 antes de Cristo. El lugar, debajo de una palmera enclavada en las montañas de Efraín, ubicadas entre Ramá y Betel. Era una época en la que cada hombre y cada mujer hacían lo que estaba bien ante sus propios ojos. El humanismo, disfrazado como la adoración a Baal, había prevalecido, mientras que, en consecuencia, el único Dios verdadero había sido marginado.

Luego de los valientes reinados de Josué y de los primeros tres jueces, Otoniel, Aod y Samgar, Israel de nuevo volvió a apartarse de la obediencia a los mandatos de Dios y empezó a adorar ídolos. Como resultado, Dios los entregó en manos de los pueblos paganos que tenían alrededor. Usó lo secular para conducir a su pueblo de vuelta hacia él, permitiendo que el rey cananeo, Jabín, y su malvado general, Sísara, oprimieran a los judíos durante veinte años. Fue durante este período que Dios designó a una mujer llamada Débora para servir a los israelitas de una manera única y especial. Débora no solo surgió dentro de Israel como la primera mujer juez, sino que Dios, además, le dio el don de ser profetisa.

Como jueza, Débora ejecutaba las decisiones sobre las disputas que había entre los israelitas. Se hizo conocida como una jueza sabia, por lo que muchos la buscaban y viajaban desde lejos para encontrarse con ella debajo de la palmera que recibió su nombre.

Como profetisa, tenía la capacidad de discernir los pensamientos y los propósitos de Dios y de comunicárselos a otros. Como su nombre lo indica (*Débora* quiere decir «abeja»), era una mujer que guiaba a las personas bajo su influencia con una sabiduría dulce como la miel, pero que también tenía un aguijón mortífero para aquellos que buscaban subyugar a su pueblo, los judíos.

No se sabe del todo por qué Débora eligió ubicarse debajo de la palmera en la que resolvía las disputas como jueza. Algunos especulan que debido a que era mujer, no hubiera sido culturalmente aceptable que se reuniera con los hombres a puertas cerradas. Cualquiera haya sido la razón, Débora se convirtió en una profetisa y jueza muy buscada y respetada que tomaba decisiones bajo la belleza de una palmera, así como también expresaba el corazón de Dios.

Fue aquí también, al aire libre, donde Débora les advirtió a los israelitas sobre las consecuencias de adorar ídolos y los urgió a volver a servir a Dios. A medida que cada vez más israelitas empezaban a responder a las exhortaciones de Débora y volvían a servir a Dios, él la instruyó para que saliera contra el malvado gobernante cananeo y su general de guerra. Luego, ella convocó a un hombre llamado Barac, jefe del ejército israelita y levita, y le dio esta orden:

«El SEÑOR, Dios de Israel, te ordena: reúne en el monte Tabor a diez mil guerreros de las tribus de Neftalí y de Zabulón. Y yo haré que Sísara, el comandante del ejército de Jabín, vaya al río Cisón junto con sus carros de combate y sus guerreros. Allí te daré la victoria sobre él». (Jueces 4:6-7)

Como Barac era de la tribu de Leví, también era sacerdote. La sabiduría de Débora la llevó a reconocer que la batalla contra Sísara no era solamente una batalla física, sino también espiritual. Débora sabía que para ganar una batalla espiritual, tenía que ser peleada espiritualmente. Así que recurrió a Barac para que representara a los israelitas de manera sacerdotal. En la cultura judía, las mujeres podían tener altos cargos de liderazgo dentro del gobierno, e incluso dentro del ámbito espiritual, tal como ser profetisas, pero no tenían permitido ser sacerdotisas. Débora sabía que para lograr la victoria en la batalla espiritual, tendría que ser ganada en los cielos.

Débora sabía que para ganar una batalla espiritual, tenía que ser peleada espiritualmente.

Sin embargo, en un momento de la historia israelita en que parecía haber muy pocos hombres viviendo como hombres del reino, hasta el sacerdote al que Débora le pidió que condujera la batalla se amilanó bajo la presión de ir a un enfrentamiento que tenía todas las posibilidades en contra. Con los cananeos contando con novecientos carros y muchos más soldados de los que los israelitas podían reunir, parecía que la batalla, al menos en el pergamino, sería ganada por los cananeos. Débora había recibido una palabra de Dios diciéndole que la victoria era de los israelitas, así que tuvo fe en el resultado. Sin embargo, Barac no compartía la misma fe. Él respondió dubitativamente: «Yo iré, pero solo si tú vienes conmigo» (versículo 8). En el fondo, no estaba dispuesto a ser un hombre del reino.

Como resultado de su falta de fe, Débora le informó a Barac que el honor de vencer finalmente a Sísara ya no iba a ser de él, sino que le pertenecería a una mujer (versículo 9).

Efectivamente, Débora acompañó a Barac a Cedes, donde los ejércitos marcharon a la batalla. Cuando lo hicieron, Dios provocó una gran confusión entre los cananeos, junto con una poderosa lluvia que caía a mares, de manera que, al final, «mató a todos los guerreros de Sísara. Ni uno solo quedó con vida» (versículo 16).

No quedó ni uno, es decir, excepto el mismísimo Sísara, que había logrado escapar a pie, y que terminó escondido en la carpa de Heber, el ceneo y fabricador de carpas, cuya esposa, Jael, le había dado la bienvenida y le había prometido brindarle descanso y refrigerio.

Jael cumplió su promesa en cuanto al refrigerio y le dio leche para que bebiera. Ella cumplió su promesa de darle descanso; dejó que se durmiera. Entonces, Jael tomó una estaca y la clavó en la sien de Sísara, poniéndole fin, de este modo, al salvaje reinado de uno de los generales cananeos más temidos de todos los tiempos.

Una mujer había conducido al ejército israelita a la batalla profetizando la victoria inminente, y otra mujer había completado la tarea de derrotar al enemigo, quitándole la vida al malvado general Sísara. Tanto Débora como Jael eran mujeres del reino cuya valentía les permitió marcar el inicio de una era de paz y de renovación espiritual para Israel.

Por medio de esta batalla, Débora estaba protegiendo a sus hijos espirituales, el pueblo de Israel, de la catástrofe y la opresión físicas, y del desastre espiritual del culto a Baal y la adoración de ídolos. Ella los acompañó en una era que incluyó tanto la liberación física como la liberación espiritual. De todos los jueces, Débora es la única que figura como jueza y profetisa. Ella tenía un llamado único, cuyo resultado fue la victoria para su pueblo y cuarenta años de descanso para Israel.

Los relatos históricos de Débora y de Jael son ejemplos de la realidad de que Dios levantará mujeres que fomentarán su reino en la tierra, particularmente cuando los hombres no cumplan con gobernar bien el reino que Dios les ha dado.

Como en el caso de Rosa Parks, aunque se desconoce si Débora y su esposo, Lapidot, tuvieron hijos biológicos propios, Débora tiene un legado formal como madre de Israel (Jueces 5:7).

Señoras, ustedes tienen un noble llamado y un digno propósito. Dios las ha dotado con el poder de realizar tareas tan grandes que tienen el potencial de cambiar a todo un país. Lamentablemente, muchas mujeres hoy no pueden ver más allá de su vida personal. Tal vez sea porque están muy ocupadas y distraídas haciendo las cosas «buenas», como Marta. No estoy seguro, pero lo que sí sé es que, a lo largo de las Escrituras, mientras que Dios sí hace distinciones de roles y de funciones, él no discrimina entre hombres y mujeres para revelar su verdad. Tanto a los unos como a las otras les da el poder y el llamado para promover su reino en la tierra.

En otro viaje a la ciudad de Nueva York con mi esposa, visité la tienda de Macy's. En el exterior de la tienda había vidrieras con maniquíes para tentar a los transeúntes a ingresar. Ese día en particular notamos que una cantidad de personas se habían juntado fuera de una de esas vidrieras. Entonces, decidimos acercarnos y echar un vistazo. En la vidriera había varios maniquíes bien vestidos, pero cuando nos acer-

Dios no discrimina entre hombres y mujeres para revelar su verdad.

camos para mirar mejor, nos pareció que los maniquíes pestañeaban. Mientras los mirábamos, pronto nos dimos cuenta de que eran modelos reales que posaban como maniquíes tratando de dirigir la atención de las personas hacia el reino al que representaban, Macy's.

Cuando las personas reunidas del otro lado de la vidriera empezaron a darse cuenta de que eran modelos vivos, comenzaron a saludar con la mano y a hacer caras raras para tratar de que los modelos dejaran su pose. Los adultos hacían toda clase de contorsiones tratando de distraer a los modelos maniquíes. No obstante, los modelos se mantuvieron firmes, lograron su propósito y despertaron el interés de muchas de las personas que finalmente entraron a la tienda, tentadas por la atracción. Los modelos fueron capaces de mantenerse firmes en su propósito porque no estaban distraídos por la conmoción. Su trabajo era impactar al mundo que pasaba, más que ser impactados por él.

Como una mujer del reino, representas al Rey de otro reino, quien te ha puesto aquí, en la tierra, como un anticipo de todo lo que él ofrece y que puede proveer. Tu trabajo es influenciar a tu familia, a tu iglesia, a tu comunidad y al mundo, que están de paso, más que ser influenciada por ellos. Una gran cantidad de voces tratan de distraerte y muchas de esas voces incluso son buenas, pero Dios te ha dado el propósito de representarlo a él y a su reino sobre la tierra.

El mayor impacto individual de la historia vino a través de una mujer del reino.

Como sucedió con Rosa Parks, eso exigirá un riesgo; como sucedió con Ester, requerirá enfoque. Como sucedió con la mujer samaritana, precisará audacia; y como en el caso de Débora, necesitará de la fe. Sin embargo, como sucedió con todas ellas, el fruto producirá un legado digno del nombre de Cristo como resultado del poder de la gracia de Dios.

Señoras, por favor nunca olviden que el mayor impacto individual de la historia vino a través de una mujer del reino. María dio a luz al Salvador del mundo, quien ofrecería el camino a la salvación para todo el que apela a su nombre y cree. María, sola y joven, eligió la fe antes que el temor, cuando valientemente proclamó sobre la voluntad de Dios para su vida: «Que se cumpla todo lo que has dicho acerca de mí» (Lucas 1:38).

Que esa sea también tu proclamación del reino. Entonces, siéntate cómodamente y déjate sorprender por todo lo que Dios hará contigo y a través de ti.

APÉNDICE

THE URBAN ALTERNATIVE

El doctor Tony Evans y The Urban Alternative (La alternativa urbana, TAU por sus siglas en inglés) *capacita*, *empodera* y *une* a personas cristianas con el objetivo de influir en *individuos*, *familias*, *iglesias* y *comunidades* a través de una cosmovisión plenamente ligada a la agenda del reino. Al enseñar la verdad, nos proponemos transformar vidas.

La causa central de los problemas que enfrentamos en nuestra vida personal, nuestros hogares, nuestras iglesias y nuestras sociedades es de índole espiritual; por lo tanto, la única manera de encararla es espiritual. Hasta ahora, hemos intentado hacerlo con una agenda política, social, económica y hasta religiosa.

Es hora de una *agenda del reino*.

El tema central que sirve de eje integrador a lo largo de la Biblia es la gloria de Dios y el avance de su reino. El hilo que unifica todo desde Génesis a Apocalipsis —de comienzo a fin— se enfoca en una sola cosa: la gloria de Dios por medio del avance de su reino.

La agenda del reino puede definirse como la manifestación visible del reinado integral de Dios sobre todas las áreas de la vida.

Cuando no se ha reconocido este tema, la Biblia se convierte en una sucesión de historias inconexas que sirven de inspiración pero que aparentan no estar vinculadas en propósito ni dirección. La Biblia existe para dar a conocer la acción de Dios en la historia hacia el establecimiento y la expansión de su reino, destacando la conectividad de arriba abajo, lo cual es el reino.

Entenderlo aumenta la pertinencia que tiene este manuscrito milenario en nuestra existencia cotidiana porque el reinado no pertenece solo a entonces, sino a ahora.

La falta de influencia del reino en nuestra vida personal y familiar, en nuestras iglesias y comunidades, ha conducido a un deterioro de enormes proporciones en nuestro mundo:

- La gente tiene una existencia segmentada y compartimentada porque carece de la cosmovisión del reino de Dios.
- Las familias se desintegran porque existen para su propia satisfacción y no para el reino.
- Las iglesias tienen una influencia limitada porque no perciben que su meta no es la propia iglesia sino el reino.
- Las comunidades no tienen a dónde recurrir en busca de soluciones reales para personas reales que tienen problemas reales, porque la iglesia está dividida, retraída e incapaz de transformar el entorno cultural de una manera relevante.

La agenda del reino nos ofrece una manera de considerar y vivir la vida con una esperanza sólida al optimizar las soluciones del cielo. Cuando Dios, y su reinado, deja de ser la pauta autoritativa y final bajo la cual todo lo demás cabe, se pierden el orden y la esperanza. Sin embargo, lo contrario también es cierto: en la medida en que usted cuenta con Dios, tiene esperanza. Si Dios se mantiene en la escena, y mientras su agenda siga vigente, no todo está perdido.

Aun si colapsan las relaciones, Dios lo sostendrá. Aun si menguan las finanzas, Dios lo guardará. Aun si sus sueños mueren, Dios lo reanimará. Mientras Dios, y su reinado, continúen siendo la norma abarcadora en su vida personal, su familia, su iglesia y su comunidad, siempre habrá esperanza.

Nuestro mundo necesita la agenda del Rey. Nuestras iglesias necesitan la agenda del Rey. Nuestras familias necesitan la agenda del Rey.

En muchas ciudades importantes, existe un circuito que los conductores pueden tomar cuando quieren llegar a un punto al otro lado de la ciudad, evitando el centro. Este circuito lo llevará suficientemente cerca de la ciudad como para ver su silueta y los elevados edificios, pero no lo suficientemente cerca como para vivenciarla en sí.

Esto es precisamente lo que, como cultura, hemos hecho con Dios. Lo hemos puesto en el «circuito» de nuestra vida personal, nuestra familia, nuestra iglesia y nuestra comunidad. Está lo suficientemente cerca como para recurrir a él en una emergencia, pero lo suficientemente lejos como para que no pueda ser el centro de quienes somos.

Queremos a Dios en el «circuito», no como el Rey de la Biblia que se mete al centro de nuestro camino. Dejarlo en el «circuito» acarrea terribles consecuencias, como hemos podido comprobar en nuestra vida y en la de otros. Pero cuando hacemos de Dios, y de su reinado, el centro de todo lo que pensamos, hacemos o decimos, entonces tendremos la experiencia de Dios que él anhela que tengamos.

Él quiere que seamos personas del reino, con una mentalidad del reino, dispuestos a cumplir los propósitos de su reino. Quiere que oremos como lo hizo Jesús: «Que se haga tu voluntad, no la mía». Porque suyo es el reino, el poder y la gloria.

Hay un solo Dios, y nosotros no somos él. Como Rey y Creador, él toma las decisiones. Es solo cuando nos alineamos bajo su control que tendremos acceso a todo su poder y autoridad en todas las esferas de la vida: personal, de familia, de iglesia y de comunidad.

Bajo su soberanía, tocamos el cielo y transformamos la tierra.

Conforme aprendemos a gobernarnos a nosotros mismos bajo la soberanía de Dios, entonces transformamos a las instituciones de la familia, la iglesia y la sociedad desde una cosmovisión del reino basada en la Biblia.

Para alcanzar nuestra meta, utilizamos una variedad de estrategias, enfoques y recursos que nos permitan alcanzar y capacitar a tantas personas como sea posible.

Medios de comunicación

Millones de personas tienen acceso al programa *The Alternative with Dr. Tony Evans* a través de la transmisión radial diaria en casi mil emisoras y en más de cien países. Este programa también puede ser visto en varias redes de televisión y en Internet en el sitio TonyEvans.org. Usted también puede escuchar o ver la emisión diaria descargando la aplicación Tony Evans en forma gratuita en el App store. Se descargan más de cuatro millones de sermones cada año.

Capacitación del liderazgo

El *Tony Evans Training Center* (Centro de Capacitación Tony Evans, TETC por sus siglas en inglés) facilita programas educativos que encarnan la filosofía ministerial del doctor Tony Evans expresada en la agenda del reino. Los cursos de capacitación se enfocan en el desarrollo del liderazgo y el discipulado mediante las siguientes cinco vías:

- Biblia y Teología
- Crecimiento personal
- Familia y relaciones
- Salud de la iglesia y desarrollo del liderazgo
- Estrategias de influencia en la comunidad y en la sociedad

El programa TETC incluye cursos presenciales y a distancia por Internet. Además, los programas de TETC incluyen cursos para quienes no son alumnos regulares. Pastores, líderes cristianos y laicos cristianos, tanto locales como a distancia, pueden dedicarse a recibir el Diploma de la Agenda del Reino por su desarrollo personal, espiritual y profesional. Algunos de los cursos califican para crédito CEU además de ser transferibles para crédito universitario en las instituciones con las que tenemos convenio.

El programa *Kingdom Agenda Pastors* (Pastores con la agenda del reino, KAP por sus siglas en inglés) ofrece una red funcional para pastores con mentalidad similar que se comprometen con la filosofía de la agenda del reino. Los pastores tienen la oportunidad de profundizar con el doctor Tony Evans a medida que reciben mayor conocimiento bíblico, aplicaciones prácticas y recursos para influir en personas, familias, iglesias y comunidades. KAP recibe a pastores principales y adjuntos de todas las iglesias. También organiza una cumbre anual que se realiza en Dallas con seminarios intensivos, talleres y recursos.

El *Pastors' Wives Ministry* (Ministerio para las esposas de pastores), fundado por la doctora Lois Evans, ofrece consejo, aliento y recursos espirituales para las esposas de pastores que sirven con sus cónyuges en el ministerio. El principal énfasis del ministerio es la Cumbre KAP que brinde a las esposas de pastores principales un ámbito seguro donde puedan reflexionar, renovarse y relajarse, además de recibir capacitación en el desarrollo personal, el crecimiento personal y el cuidado de su bienestar emocional y físico.

Influencia en la comunidad

La *National Church Adopt-A-School Initiative* (Iniciativa nacional de iglesias que adoptan una escuela, NCAASI por sus siglas en inglés) prepara iglesias en todo el país para influir en sus comunidades, utilizando las escuelas públicas como el vehículo principal para producir un cambio social positivo en la juventud y en las familias urbanas. Se capacita a líderes de iglesias, distritos escolares, organizaciones basadas en la fe y otras entidades sin fines de lucro, proporcionando conocimiento y herramientas para forjar vínculos y construir sistemas firmes para el servicio social. Esta capacitación está basada en la estrategia global de influencia de la iglesia en la comunidad impulsada por la Oak Cliff Bible Fellowship. Abarca áreas tales como el desarrollo económico, la educación, la vivienda, la promoción de la salud, la renovación de la familia y la reconciliación racial. Cooperamos con las iglesias en el diseño de un modelo que permita responder a las necesidades concretas de sus comunidades y, a la vez, atender el marco de referencia moral y espiritual. Los encuentros de capacitación se realizan anualmente en la zona de Dallas, en el Oak Cliff Bible Fellowship.

El *Athlete's Impact* (Influencia del atleta, AI por sus siglas en inglés) existe como un alcance hacia y por medio del ámbito deportivo. Los entrenadores son el mayor agente de influencia en la vida de los jóvenes, incluso por encima de sus padres. Con la creciente falta de paternidad en nuestra cultura, cada vez más gente joven recurre a sus entrenadores en busca de orientación, desarrollo del carácter, necesidades prácticas y esperanza. Los atletas siguen a los entrenadores en la escala de influencia. Los atletas (sean profesionales o no) influyen en atletas más jóvenes y en los niños dentro de su ámbito de influencia. Sabiendo esto, nos hemos propuesto capacitar y adiestrar a entrenadores y atletas sobre cómo poner en práctica y utilizar los roles que Dios les ha dado para el beneficio del reino. Nos proponemos llevar esto a cabo a través de nuestra aplicación iCoach y el Congreso weCoach Football, además de recursos como *The Playbook: A Life Strategy Guide for Athletes* (El manual de juego: Una guía de estrategia para la vida de los atletas).

Desarrollo de recursos

Promovemos un vínculo de aprendizaje de por vida con aquellas personas a las cuales servimos, proveyéndoles una variedad de materiales publicados. Con base en su experiencia de más de cuarenta años de prédica, el doctor Evans ha publicado más de cien títulos singulares, ya sea en formato de folletos, libros o guías de estudio bíblico. La meta es fortalecer a las personas en su andar con Dios y su servicio a otros.

Para más información y para recibir un ejemplar de regalo
del boletín devocional en inglés del doctor Evans,

llame al teléfono (800) 800-3222;

o escriba a TUA, PO Box 4000, Dallas, TX 75208;

o entre al sitio de Internet www.TonyEvans.org.

NOTAS

Introducción

1. Eleanor Roosevelt, citada en Donald Wigal, *The Wisdom of Eleanor Roosevelt* [La sabiduría de Eleanor Roosevelt] (New York: Kensington, 2003), 86.

2. Virginia Woolf, *A Room of One's Own* (Peterborough, Ontario: Broadview Press, 2001), 59. Publicado en español como *Una habitación propia*.

3. Adam Looney y Michael Greenstone, «Women in the Workforce: Is Wage Stagnation Catching Up to Them Too? [Las mujeres en la fuerza laboral: ¿Está alcanzándolas el estancamiento salarial a ellas también?]», The Hamilton Project, abril del 2011, http://www.hamiltonproject .org/files/downloads_and_links/03_jobs_women.pdf; y Liza Mundy, «Women, Money and Power [Las mujeres, el dinero y el poder]», *TIME*, 26 de marzo del 2012, http://www.time.com/time/magazine /article/0,9171,2109140,00.html?pcd=pw-op.

4. Women's Philanthropy Institute, «Boomer Women Give More to Charity, New Study Finds [Las mujeres nacidas en los años sesenta donan más para las organizaciones benéficas, hallazgos del nuevo estudio]», Center on Philanthropy, 22 de agosto del 2012, http://www .philanthropy.iupui.edu/news/article/boomer-women-give-more-to -charity-new-study-finds.

5. Bruno Mars, «Grenade [Granada]», *Doo-Wops and Hooligans* (CD), Elektra-Asylum, 2010.

6. Bryan Adams, «(Everything I Do) I Do It for You [(Todo lo que hago) Lo hago por ti]», banda de sonido de la película *Robin Hood: príncipe de los ladrones*, Shout! Factory, 1991.

7. Percy Sledge, «When a Man Loves a Woman [Cuando un hombre ama a una mujer]», *Ultimate Collection* (CD), Atlantic, 1990.

8. Jay Boice y Aaron Bycoffe, «Olympic Medal Count 2012: Standings Table of London Games Totals by Nation, Type of Medal [Conteo de las medallas olímpicas del 2012: Totales por país en los Juegos de

Londres, tipo de medalla]», *The Huffington Post*, 8 de agosto del 2012, http://www.huffingtonpost.com/2012/08/08/olympic-medal-count -2012-standings_n_1756771.html; y Timothy Rapp, «Olympic Medal Count 2012: US Women Stole the Show in London [Conteo de medallas olímpicas 2012: las mujeres estadounidenses se robaron el espectáculo en Londres]», BleachReport.com, 13 de agosto del 2012, http://bleacherreport.com/articles/1294747-olympic-medal-count -2012-us-women-stole-the-show-in-london.

9. Sojourner Truth en el discurso titulado: «Ain't I a Woman? [¿Acaso no soy una mujer?]», pronunciado en 1851 para la Convención de los Derechos de la Mujer, Akron, Ohio, Instituto Sojourner Truth, http://www.sojournertruth.org/Library/Speeches/AintIAWoman.htm.

10. Bruce Redford, ed., *Letters of Samuel Johnson: 1731–1772* [Cartas de Samuel Johnson: 1731–1772] (Princeton, NJ: Princeton University Press, 1994), 1:228.

11. *Strong's Concordance*, bajo el término hebreo 3335 *yatsar*, http://biblesuite.com/hebrew/3335.htm. Publicado en español como *Nueva concordancia Strong exhaustiva*.

12. *Strong's Concordance*, bajo el término hebreo 1129 *banah*, http://biblesuite.com/hebrew/1129.htm.

13. Abraham Lincoln, «Speech at Lewistown, Illinois, August 17, 1858 [Discurso en Lewistown, Illinois, 17 de agosto de 1858]», *Lincoln Speeches* [Los discursos de Lincoln] (New York: Penguin, 2012), http://books.google.com/books?id=lhmbVKFw8rQC&pg=PT8&dq =Lewiston,+Illinois+August+17,+1858&hl=en&sa=X&ei=h0z4UPu -NIeuqQGXwoGIDw&ved=0CDQQ6AEwATgK#v=onepage&q =divine%20image&f=false.

14. *Bible Suite, Multi-Version Concordance* [Concordancia multi-versión bíblica], bajo el término *iglesia*, http://biblesuite.com/c/church.htm.

15. *Bible Suite, Multi-Version Concordance*, bajo el término *reino*, http://biblesuite.com/k/kingdom.htm.

16. *Strong's Concordance*, bajo el término griego 932 *basileia*, http://biblesuite.com/greek/932.htm.

17. Tony Evans, *The Kingdom Agenda* (Chicago: Moody, 2006), 27. Publicado en español como *La agenda del reino*.

18. *Strong's Concordance*, bajo el término hebreo 3068 *Yhvh*, http://bible
suite.com/hebrew/3068.htm.

19. *Strong's Concordance*, bajo el término hebreo 5828 *ezer*, http://biblesuite
.com/hebrew/5828.htm.

20. *Strong's Concordance*, bajo el término hebreo 5048 *neged*, http://bible
suite.com/hebrew/5048.htm.

21. Charles Templeton, *Farewell to God* [Adiós a Dios] (Toronto: McClelland
y Stewart, 1996), http://books.google.com/books?id=NvTRo5fodqYC&p
rintsec=frontcover&dq=farewell+to+god&hl=en&sa=X&ei=Xtd6UbrxAsa
KrAGgroHgBg&ved=0CDIQ6AEwAA.

22. Eleanor Roosevelt, según la cita de *Reader's Digest*, septiembre de 1940,
37:84.

Capítulo 3

1. Allan R. Gold, «Garbage Collectors Threaten a Strike in New York [Los
recolectores de basura amenazan con ir a la huelga en Nueva York]», *The
New York Times,* 28 de noviembre del 1990, http://www.nytimes.com
/1990/11/28/nyregion/garbage-collectors-threaten-a-strike-in-new-york
.html; y Sewell Chan, «Manhattan: Garbage Strike Ends" [Manhattan:
termina la huelga de la basura]», *The New York Times*, 6 de agosto del 2006,
http://www.nytimes.com/2006/08/03/nyregion/03mbrfs-001.html.

Capítulo 4

1. The Pew Forum on Religion and Public Life [El Foro Pew sobre religión
y vida pública], La encuesta del panorama religioso de Estados Unidos:
«The Stronger Sex—Spiritually Speaking [El sexo más fuerte, hablando
espiritualmente]», Pew Research Center, 26 de febrero del 2009, http://
www.pewforum.org/The-Stronger-Sex----Spiritually-Speaking.aspx.

2. *Strong's Concordance*, bajo el término griego 3056 *logos*, http://biblesuite
.com/greek/3056.htm.

3. *Strong's Concordance*, bajo el término griego 4487 *rhema*, http://bible
suite.com/greek/4487.htm.

4. Autor desconocido, aunque suele atribuírsele al Dr. Seuss. Para más
información, ver William H. Shepherd, *Without a Net: Preaching in the
Paperless Pulpit* [Sin red: Predicando en el púlpito sin notas] (Lima, OH:
CSS Publishing, 2004), 164–165.

Capítulo 5

1. Darrel Bock, *Baker Exegetical Commentary on the New Testament* [Comentario exegético Baker sobre el Nuevo Testamento] (Grand Rapids, MI: Baker Academic, 1994), 607-608.

Capítulo 6

1. William Law, *The Works of the Reverend William Law* [Las obras del reverendo William Law] (Londres: J. Richardson, 1762), 74.

Capítulo 7

1. *Strong's Concordance*, bajo el término hebreo 1136 *chesed*, http://bible suite.com/hebrew/1136.htm.
2. Aline Reynolds, «One Survivor from 9/11 Returns Home, for Good [Un sobreviviente del 11 de septiembre vuelve a casa, para siempre]», *Downtown Express,* 29 de diciembre del 2010, http://www.downtown express.com/de_401/onesurvivor.html; y Associated Press, «9/11 "Survivor Tree" Blossoms at Start of Spring [El "Árbol Sobreviviente" del 11 de septiembre florece a comienzos de la primavera]», NBC New York, 20 de marzo del 2012, http://www.nbcnewyork.com/news /local/911-Survivor-Tree-World-Trade-Center-Pear-Tree-Ground-Zero -Blossoms-Spring-143548806.html.

Capítulo 8

1. *Strong's Concordance*, bajo el término griego 5299 *hypopiazo*, http://bible suite.com/greek/5299.htm.

Capítulo 9

1. Corrie ten Boom, John Sherrill y Elizabeth Sherrill, *The Hiding Place* (Peabody, MA: Hendrickson, 1971), 240. Publicado en español como *El refugio secreto.*
2. Michael Zigarelli, «Distracted from God: A Five-Year Worldwide Study [Distraído de Dios: Un estudio internacional de cinco años]», en *Christianity 9 to 5*, http://www.epiphanyresources.com/9to5/articles /distractedfromgod.htm.
3. Charles R. Swindoll, según se cita en GoodReads, http://www.goodreads .com/author/quotes/5139.Charles_R_Swindoll.

Capítulo 11

1. *Strong's Concordance*, bajo el término griego 1577 *ecclesia*, http://bible suite.com/greek/1577.htm.
2. Ver Génesis 23:9-10, 17-18; Josué 20:4; Jueces 9:35; y Deuteronomio 21:19; 25:7.
3. *Strong's Concordance*, bajo el término griego 444 *anthropos*, http://bible suite.com/greek/444.htm.

Capítulo 12

1. Jennifer Rosenberg, «Rosa Parks Refuses to Give Up Her Bus Seat [Rosa Parks se niega a dar su asiento en el autobús]», accesado el 25 de abril del 2013, http://history1900s.about.com/od/1950s/qt/RosaParks.htm; Facing History and Ourselves, «A Pivotal Moment in the Civil Rights Movement: The Murder of Emmett Till [Enfrentando a la historia y a nosotros mismos: Un momento crucial en el Movimiento de los Derechos Civiles: el asesinato de Emmett Till]», http://www.facing history.org/resources/units/pivotal-moment-civil-rights-moveme; Christopher Klein, «10 Things You May Not Know About Rosa Parks [Las diez cosas que quizás no sepas sobre Rosa Parks]», History.com, 4 de febrero del 2013, http://www.history.com/news/10-things-you -may-not-know-about-rosa-parks; y «The Montgomery Bus Boycott: December 5, 1955–December 26, 1956 [El boicot del autobús de Montgomery: 5 de diciembre del 1955–26 de diciembre del 1956]», accesado el 30 de abril del 2013, http://webcache.googleusercontent .com/search?q=cache:UIdWWXUT3boJ:www3.pittsfield.net/groups /parkerchandler/wiki/welcome/attachments/135be/Bus%2520Boycott %2520Begins.docx+rosa+parks+row+eleven&cd=1&hl=en&ct=clnk &gl=us&client=safari.

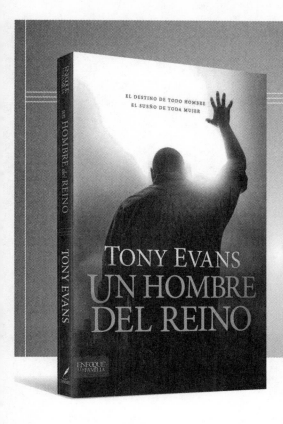

EL DESTINO DE TODO HOMBRE
EL SUEÑO DE TODA MUJER

TONY EVANS
UN HOMBRE
DEL REINO

A PARTIR DE AHORA, USTED PUEDE SER UN HOMBRE DEL REINO.

¿Cansado de ir a regañadientes del trabajo al hogar, a la iglesia, a dormir y a empezar nuevamente por inercia con la misma rutina diaria? Dios lo creó para algo mucho más grande, más emocionante, más… varonil.

Dios quiere que usted cambie el mundo… o por lo menos la esfera de influencia donde se encuentra. El enemigo no quiere que usted sepa que usted no es el hombre que cree ser. *Usted es infinitamente mejor.*